겁먹지마 불수능

국어 영역 독서
인문·사회·예술

인문·사회·예술 영역 집중 공략! 매일 2세트씩 제재별 독해 훈련

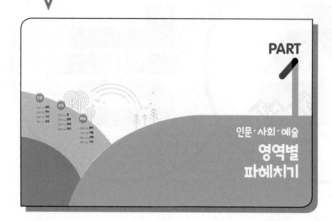

인문·사회·예술 영역 가운데 수능에 자주 출제되는 대표 제재를 세분화하여 제시하고, 제재별로 매일 두 세트씩 풀 수 있게 구성하여 인문·사회·예술 영역을 완벽하게 대비할 수 있게 하였습니다.

영역별 훈련

인문 – 철학/역사/고전/논증

사회 – 법/문화/경제/정치

예술 – 음악/미술/건축/사진

긴 지문, 고난도 문제를 만나도 겁먹지 마! **완벽한 불수능 대비**

2,300자를 웃도는 긴 지문, 복잡한 사고를 요하는 고난도 문제를 수록하여 불수능을 만나도 침착하게 문제를 푸는 능력을 기를 수 있게 하였습니다.

난도별 실전 문제와 세미 모의고사로 **실전 수능 완벽 대비**

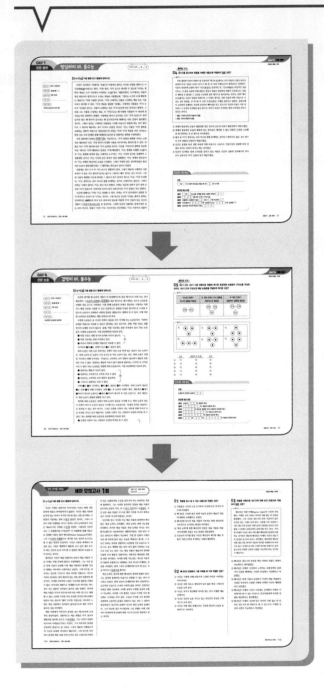

실제 수능과 비슷한 수준부터 고난도까지 난도를 단계별로 조정한 실전 문제를 통해 어떤 난도의 수능이 닥쳐도 흔들리지 않는 독해 능력을 쌓을 수 있게 하였습니다. 또한 세미 모의고사를 3회 수록하여 실전 감각을 기를 수 있게 하였습니다.

지문 정보

지문의 난이도와 주제를 빠르게 파악할 수 있게 글자 수, 어휘 수준, 지문 키워드를 제공하였습니다.

스피드 지문 복습

빈칸 채우기를 통해 지문의 주제와 문단별 중심 내용을 정리할 수 있게 하였습니다.

물먹는 문제 / 불타는 문제

실수를 범하기 쉬운 함정 문제, 신유형 및 고난도 문제를 제시하였습니다.

15일 학습 계획표

1회독

DAY 1	DAY 2	DAY 3	DAY 4	DAY 5	DAY 6	DAY 7
☐	☐	☐	☐	☐	☐	☐
철학	역사	고전	논증	법	문화	경제
월 일	월 일	월 일	월 일	월 일	월 일	월 일

2회독

DAY 1	DAY 2	DAY 3	DAY 4	DAY 5	DAY 6	DAY 7
☐	☐	☐	☐	☐	☐	☐
철학	역사	고전	논증	법	문화	경제
월 일	월 일	월 일	월 일	월 일	월 일	월 일

3회독

DAY 1	DAY 2	DAY 3	DAY 4	DAY 5	DAY 6	DAY 7
☐	☐	☐	☐	☐	☐	☐
철학	역사	고전	논증	법	문화	경제
월 일	월 일	월 일	월 일	월 일	월 일	월 일

DAY 8	DAY 9	DAY 10	DAY 11	DAY 12	DAY 13	DAY 14	DAY 15
☐	☐	☐	☐	☐	☐	☐	☐
정치	음악	미술	건축	사진	세미 모의고사 1회	세미 모의고사 2회	세미 모의고사 3회
월 일	월 일	월 일	월 일	월 일	월 일	월 일	월 일

DAY 8	DAY 9	DAY 10	DAY 11	DAY 12	DAY 13	DAY 14	DAY 15
☐	☐	☐	☐	☐	☐	☐	☐
정치	음악	미술	건축	사진	세미 모의고사 1회	세미 모의고사 2회	세미 모의고사 3회
월 일	월 일	월 일	월 일	월 일	월 일	월 일	월 일

DAY 8	DAY 9	DAY 10	DAY 11	DAY 12	DAY 13	DAY 14	DAY 15
☐	☐	☐	☐	☐	☐	☐	☐
정치	음악	미술	건축	사진	세미 모의고사 1회	세미 모의고사 2회	세미 모의고사 3회
월 일	월 일	월 일	월 일	월 일	월 일	월 일	월 일

차례

PART 1 인문·사회·예술
영역별 파헤치기

PART 2

실전 감각을 기르는 **세미 모의고사**

별별 학습 전략

영역별 출제 경향 및 독해 전략

인문

● 출제 경향 분석

인문 영역에서는 지금까지 철학 지문이 가장 많이 출제되었으며, 최근 수능에는 서양 철학, 역사, 논증 분야 등의 글이 자주 출제되었다. 철학 분야에서는 맹자, 장자, 소크라테스, 아리스토텔레스와 같은 동서양의 특정 사상가에 관해 다룬 지문이, 역사 분야에서는 역사가의 역사관을 다룬 지문이 자주 출제된다. 고전 분야에서는 동서양 학자의 저서 일부를 활용한 지문이, 논증 분야에서는 가능 세계, 귀납, 유비 논증과 같은 개념을 설명하는 지문이 주로 출제된다.

● 지문 독해 전략

– 제시된 학자나 사상가의 이론이나 주장에 주목하고, 여러 이론이나 주장이 제시될 경우 핵심 어구를 중심으로 공통점과 차이점을 정리하면서 읽는다.
– 이론과 더불어 개념이 함께 제시되는 경우 해당 개념을 활용한 문제가 출제될 확률이 높기 때문에 개념을 명확하게 파악해 두는 것이 중요하다.
– 지문에 제시된 주장이나 개념을 구체적인 상황에 적용하여 추론할 수 있도록 연습한다.

● 세부 분야별 공략 포인트

인문		
	철학	사상가들이 주장하는 철학 개념을 배경지식을 동원하여 최대한 명확하게 파악하기
	역사	역사가의 역사관을 핵심 내용 위주로 파악하고 상반된 관점의 역사관이 제시될 경우 이들을 서로 비교하며 정리하기
	고전	학자의 주관적인 해석을 고려하여 그들의 주장이나 이론을 이해하고 추론하기
	논증	제시된 논증의 과정을 머릿속으로 그려 가며 파악하고 지문에 제시된 내용을 구체적인 상황에 적용하기

사회

● 출제 경향 분석

　사회 영역에서는 법, 경제, 정치 지문이 높은 비중으로 출제되었으며, 최근 수능에는 법, 경제 분야의 글이 두드러지게 출제되었다. 법 분야에서는 '계약', '자연법' 등 법률적 지식을 설명한 지문이, 경제 분야에서는 경제학 이론을 기반으로 한 이슈나 국가의 경제 정책을 다룬 지문이 자주 출제되는 경향을 보인다. 정치 분야에서는 국가 정책이나 사회 제도를 설명하는 지문이, 문화 분야에서는 사회·문화 전반에 관한 이론이나 최근 떠오르는 사회적 쟁점을 탐구하는 지문이 주로 출제된다.

● 지문 독해 전략

- 사회 영역 지문은 크게 사회 현상이나 이론을 설명하는 글과 사회 문제를 지적하거나 분석하고 주장하는 글로 나뉜다는 것을 알고 글의 성격을 고려하여 읽는다.
- 사회 현상이나 이론을 설명하는 글일 경우, 주제로 삼은 사회 현상이나 이론의 특징을 명확하게 이해하고 그 내용을 구체적인 상황이나 예시에 적용할 수 있어야 한다.
- 글쓴이나 학자의 주장이 담긴 글일 경우, 글쓴이나 학자의 관점을 빠르게 파악하고 주장과 근거를 정리하며 읽는다.

● 세부 분야별 공략 포인트

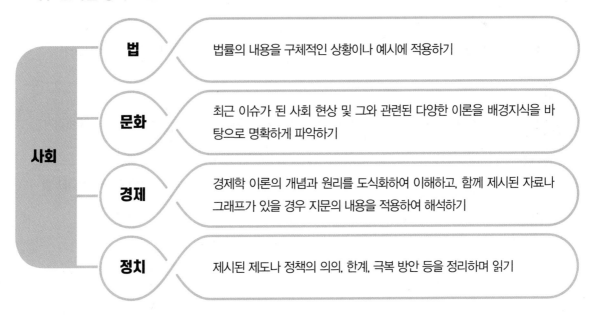

사회

법 — 법률의 내용을 구체적인 상황이나 예시에 적용하기

문화 — 최근 이슈가 된 사회 현상 및 그와 관련된 다양한 이론을 배경지식을 바탕으로 명확하게 파악하기

경제 — 경제학 이론의 개념과 원리를 도식화하여 이해하고, 함께 제시된 자료나 그래프가 있을 경우 지문의 내용을 적용하여 해석하기

정치 — 제시된 제도나 정책의 의의, 한계, 극복 방안 등을 정리하며 읽기

예술

● 출제 경향 분석

　예술 영역은 건축, 미술, 음악과 관련된 지문이 가장 많이 출제되었고 최근 수능에는 대중 예술, 사진 분야의 글이 자주 출제되었다. 최근 예술 영역은 단독 지문보다는 인문, 사회, 과학, 기술 등 다른 영역과 융합된 형태의 영역 융합 지문이 자주 출제되는 경향을 보인다. 음악 분야에서는 특정 음악가의 업적과 음악사적 의의를 설명하는 지문이, 미술·사진 분야에서는 예술 사조나 이론의 변화 과정을 서술하는 지문이 자주 출제된다. 건축 분야의 경우 특정 건축물을 주제로 예술사적 의미와 더불어 과학적인 원리를 설명하는 지문이 자주 출제된다.

● 지문 독해 전략

　– 예술 영역은 대부분 작품, 예술가, 예술 사조 등에 관한 객관적인 정보를 담은 지문이 많기 때문에 지문을 읽을 때 정보를 간략하게 정리하면서 읽는 것이 빠르게 내용을 파악하는 데에 도움이 된다.
　– 두 가지 이상의 예술 사조, 작품, 작가 등에 관한 정보가 대비되고 있는 경우, 서술 대상 간의 공통점이나 차이점에 주목하여 읽는다.
　– 그림이나 사진, 악보 등의 시각 자료가 제시되는 경우, 지문의 내용을 자료에 적용하며 이해해야 한다.

● 세부 분야별 공략 포인트

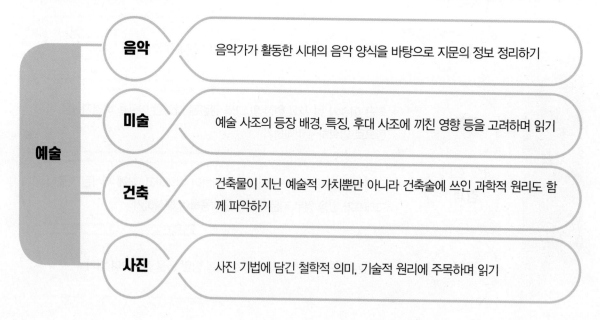

예술		
	음악	음악가가 활동한 시대의 음악 양식을 바탕으로 지문의 정보 정리하기
	미술	예술 사조의 등장 배경, 특징, 후대 사조에 끼친 영향 등을 고려하며 읽기
	건축	건축물이 지닌 예술적 가치뿐만 아니라 건축술에 쓰인 과학적 원리도 함께 파악하기
	사진	사진 기법에 담긴 철학적 의미, 기술적 원리에 주목하며 읽기

유형별 문제 풀이 전략

유형 1 세부 정보 파악하기

지문에 제시된 주요 정보를 제대로 확인했는지를 평가하기 위한 문제 유형이다. 이 문제 유형에서는 선지의 내용과 관련된 지문의 내용을 찾아 연결하는 것이 중요하다. 지문을 읽기 전 선지를 훑어보며 핵심어에 표시를 해 두고, 이를 바탕으로 지문을 읽어 나가면서 각 선지의 내용이 지문의 내용에 부합하는지 확인할 수 있다. 반복되는 어휘, 주요 용어나 이론, 개념 등에 주목하면 글의 핵심 정보를 파악하는 데 도움이 된다.

유형 2 세부 내용 추론하기

지문의 세부 내용에 근거하여 질문의 답을 추론하는 문제 유형이다. 글의 표면에 드러나 있지 않은 정보나 글쓴이의 의도 및 목적을 추측할 수 있어야 한다. 글의 표면에 드러나 있지 않은 정보는 글에 사용된 연결어, 접속어 등 글에 제시된 단서뿐만 아니라 배경지식을 활용하여 추론해 본다. 또한 정보의 흐름이나 정보 간의 의미 관계에 유의하며 앞뒤 문장 및 문단 간의 논리적 연결 관계를 따져 본다. 글쓴이의 의도나 목적, 주제는 화제에 대한 글쓴이의 태도가 어떠한지 파악함으로써 추론할 수 있다.

유형 3 구체적 상황에 적용하기

지문의 내용을 바탕으로 〈보기〉에 제시된 내용을 올바르게 해석할 수 있는지를 평가하는 문제 유형이다. 지문에 제시된 정보와 〈보기〉에 제시된 정보의 공통점을 묻는 문제, 지문의 내용을 바탕으로 구체적 상황에 대한 반응의 적절성을 판단하는 문제 등이 이에 해당한다. 〈보기〉의 핵심 내용을 파악하고 〈보기〉의 각 내용이 지문의 어떤 내용과 연관된 것인지를 꼼꼼히 파악한다.

유형 4 어휘의 의미 파악하기

어휘 능력을 평가하기 위한 문제 유형이다. 이 유형의 문제는 지문에 제시된 어휘의 사전적 의미를 찾는 문제, 지문에 제시된 특정 어휘와 문맥상 의미가 유사하거나 바꾸어 쓸 수 있는 것을 묻는 문제 등으로 출제된다. 평소 낯선 단어가 나올 때마다 사전에서 그 뜻과 용례를 확인하는 습관을 기르는 것이 중요하다. 그럼에도 정확한 의미를 알지 못하는 어휘를 맞닥뜨렸을 때에는 해당 어휘가 사용된 앞뒤 문맥을 고려하여 의미를 추측한다.

PART 1

인문·사회·예술

영역별
파헤치기

글자 수 2100~2200자

어휘 수준 ★★★☆☆

권장 시간 5분 30초

나의 시간 ----------------------

지문 키워드

#주희 #성리학 #이기론

[01-04] 다음 글을 읽고 물음에 답하시오.

주희의 성리학은 '이(理)'와 '기(氣)'의 이원적인 원리로 우주를 설명한 철학으로 이기론(理氣論)이라고도 한다. '이'란 원리, 이치 등으로 풀이할 수 있는데 '이'라는 철학적 개념은 도가 사상에서 주장하는 '도(道)'에서 *원용되었다. 도가에서는 만물의 생성 원인이자 법칙으로서 도라는 개념을 사용했는데, *정호는 도가의 도에 해당하는 개념으로 '이'를 사용한 것이다. '기'란 구체적인 사물을 구성하는 재료 또는 기운이라고 풀이할 수 있다. '기'의 개념을 정립한 *장재는, 구체적인 사물들은 '기'가 모여서 *응집된 것이고, 사물이 소멸하는 것은 '기'의 분산에 따른 것이라고 말한다. 그런데 그는 사물을 구성하는 재료, 즉 '기'만으로는 왜 다양한 사물들이 이 세상에 생겨났는가를 설명하지 못했다. 이를테면 꽃이나 잎사귀는 모두 '기'의 응집으로 생겨났지만 꽃은 왜 꽃이며 잎사귀는 왜 잎사귀인지에 대해서는 다른 설명이 필요했던 것이다. 그래서 정호는 구체적인 사물들을 그러한 모습으로 만들게 하는 것이 원리이고 그 원리에 해당하는 것이 '이'라고 보았던 것이다. '이'는 이렇듯 '기'의 철학을 보완하는 철학적 개념으로 정립되었으며 주희는 '이'와 '기'의 개념을 더욱 가다듬는 한편 상호 간의 관계를 통해 세계관과 윤리관 등 종합적인 철학을 수립하였다.

주희 철학에서 말하는 '이'와 '기'는 기본적으로, '기'가 만물의 형체를 이루는 근원적인 재료라면 '이'는 '기'를 받아서 특정한 사물을 이루게 하는 원리라 할 수 있다. 만물은 바로 '이'의 원리에 따라 '기'가 응결된 것이다. 이것을 *주돈이의 철학과 비교한다면 *태극은 '이'에 해당하고 음양은 '기'에 해당한다. '이'는 형체를 초월한 도(道)이며 '기'는 형체에 내려와 있는 구체적인 도구이다. '이'는 시간과 공간을 초월하여 고정불변한 것이나 '기'는 시간과 공간 속에서 생성·변화한다. '이'는 세계의 참모습이며 '기'는 세계의 현실적인 모습을 구성한다. 그래서 주희와 같은 성리학자들은 현실적인 모습이 불완전할지라도 그 배후에는 참모습이 있다고 믿었다.

만물에는 반드시 이 두 가지 요소가 결합되어 있다. 그렇기 때문에 구체적인 사물 속에서 이 둘은 서로 떨어져 있지는 않으나 그렇다고 해서 섞이는 것도 아니다. 그런데 사물의 형체를 이루게 하려면 그 원리가 앞서 있어야 하므로 '이'는 '기'에 우선한다. '이'는 생겨나는 것이 아니라 원래 존재하는 것이며 소멸되지도 않는다. 그래서 주희는 '사물이 없어도 '이'는 있다.'라고 말한다. 주희는 '임금과 신하가 있기 전에 군신의 '이'가 있었으며, 아버지와 자식이 있기 전에 부자의 '이'가 있었다.'라고 말한다.

인간에 대해서도 '이'와 '기'로 설명할 수 있다. 주희는 '이'가 인간에게서 실현된 것이 본성이고 본성이 곧 '이'라는 것이다. 그에 따르면 인간의 '이'에는 맹자가 말하는 인의예지(仁義禮智)의 덕이 모두 갖추어져 있는데 이렇게 '이'가 깃들어 있는 인간의 성품이 ㉠본연지성(本然之性) 곧 본성이다. 그런데 인간의 성품에는 본연지성만 있는 것이 아니다. 만물이 '이'와 '기'로 이루어지듯 인간에게도 '기'로 이루어진 성품이 있는데 그것을 ⓛ기질지성(氣質之性)이라고 한다. 이렇게 모든 인간에게는 본연지성과 기질지성이 있다. 또한 본연지성은 누구에게나 차이가 없는 것으로 지극히 선하지만 기질지성은 사람에 따라 큰 차이가 난다. 만일 기질지성이 맑고 바르면 그 사람의 본연지성은 그대로 드러나서 성현(聖賢)이 되지만, 반대로 기질지성이 흐리고 곧지 못하면 본연지성은 방해를 받아서 악인(惡人)이 된다. 이처럼 기질지성의 상태에 따라 인간의 모습이 여러 가지로 나타나는데, 주희는 각자의 기질지성을 변화시키면 성현이 될 수 있다고 말한다.

인간의 마음에 대해서도 주희는 도심(道心)과 인심(人心) 두 가지로 구분하였다. 그는 누구나 도심과 인심을 함께 가지고 있는데 도심은 본연지성을, 인심은 기질지성을 받은 것이라 하였다. 도심은 천리(天理)로서 순수하고 지극히 선하지만 인심은 기로 이루어져 선할 수도, 악할 수도 있다. 또한 주희는 인심 속에서 천리에 위배되는 것을 가리켜 인욕(人欲)이라 하였다. 그는 인간은 천리를 잘 간직하고 인욕을 막아야 한다고 하면서 그 방법으로서 거경(居敬)과 격물치지(格物致知)를 들었다. 거경은 항상 마음을 바르게 하여 사사로운 욕망에 사로잡히지 않도록 하는 것이며, 격물치지는 사물을 연구하여 궁극적 이치에 관해 깨치는 것이다. 이처럼 주자에게 학문의 역할은 인격 수양의 주요한 수단이고 이와 같은 학문의 성격은 성리학의 주요 특징이 된다.

- **원용**: 자기의 주장이나 학설을 뒷받침하기 위하여 문헌이나 관례 따위를 끌어다 씀.
- **정호**: 중국 북송의 유학자. 도덕설을 주장하여 우주의 본성과 사람의 성(性)이 본래 동일하다고 보았다.
- **장재**: 중국 북송의 유학자. 유가와 도가의 사상을 조화시켜 우주의 일원적 해석을 설파하였다.
- **응집**: 한군데에 엉겨서 뭉침.
- **주돈이**: 중국 북송의 철학자. 이학(理學)의 토대를 마련하고 유교를 체계화하였다.
- **태극**: 우주 만물의 근원인 음양이 완전히 결합된 상태.

01 윗글을 이해한 내용으로 적절하지 않은 것은?

① 주희 철학의 '이'와 도가 사상의 '도'는 철학적 개념이 유사하다.
② 장재는 사물의 생성과 소멸을 '기'의 작용에 의한 것으로 보았다.
③ 주희는 기존의 '이'와 '기'의 개념을 바탕으로 성리학을 수립하였다.
④ 정호는 '이'를 통해 장재가 밝혀내지 못한 사물의 생성 원리를 설명하였다.
⑤ 주희는 사람의 본성을 변화시키고 인욕을 막아 성현이 되는 방법으로 거경과 격물치지를 제시하였다.

02 ㉠과 ㉡에 대한 주희의 견해로 적절하지 <u>않은</u> 것은?

① ㉠과 ㉡은 인간 모두가 지니고 있는 성품이다.

② ㉠은 사람마다 동일하지만 ㉡은 사람마다 차이가 크다.

③ ㉠이 그대로 드러나기 위해서는 ㉡이 맑고 발라야 한다.

④ ㉠은 선천적으로 타고나지만 ㉡은 후천적으로 주어진다.

⑤ ㉠은 '이'가 실현된 성품이고 ㉡은 '기'가 실현된 성품이다.

03 '이'와 '기'에 대한 설명으로 적절한 것을 〈보기〉에서 모두 골라 묶은 것은?

┤보기├

ㄱ. 사물 속에서 '이'와 '기'는 서로 섞이지 않는다.

ㄴ. 사물의 형체를 이루기 위해서는 '이'가 '기'에 우선해야 한다.

ㄷ. '이'는 '기'가 없이도 특정한 사물의 형체를 이루게 할 수 있다.

ㄹ. '이'는 시간과 공간을 초월하여 고정불변하지만, '기'는 시간과 공간 속에서 생성·변화한다.

① ㄱ, ㄴ   ② ㄴ, ㄹ   ③ ㄱ, ㄴ, ㄷ

④ ㄱ, ㄴ, ㄹ   ⑤ ㄴ, ㄷ, ㄹ

물먹는 문제

04 〈보기〉를 참고하여 윗글을 이해한 내용으로 적절하지 **않은** 것은?

┤보기├

　　주희 철학의 이론적 바탕이 된 주돈이의 『태극도설』에서는 우주 만물의 근원인 태극은 음양의 이기(二氣)로 나뉘고 다시 수·화·목·금·토의 오행(五行)이 생겨난다고 설명한다. 이들이 다양하게 조합이 되어 *건도(乾道)는 남성적인 것, *곤도(坤道)는 여성적인 것을 이루고, 이 둘의 교감에 의해 만물이 생겨나 만물은 왕성하여 변화가 무궁하므로, 만물은 헤아릴 수 없지만 그 근본을 소급하면 결국 태극으로 돌아간다는 것이다. 또한 『태극도설』에서는 인간이 만물의 영장이며 그 이성은 태극을, 선한 마음과 악한 마음으로 나뉘는 것은 음양을, 인·의·예·지·신의 오상(五常)은 오행을 본뜬다고 말한다. 음양오행이 교차하여 운행하는 가운데 인간만이 빼어남을 얻고 있으므로 인간의 마음은 가장 영묘하고 그 본성의 온전함을 잃지 않으며, 따라서 인간은 인식하는 힘과 도덕성을 갖추고 있다는 것이다.

● **건도**: 지극히 강건한 하늘의 도(道).
● **곤도**: 대지(大地)의 도(道).

① 세계의 현실적인 모습이 불완전한 것은 건도와 곤도의 교감이 불완전하기 때문이겠군.
② 세계의 현실적인 모습의 배후에 있는 참모습은 헤아릴 수 없는 만물의 근본을 소급했을 때 귀착되는 곳 곧 태극을 의미하겠군.
③ 태극 곧 '이'가 생겨나는 것이 아니라 원래 존재하는 것이며 소멸되지도 않는 것은 태극이 우주 만물의 근원이기 때문이겠군.
④ 인간은 음양을 본떠 선한 마음과 악한 마음으로 나뉘므로 기질지성의 상태에 따라 성현이 되기도 악인이 되기도 하는 것이겠군.
⑤ 인간이 인식하는 힘과 도덕성을 갖추고 있는 까닭은 인간의 성품에 인의예지의 덕이 모두 갖추어진 '이'가 깃들어 있기 때문이겠군.

스피드 지문 복습

주제

'☐'와 '☐'의 이원적 원리를 바탕으로 한 ☐☐의 이기론

문단별 중심 내용

1문단 '☐'와 '☐'의 상호 관계를 통해 수립된 주희의 ☐☐☐
2문단 ☐☐☐☐에서의 '이'와 '기'의 속성
3문단 사물에서 소멸되지 않는 ☐☐로서 '☐'에 우선하는 '☐'
4문단 인간에게서 ☐☐☐☐으로 실현된 '이'와 ☐☐☐☐으로 실현된 '기'
5문단 성리학의 주요한 특징이 되는 ☐☐☐☐

[01-05] 다음 글을 읽고 물음에 답하시오.

비트겐슈타인은 논리적 분석의 장치를 더욱 세련되게 개발하여 명제들을 연결하는 논리적 *연결사의 함수를 규명하였고, *진리치를 확정시킬 수 있는 진리표를 창안해 냈으며, 이 명제들과 실제로 존재하는 사실들의 대응 관계를 밝히기 위하여 ㉠'그림 이론'을 내놓았다. 이 이론에 의하면 언어는 세계를 묘사하는 그림의 역할을 한다. 물론 우리의 일상 언어가 세계에 대한 그림은 아니기 때문에 일상 언어의 심층적인 논리적 구조를 드러내는 것이 중요하다. 그 구조가 드러났을 때 명제들은 사실적인 그림이 아니라 '논리의 그림'의 역할을 하게 된다.

여기서 명제가 사실의 논리적 그림이 될 수 있는 근거는 무엇인가? 분해된 원자 명제들은 가장 단순한 사실을 그리고 있기 때문에 그 명제들의 논리적 가능성을 배열하면 존재할 수 있는 '사태'들이 나타나고 이것이 실제로 존재할 때 '사실'이 되므로 논리와 세계의 동형성(同形性)에 의하여 세계를 그리게 되는 것이다. 그러나 이러한 입장에서는 많은 문제점들이 드러난다. 우선 명제의 논리적 구조가 세계의 구조를 그려 낸다고 하는데, 과연 제대로 된 그림이 될 정도로 정밀하게 논리적 구조를 분석해 낼 수 있을 것인가? 비록 그러한 분석이 가능하다고 하더라도 명제와 세계를 어떻게 연결할 수 있는가? 비트겐슈타인은 이것이 '투사의 법칙'에 의해 가능하다고 하지만 그 법칙을 구체적으로 밝히지 못하고 음악과 악보의 관계와 비슷하다고 비유하는 데 그칠 뿐이다.

비트겐슈타인에 의하면 언어를 통하여 언어에 대해 진술하는 것은 무의미하기 때문에 논리적 구조 그 자체는 언어에 의해 묘사될 수 없다. 그것은 내가 나의 눈을 볼 수 없는 것과 같다. 따라서 내가 무엇인가를 보고 있다는 사실로부터 나에게 눈이 있다는 것을 알 수 있듯이, 논리적 구조에 관해서는 언급할 수가 없고 그냥 세계에 대한 묘사로부터 다만 보여 줄 수 있을 뿐이다. 만약 이것이 사실이라면 논리적 분석만이 세계를 있는 그대로 드러낼 수 있는 유일한 혹은 최선의 방법이라는 것은 입증된 것이 아니라 그냥 제시되거나 주장되었을 뿐이라는 사실이 드러난다. 이러한 문제점들은 언어가 과연 무엇인지를 다시 묻게 하는 것이다.

비트겐슈타인은 언어와 독립하여 존재하고 언어 이외의 다른 매개를 통해 인식될 수 있는 그 자체로서의 세계는 있을 수 없으며, 설령 그러한 것이 있다고 하더라도 세계는 있는 그대로 우리에게 주어지는 것이 아니라 언어에 의해 걸러진 다음에야 비로소 우리 앞에 나타난다고 보았다. 말하자면 천문학자가 보는 별들이란 망원경 렌즈에 담겨 있는 영상 이상도 그 이하도 아닌 것처럼, 존재는 언어와 함께 있고 삶은 언어 현상 외에 아무것도 아닌 것으로 해석하는 것이다.

이러한 견해는 언어의 기능이 사태를 지칭하는 것이 전부가 아니라는 것을 함축한다고 할 수 있다. 어떤 단어의 의미를 알려면 그것이 무엇을 지칭하는지 묻지 말고 어떤 맥락에서 어떻게 사용되는지 살펴보아야 한다. 가령 '벽돌'이라는 단어가 사람들 사이에서 원만히 통용되어 건축 현장에서 그 역할을 다했을 때 이 단어의 사전적 의미와 이 단어를 이해하는 과정과 벽돌을 쌓아 올리는 행위가 복합적으로 작용하여 '건축'이라는 ⓛ'언어 게임'을 형성할 수 있는 것이다. 언어에는 사용자가 있고 그 사용은 매우 다양하지만 거기에는 일정한 규칙이 있기 때문에 언어는 게임과 유사한 것이 된다.

비트겐슈타인은 언어와 그것이 얽혀 있는 행동들로 구성된 것 전체가 '언어 게임'이라고 하면서도, 그것은 언어의 본질을 규명하는 이론이 아니라 그 특징을 해명하기 위해 설정된 개념적 장치에 지나지 않는다고 말한다. 이는 언어의 본질을 밝히기 위해 모든 게임이 갖는 공통성 같은 것을 연구하는 것은 불필요한 작업이라는 뜻이다. 따라서 언어를 이해하려면 그것이 실제로 우리의 일상생활에서 어떻게 사용되는가를 관찰하고 기술할 뿐 아니라 직접 '언어 게임'에 참여하는 수밖에 없다는 것이다.

우리는 일반적으로 규칙과 그 적용 방법을 터득함으로써 어떤 게임을 배우게 되지만 하나의 게임에 이미 참여해 있기 때문에 더욱 복잡한 규칙들을 이해할 수 있다. 이와 같이 '언어 게임'에는 말하는 사람과 듣는 사람, 또 말이 전해지는 상황이 전제되어 있고 규칙을 따르는 행위까지 포함되므로 그것은 공적인 사실과 밀접하게 관계되어 있으며 일종의 사회적 행위라는 성격을 지닌다. 이렇게 해서 언어 행위는 곧 삶 그 자체가 되는 것이다. 이러한 특징을 지적하여 비트겐슈타인은, '언어 게임'이라는 개념은 언어가 하나의 활동, 즉 삶의 형식의 한 부분이라는 사실을 뚜렷이 나타내고 있음을 뜻한다고 말하고 있다.

• **연결사**: 단순 명제를 이어서 합성 명제로 만들어 주는 기호를 이르는 말. ~, ∨ 따위가 있다.
• **진리치**: 명제나 명제 변수가 취하는 값. 일반적으로 '참'과 '거짓'의 값을 이른다.

01 윗글의 표제와 부제로 가장 적절한 것은?

① 비트겐슈타인의 언어에 대한 관점
  – '그림 이론'과 '언어 게임' 이론을 중심으로
② 비트겐슈타인의 언어관을 둘러싼 논쟁
  – 언어의 사용 규칙과 그 적용에 따른 문제점을 중심으로
③ 비트겐슈타인의 '그림 이론'의 성립 배경
  – 명제들과 사실들의 대응 관계를 중심으로
④ 비트겐슈타인이 개발한 논리적 분석 장치의 의의
  – 언어의 기능과 사용 규칙을 중심으로
⑤ 비트겐슈타인이 주창한 '언어 게임'의 개념과 특성
  – '그림 이론'과의 비교를 중심으로

02 윗글에 나타난 비트겐슈타인의 견해와 일치하지 <u>않는</u> 것은?

① 명제를 통해 세계의 구조를 그려 낼 수 있다.
② 논리적 분석만이 세계를 있는 그대로 드러내는 유일무이한 방법이다.
③ 언어가 사태를 지칭하는 것에 그친다면 제 기능을 다하지 못한 것이다.
④ 명제와 대응되는 사실을 밝히기 위해서는 언어의 논리적 구조를 드러내야 한다.
⑤ 세계를 있는 그대로 보기 위해서는 언어 이외의 다른 매개의 도움을 받아야 한다.

03 ㉠과 ㉡에 대한 설명으로 가장 적절한 것은?

① ㉠에 의하면, 언어로 이루어진 명제는 사실적인 그림의 역할을 한다.
② ㉠은 명제들을 연결하는 논리적 연결사의 함수를 규명하는 근거로 작용하였다.
③ ㉡은 언어의 특징을 규명하기 위해 설정된 개념적 장치에 불과하다.
④ ㉠은 명제와 세계의 연결 관계를, ㉡은 언어의 사용 규칙을 밝히기 위해 등장하였다.
⑤ ㉠은 언어를 통하여 언어를 진술하고, ㉡은 언어 행위를 통하여 인간의 삶을 나타낸다.

04 윗글을 참고하여 〈보기〉를 이해한 내용으로 적절하지 <u>않은</u> 것은?

┌─ 보기 ├─
　어져 내 일이여 그릴 줄을 모로ᄃᆞ냐.
　이시라 ᄒᆞ더면 가랴마ᄂᆞᆫ 제 구ᄐᆡ야
　보내고 그리는 정(情)은 나도 몰라 ᄒᆞ노라.
　　　　　　　　　　　　　　　　　　　　　　　　－ 황진이

① '내 일'의 구체적인 내용은 작품 전체를 통해 사건의 맥락을 짐작해야만 온전히 파악할 수 있겠군.
② '이시라 ᄒᆞ더면 가랴마ᄂᆞᆫ'은 언어라는 매개를 통하지 않으면 타자의 세계를 인식할 수 없음을 보여 주는군.
③ 화자가 '제 구ᄐᆡ야' 임을 보낼 때 임에게 "가십시오."라고 말했다면, 임은 "가십시오."를 명제의 논리적 구조가 그려 낸 그림 그대로 받아들였다고 할 수 있겠군.
④ '나도 몰라 ᄒᆞ노라'는 임과의 '언어 게임'에 직접 참여하지 못하는 화자의 안타까움을 표출한 것으로 볼 수 있겠군.
⑤ 〈보기〉를 통해 독자가 화자의 애틋한 심정을 느낄 수 있다면 독자와 작자 사이에 '언어 게임'이 형성되었다고 볼 수 있겠군.

불타는 문제

05 윗글과 〈보기〉를 비교하여 이해한 내용으로 가장 적절한 것은?

┌ 보기 ├

전통적인 철학자들은 막연히 언어가 인간의 의사를 전달하는 수단이고, 하나의 문장이나 발언은 일정한 사유(思惟)를 담고 있으며, 이때 쓰이는 단어들은 사유의 대상을 지칭한다고 여겼다. 이에 따라 플라톤은 언어로 표현할 수 있는 사유의 대상은 무엇이든 어디엔가 존재하며, 완전하고 불변하는 대상은 '이데아'의 세계에 있다는 이론을 펼쳤다. 가령 둥근 물체나 네모난 대상들은 주변에 얼마든지 흩어져 있지만 완전한 원이나 사각형은 아무데나 찾아볼 수 없다. 그러나 그러한 것들은 언어로 표현될 수 있고 인간이 사유할 수 있는 대상으로서 어디엔가 존재해야 하므로 인간의 감각적 인식을 넘어서는 형상 또는 이데아의 세계에 존재한다고 주장했다.

① 언어가 인간의 의사를 전달하는 수단이라는 전통적인 철학자들의 생각은, 세계는 언어에 의해 걸러진 후 우리에게 인식된다는 비트겐슈타인의 생각과 상반된다.

② 하나의 문장이나 발언이 일정한 사유를 담고 있다는 전통적인 철학자들의 생각은, 단어의 의미가 맥락에 따라 달라질 수 있다는 비트겐슈타인의 생각과 상반된다.

③ 단어가 사유의 대상을 지칭한다고 여기는 전통적인 철학자들은, 언어를 통해 언어를 진술하는 것이 무의미하다는 비트겐슈타인에 비해 언어의 기능을 확대시키고 있다.

④ 언어로 표현할 수 있는 사유의 대상은 무엇이든 어디엔가 존재한다는 플라톤의 생각은, 언어와 독립하여 존재하는 세계란 있을 수 없다는 비트겐슈타인의 생각과 유사하다.

⑤ 이데아의 세계에 존재하는 완전하고 불변하는 대상을 언어로 표현할 수 있다는 플라톤의 생각은, 언어가 별들을 보는 망원경 렌즈와 같다는 비트겐슈타인의 생각과 유사하다.

스피드 지문 복습

주제

□□를 세계를 묘사하는 □□이자 삶의 형식의 한 부분으로 본 □□□□□□의 언어관

문단별 중심 내용

1문단 명제들과 실제로 존재하는 사실들의 □□ 관계를 밝혀 주는 '□□□□'

2문단 □□가 사실의 논리적 그림이라는 입장의 근거와 그 □□

3문단 '그림 이론'이 지닌 □□□□□에 대한 입증의 한계

4문단 □□와 삶에 대한 비트겐슈타인의 관점

5문단 특정한 맥락에서 일정한 □□에 따라 쓰인다는 점에서 □□과 유사한 언어

6문단 비트겐슈타인이 제시한 □□ 이해의 방법

7문단 언어가 □□□□의 한 부분임을 뚜렷이 나타내는 '□□□□' 개념

[01-04] 다음 글을 읽고 물음에 답하시오.

글자 수) 1700~1800자

어휘 수준) ★★☆☆☆

권장 시간) 5분 30초

나의 시간) -------------------------

지문 키워드

#팍스 로마나 #속주 농민 #착취

▲ 오현제 중 하나인 아우렐리우스

아우구스투스에 의해 정치가 안정된 이후 제위 계승에서 크고 작은 잡음은 있었지만 그것이 로마 제국에 도래한 평화를 뒤흔들 정도는 아니었다. 특히 네르바에서 아우렐리우스까지 백여 년에 걸친 *오현제 시기는 양자 계승을 통해 유례없는 제국의 내적 안정을 달성함으로써 '팍스 로마나(Pax Romana)'의 절정을 이루었다. '로마의 평화'라는 뜻의 팍스 로마나' 시기는 로마 제국 안팎의 평화를 기반으로 무역이 활성화됨으로써 경제적 번영을 이룩한 시기였다. 지중해는 로마의 호수가 되어 이탈리아와 *속주(屬州), 속주와 속주를 잇는 방대한 해상망이 건설되었고, 내륙에는 새로운 도로망이 갖춰짐으로써 이들 사이에 유례가 없는 무역 활동이 전개되었다. 로마는 기본적으로 농업 국가였지만 그리스와 아시아 속주들의 전통적인 무역 활동은 로마 제국이 하나의 문화권을 이룸으로써 더욱 활성화되었다. 당시 무역 활동은 비단 로마 제국 내부에 제한되지 않았으며 아라비아와 인도, 그리고 중국에까지 확대되었다. 활발한 무역 활동과 그에 따른 경제적 번영은 로마의 문화적 발전의 물질적 토대를 제공했다. 그리하여 계몽주의자들은 이 기간을 '황금시대'라고 일컬었고 *기번은 '세계 역사상 최고의 행복과 번영을 누린 시기'로 평가했다.

제국의 중심지 로마는 당시 백만 명 이상의 시민들이 거주하는 인구 과잉의 대도시로 성장해 있었고, 속주에서도 교역의 발전이 도시의 성장을 이끌어 가고 있었다. 중앙 광장, 공공건물들, 회의장, *바실리카와 반원형 극장, 원형 경기장, 냉수와 온수가 나오는 공중목욕탕, 체육관, 장대한 수로 교량과 신전들, 그리고 주거지 등이 거의 원형 그대로 남아 있는 폼페이 유적을 통해 팍스 로마나 시기 도시민들의 삶이 얼마나 풍요로웠는지 엿볼 수 있다. 특히 로마시의 빈민들은 하루하루의 식량과 식료품을 무상으로 배급받는 특권을 누렸고, 1년에 200여 일 이상이었던 축제 기간 동안 30만 명 정도의 사람들이 이륜 전차 경주가 벌어지는 타원형의 경기장과 피비린내 나는 검투사들의 경기가 개최되는 원형 경기장을 찾았다. 실제로 당시 ㉠로마 시민들은 생존을 위한 치열한 일상에서 해방되어 있었고, 거기에다 지루함을 달랠 수 있는 볼거리까지 제공받고 있었다.

로마 제국 도시들의 번영과 도시민들의 풍요로운 성공과는 대조적으로 속주의 농민들은 로마의 평화로부터 얻은 것보다는 잃은 것이 훨씬 더 많았다. 분명 전란이

• 정답과 해설 • 7쪽

종식되면서 안정된 생업의 효과는 있었지만, 그것은 이중의 착취로 증발해 버리고 말았다. °라티푼디움의 확대로 인한 중소 자영농의 감소와 소작농에 대한 지주들의 강도 높은 착취, 특히 팍스 로마나 시기를 통해 지속적으로 증대하여

▲ 검투사들의 경기가 개최되던 로마의 콜로세움

생산량의 1/3 이상에 달하게 된 '황실 재정'의 조세 요구는 속주 농민들의 삶을 짓눌러 버렸다. 제도상으로 공화정 시기의 속주 정세의 폐단이 °일소된 듯 보였지만(농민의 부담은 인두세와 토지세로 간소화되었다.) 오히려 그들의 전반적 생활 조건은 서서히 악화되어 갔다. 그리하여 3세기 초에 이르면, '황실 재정'은 벌써 조세의 짐을 ㉡속주의 상층민들에게 떠넘길 방도를 궁리해야 할 지경이었다. 곤궁에서 벗어나기 위해 **속주의 많은 농민들**은 공화정 후기의 이탈리아 농민들과 비슷한 길, 즉 번영하는 속주 **도시들로 일자리를 찾아 떠**나거나 아니면 제국 군대에 자원하는 길을 선택해야만 했다. 이렇듯 로마 시민과 속주 도시민의 상층부가 누린 '로마의 평화'는 로마 제국 대부분을 차지하는 속주 농민에 대한 착취와 그들의 비참한 생활 위에 세워진 기념비였던 것이다.

- **오현제**: 로마 제정 시대의 최고 전성기에 가장 유능했던 다섯 명의 황제. 네르바, 트라야누스, 하드리아누스, 안토니누스 피우스, 마르쿠스 아우렐리우스를 이른다.
- **속주**: 이탈리아반도 이외의 로마 영토.
- **기번(Gibbon)**: 『로마 제국 쇠망사』를 저술한 영국의 역사가.
- **바실리카(basilica)**: 고대 로마에서 재판소나 상업 회의소 따위로 사용되었던 직사각형의 집회소.
- **라티푼디움(latifundium)**: 로마에서 귀족 및 시민이 정복한 토지를 사유화하여 노예를 부려 경영하던 노예제 대농장 제도.
- **일소**: 모조리 지워짐. 또는 모조리 지움.

01 윗글에 대한 설명으로 가장 적절한 것은?

① 팍스 로마나 시기가 가지는 현대적 의의를 재조명하고 있다.
② 팍스 로마나 시기에 대한 서로 다른 두 견해를 비교하고 있다.
③ 팍스 로마나 시기에 나타난 양면적 사회 현상을 드러내고 있다.
④ 팍스 로마나 시기의 형성 배경과 그 시기가 후대에 끼친 영향을 설명하고 있다.
⑤ 팍스 로마나 시기에 대한 통념을 비판하고 당대의 역사적 의의를 새롭게 규정하고 있다.

02 '팍스 로마나' 시기와 관련된 내용으로 적절하지 <u>않은</u> 것은?

① 해상과 내륙을 통한 활발한 무역 활동을 토대로 이루어졌다.
② 중소 자영농이 감소하고 황실 재정의 조세 요구가 증대되었다.
③ 로마 제국의 속주 농민들에게는 비참한 생활을 가져다 주었다.
④ 로마 제국의 도시민들이 행복과 번영을 누린 시기를 지칭한다.
⑤ 아라비아와 인도, 중국에까지 로마의 발전된 문화를 전파하는 계기가 되었다.

03 ㉠과 ㉡에 대한 설명으로 가장 적절한 것은?

① ㉠과 ㉡ 모두 속주 농민들의 희생 위에 풍요로운 삶을 살았다.
② ㉠과 ㉡ 모두 식량과 식료품을 무상으로 배급받는 특권을 누렸다.
③ ㉠은 ㉡과 달리 생존을 위한 치열한 일상에서 해방되어 있었다.
④ ㉡은 ㉠과 달리 시간이 갈수록 생활 여건이 악화되었다.
⑤ ㉡은 ㉠과 달리 황실 재정의 확충을 위해 인두세와 토지세를 부담하였다.

물먹는 문제

04 〈보기〉를 참고하여 윗글을 이해한 내용으로 적절하지 <u>않은</u> 것은?

┌─ 보기 ┐

　　로마 제국은 아우구스투스 이후 약 2세기에 걸쳐 평화와 번영의 시대를 맞았다. "모든 길은 로마로 통한다."라는 말이 생길 정도로 수도 로마와 각 지역을 연결하는 도로가 거미줄처럼 만들어지고 곳곳에 새로운 도시가 건설되었다. 이에 따라 상업 활동이 활발해지고 인도를 비롯한 동남아시아 나라들과도 무역을 하였다. 그리하여 동남아시아의 향신료와 중국의 비단 등이 대량으로 수입되어 귀족들의 사치품으로 이용되었다. 이 시기 로마 제국은 역사상 유례없는 태평성대를 구가하였지만 속주의 반란이나 국경 지역에서의 교전, 정복 전쟁 등으로 인해 군사적인 충돌도 끊임없이 일어났다. 또한 로마 제국의 지배를 받는 식민지 민중들은 로마 제국의 평화 유지를 위해 폭압적인 통치에 시달려야 했다.

① '로마 제국 안팎의 평화'는 로마 제국의 지배를 받는 식민지 민중에 대한 폭압적 통치를 통해 얻은 것이라 볼 수 있군.

② '내륙'에 갖추어진 '새로운 도로망'은 주로 수도 로마와 연결되는 도로이겠군.

③ '아라비아와 인도, 그리고 중국까지 확대'된 '무역 활동'의 품목에는 귀족들의 사치품인 향신료나 비단 등이 포함되었겠군.

④ '세계 역사상 최고의 행복과 번영을 누린' 로마 제국의 이면에서는 속주의 반란이나 정복 전쟁으로 인한 군사적인 충돌도 빈번히 일어났겠군.

⑤ '속주의 많은 농민들'이 '도시들로 일자리를 찾아 떠'난 것은 곳곳에 새로운 도시가 건설되고 있었기 때문이겠군.

스피드 지문 복습

주제

팍스 로마나 시기의 □□□ 사회 현상

문단별 중심 내용

1문단 □□□ 번영을 누린 '팍스 로마나' 시대
2문단 풍요로운 삶을 살았던 '팍스 로마나'의 □□□들
3문단 로마 □□□□들의 희생으로 이루어진 '팍스 로마나'

글자 수 2400~2500자

어휘 수준 ★★★☆☆

권장 시간 7분

나의 시간 ----------------------

지문 키워드

#역사 #객관성 #검증

[01-05] 다음 글을 읽고 물음에 답하시오.

　　㉠역사란 무엇인가? 이와 같은 질문에 단번에 답하기란 쉽지 않다. 오히려 이런 경우에는 '역사란 무엇이 아닌가?'와 같이 정반대의 질문을 던져 보는 것이 훨씬 쉬운 해결책이 된다. 이것이 역사라고 정의하기는 어렵다 해도, 저것이 역사가 아니라고 선을 그어 나가는 과정을 통해서 역사의 정의에 대한 범위를 좁혀 갈 수 있기 때문이다. 얼핏 보면 역사의 연장선 또는 일부분인 듯 보이기도 하는 것 중에, 역사적 주제를 다룬 문학 작품들과 역사적 장면을 담은 사진이나 역사적 인물의 전기 등이 있다. 이들은 역사라 할 수 있을까?

　　역사적 주제를 다룬 문학 작품을 먼저 살펴보자. 이것들은 단지 작가가 자유로운 상상력으로 과거 사실을 재구성한 것에 불과하므로 역사라고 할 수 없다. 물론 역사에서도 상상력과 재구성은 매우 중요한 개념이다. 그러나 문학에서는 개인의 주관에 따라 무한대로 상상력을 펼쳐 재구성을 할 수 있고, 따라서 과거 사실도 얼마든지 창작될 수 있다. 이에 비해 역사는 많은 사람들이 공인해 줘야 할 뿐만 아니라, 역사적 근거라는 훨씬 *엄정한 조건을 만족시켜야 한다. 역사는 주관적인 느낌이 아니라 객관적인 사실을 중요시한다. 또한 역사에서는 그것이 분명히 일어난 사실인가 아닌가가 밝혀져야 하고, 그 사실성을 입증하는 중요한 단서로서 정확한 시점(時點)이 필요하다. 그런데 문학의 시점이 주관적인 느낌을 강조하는 시점이라면 역사가 밝히려는 '언제'는 역사적인 근거를 입증할 수 있는 사실과 직접 관련된 특정 시점이다. 이런 점에서 역사는 문학과 근본적으로 다르다. 문학에서는 그 일이 실제로 벌어졌든 아니든 상관이 없지만 역사에서는 실제로 벌어졌다는 게 전제되어야 한다. 문학은 작가 개인이 자유롭게 상상해도 되지만, 역사는 객관적 근거와 다수 사람들의 인정이 중요하다. 역사가 문학으로 기록될 수 있지만, 그렇게 기록된 문학이 곧 역사인 것은 아니다.

　　그렇다면 역사적 장면을 담은 사진은 역사라고 할 수 있을까? 사진은 기록자가 글로는 놓칠 수도 있는 많은 사실 정보를 전달해 준다. 하지만 사진도 찍는 사람에 의해 구도가 정해지고 장면의 범위가 선택되므로 주관성에서 자유롭지 못하다. 더욱이 단 한 장의 사진이라면 그것이 말해 줄 수 있는 역사적 진실의 양은 그렇게 많지 않다. 그 외에 다른 많은 사진들, 무엇보다 글로 기록된 관련 정보와 설명이 보태져야만 역사의 한 장면으로서 온전해질 수 있다. 어떤 사람에게 실제로 일어난 일이 사진 한 장으로만 흔적이 남아 있다면, 그 사실은 역사보다 문학으로 재구성되기 쉽다. 어떤 일이 허구가 아닌 사실로 입증되기 위해서는 관련된 자료가 많을수록 좋다. 자료들이 서로 다른 내용을 전하거나 때로 모순을 일으킨다 해도 자료가 없는 것보다는 훨씬 낫다. 자료의 빈틈을 문학적 상상력으로 메우다 보면 멋진 문학 작품은 될 수 있을지언정 그것이 역사는 아니다. 역사는 조사된 정보들로 구성된다.

상상력이 아니라, 많은 증인과 자료의 철저한 •고증에 기반을 두고 만들어진 한 권 분량의 전기라면 역사라 할 수 있을까? 관련 자료들에 충실히 근거해 집필되었고 자료 출처도 낱낱이 표기되었으며 많은 사진 자료들도 제시되었다면 그런 책을 허구라고 할 수는 없을 것이다. 많은 양의 자료는 분명히 역사의 •필요조건이다. 그러나 단지 자료가 많다는 이유로 역사가 되지는 않는다. 한 가지 더 채워야 할 •충분조건이 있다. 앞에서 역사는 조사된 정보들로 구성된다고 했는데, 이는 조사할 수 있는 정보가 많아야 한다는 말이지만 또 하나의 중요한 조건을 암시한다. 바로 누구에 의해 조사된 정보물인가 하는 점이다. 기록이야 많을수록 좋지만 기록 자체가 역사는 아니다. 기록은 검증되어야 한다. 우리가 쓰고 남기는 기록이란 대개 부정확하며 주관적이기 십상이다. 그날 있었던 일을 쓰는 일기조차도 어렴풋한 기억이나 부주의에 의해, 심지어는 의도적으로 얼마든지 잘못 쓸 수 있다. 어떤 기록이든 그런 가능성을 배제할 수 없다. 그러므로 특정 사안이 역사적으로 재구성되기 위해서는 그와 관련된 모든 기록이 과연 진실한 증언을 하고 있는지 꼼꼼히 살펴야 한다.

이때 객관적이고 철저한 검증 작업을 수행하는 사람들이 바로 역사가이다. 역사가는 당시의 **역사적인** •정황에 대해 풍부하고 바른 지식을 갖고 수많은 **자료들 속의 정보**를 비교 분석하면서 어떤 자료와 어떤 정보가 역사적으로 진실한지를 세밀하게 살피는 일을 한다. 그리고 한 역사가의 판단은 다른 역사가들의 검증을 통해 비로소 역사로서 구성되며, 이것이 한 번으로 끝나지 않고 이후로도 계속해서 논의되고 비판되고 보완된다. 그러므로 아무리 두꺼운 자료집이라 해도 **역사가들에 의한 검증 과정**이 없다면 그건 결코 역사일 수 없다. 물론 이렇게 해서 어떤 역사가 '정답'으로 고정되는 것은 결코 아니다. 역사에 정답이란 없다. 하나의 사건에도 여러 가지 견해와 해석이 공존하며 계속해서 •이견이 등장하기 마련이다. 중요한 것은 이러한 논쟁이 학문적으로 엄정하게 이루어져야 한다는 사실이다.

• **엄정한**: 엄격하고 공정한.
• **고증**: 옛 문헌·물건 따위에 기초해서 증거를 세워 이론적으로 밝힘.
• **필요조건**: 어떤 명제가 성립하는 데 필요한 조건.
• **충분조건**: 어떤 명제가 성립하는 데 충분한 조건.
• **정황**: 일의 사정과 상황.
• **이견**: 어떠한 의견에 대한 다른 의견.

01 윗글의 내용과 일치하는 것은?

① 조사된 정보는 다른 역사가의 검증 없이도 역사로 구성될 수 있다.
② 역사적 장면을 찍은 사진 한 장만으로도 온전히 역사라고 할 수 있다.
③ 많은 증인과 다양한 자료를 갖추는 것이야말로 역사의 충분조건이 된다.
④ 모든 기록에는 의도적인 왜곡이나 부주의로 인한 오류의 가능성이 있다.
⑤ 기존의 역사적 서술과 모순되는 내용을 담은 자료는 검증할 가치가 없다.

02 윗글에서 글쓴이가 ㉠의 답을 찾기 위해 사용한 방법을 〈보기〉에서 모두 고른 것은?

┤ 보기 ├

ㄱ. 해당 분야 전문가의 글을 인용하여 대상의 개념을 명료하게 서술하였다.

ㄴ. 대상을 구체적으로 관찰하고 측정할 수 있는 실체로 특정함으로써 대상의 막연한 개념을 구체화하였다.

ㄷ. 설명하고자 하는 대상의 특징을 독자가 잘 아는 다른 대상과 비교하거나 대조함으로써 명확히 하고자 하였다.

ㄹ. 자신이 정의하고자 하는 대상에 해당하지 않는 구체적인 개별 요소의 예를 들고 이를 배제함으로써 대상을 정의하고자 하였다.

ㅁ. 대상에 대한 공인된 정의가 매우 추상적이어서 그 개념을 명확하게 전달하지 못하므로, 누구나 이해하고 동의할 수 있게 평이하고 구체적인 어휘를 사용하여 대상을 새롭게 정의하였다.

① ㄱ, ㄴ   ② ㄴ, ㄷ   ③ ㄷ, ㄹ   ④ ㄴ, ㄷ, ㄹ   ⑤ ㄷ, ㄹ, ㅁ

03 윗글을 토대로 〈보기〉를 감상한 내용으로 적절하지 않은 것은?

┤ 보기 ├

어느 날, 변씨가 5년 동안에 어떻게 백만 냥이나 되는 돈을 벌었던가를 조용히 물어보았다. 허생이 대답하기를,

"그야 가장 알기 쉬운 일이지요. 조선이란 나라는 배가 외국에 통하질 않고, 수레가 나라 안에 다니질 못해서 온갖 물화가 제자리에 나서 제자리에서 사라지지요. (중략) 대개 만 냥을 가지면 족히 한 가지 종류의 물건을 독점할 수 있기 때문에 수레면 수레 전부, 배면 배를 전부, 한 고을이면 한 고을을 전부 마치 총총한 그물로 훑어 내듯 할 수 있지요. 뭍에서 나는 만 가지 중에 한 가지를 슬그머니 독점하고, 물에서 나는 만 가지 중에 슬그머니 하나를 독점하고, 의원의 만 가지 약재 중에 슬그머니 하나를 독점하면, 한 가지 물종이 한 곳에 묶여 있는 동안 모든 장사치들이 고갈될 것이매, 이는 백성을 해치는 길이 될 것입니다. 후세에 당국자들이 만약 나의 이 방법을 쓴다면 반드시 나라를 병들게 만들 것이오." (중략)

변씨는 본래 이완(李浣) 정승과 잘 아는 사이였다. 이완이 당시 어영대장이 되어서 변씨에게 백성들 사이에 혹시 쓸 만한 인재가 없는가를 물었다. 변씨가 허생의 이야기를 하였더니 이 대장은 깜짝 놀라면서,

"기이하다. 그게 정말인가? 그이 이름이 무엇이라 하던가?" / 하고 묻는 것이었다.

"소인은 그분과 어울린 지 3년이 지나도록 여태껏 이름도 모르옵니다."

"그인 이인(異人)이야. 자네와 같이 가 보세." (중략)

"무릇, 천하에 대의를 외치려면 먼저 천하의 호걸들과 접촉하여 결탁하지 않고는 안 되고, 남의 나라를 치려면 먼저 첩자를 보내지 않고는 성공할 수 없는 법이다. 지금 만주 정부가 갑자기 천하의 주인이 되어서 중국 민족과는 친근해지지 못하는 판에, 조선이 다른 나라보다 먼저 섬기게 되어 저들이 우리를 가장 믿는 터이다. 진실로 당나라, 원나라 때처럼 우리 자제들이 유학 가서 벼슬까지 하도록 허용해 줄 것과, 상인의 출입을 금하지 말도록 할 것을 간청하면, 저들도 반드시 자기네에게 친근하려 함을 보고 기뻐 승낙할 것이다. 국중의 자제들을 가려 뽑아 머리를 깎고 되놈의 옷을 입혀서, 그중 선비는 가서 빈공과(賓貢科)에 응시하고 또 서민은 멀리 강남(江南)에 건너가서 장사를 하면서 저 나라의 실정을 정탐하는 한편, 저 땅의 호걸들과 결탁한다면 한번 천하를 뒤집고 국치(國恥)를 씻을 수 있을 것이다." (중략)

"사대부들이 모두 조심스럽게 예법을 지키는데, 누가 변발을 하고 호복을 입으려 하겠습니까?"

"소위 사대부란 것들이 무엇이란 말이냐? 오랑캐 땅에서 태어나 자칭 사대부라 뽐내다니, 이런 어리석을 데가 있느냐? (중략) 이제 대명(大明)을 위해 원수를 갚겠다 하면서 그까짓 머리털 하나를 아끼고, 또 장차 말을 달리고 칼을 쓰고 창을 던지며 활을 당기고 돌을 던져야 할 판국에 넓은 소매의 옷을 고쳐 입지 않고 딴에 예법이라고 한단 말이냐? 내가 세 가지를 들어 말하였는데, 너는 한 가지도 행하지 못한다면서 그래도 신임받는 신하라 하겠는가? 신임받는 신하라는 게 참으로 이렇단 말이냐? 너 같은 자는 칼로 목을 잘라야 할 것이다."

하고 좌우를 돌아보며 칼을 찾아서 찌르려 했다. 이 대장은 놀라서 일어나 급히 뒷문으로 뛰쳐나가 도망쳐서 돌아갔다.

이튿날 다시 찾아가 보았더니, 집이 텅 비어 있고 허생은 간 곳이 없었다.

– 박지원, 「허생전」 중에서

① 〈보기〉의 내용이 검증된 사실이라면 역사가 문학으로 기록된 것이라 할 수 있겠군.

② 〈보기〉에서 다루고 있는 조선의 경제 상황에 대한 역사가의 판단은 박지원과 일치할 수 있겠군.

③ 박지원이 허구적 인물인 '허생'을 세워 보여 준 당대의 현실은 자신의 입장과 시각으로 재구성한 현실이라 할 수 있겠군.

④ 〈보기〉는 병자호란이라는 역사적 사건과 당대 조선 사회의 사회·경제적 상황을 반영하고 있다는 점에서 역사적 주제를 다룬 문학 작품으로 볼 수 있어.

⑤ 〈보기〉에 등장하는 인물인 '이완'은 작품의 배경이 되는 시기에 실존했던 인물이므로, 〈보기〉에 나타난 그의 태도는 실제 '이완'이 취했던 태도와 일치한다고 볼 수 있어.

04 〈보기〉의 그림을 윗글에 삽입하고 그림 아래에 짧은 해설문을 넣고자 한다. 그 위치와 해설문의 내용으로 가장 적절한 것은?

┤ 보기 ├

	위치	그림 아래에 넣을 해설문
①	2문단 옆	사진은 역사와 달리 사건과 직접 관련된 특정 시점이 드러나야 한다.
②	2문단 옆	사진과 마찬가지로 역사는 주관적 시각이 아니라 객관적 사실을 중요시한다.
③	3문단 옆	현장을 직접 반영하는 사진 또한 촬영자의 주관성에서 자유롭지 못하다.
④	3문단 옆	사진은 사건을 글로 기록하는 사람이 놓칠 수 있는 사실 정보를 전달해 준다.
⑤	4문단 옆	단 한 장의 사진도 역사가들의 검증에 의해 역사로 인정받을 수 있다.

불타는 문제

05 윗글을 바탕으로 〈보기〉를 이해한 내용으로 적절하지 <u>않은</u> 것은?

┤보기├

헤겔에 따르면, 사실을 체험하여 보고한 것은 역사의 소재가 될 수는 있으나 한계가 있다. 한 인간의 생은 역사적 시간에 비하면 지극히 짧기에 개인이 체험하고 보고하는 사건에 대한 정보는 단편적이고 즉자적인 서술일 수밖에 없기 때문이다. 이런 점에서 그는 역사가는 사건을 보다 넓은 구조적 연관성의 맥락에서 조망함으로써 이러한 한계를 극복해야 한다고 하였다.

또한 홉스봄은 한 명의 개인은 당대의 모든 것을 경험할 수 없기에, 해당 사태에 대한 객관적 조망을 갖기란 쉽지 않다고 하였다. 지역과 사람, 위치나 입장에 따라 체험의 편차가 크며 그들이 처했던 입장에 따라 체험을 구술하는 데 사용하는 용어도 달라짐을 지적하였다. 이러한 까닭에 그는 역사가는 입장 연관성, 즉 당파성을 완전히 벗어나기 어렵다고 보았다.

① 홉스봄은 자료들 사이에 모순이 나타나는 이유를 개인적 체험의 편차 때문으로 파악했겠군.

② 역사에 있어서 계속해서 이견이 나타나는 이유는 홉스봄의 입장 연관성을 통해 해명할 수 있겠군.

③ 역사적 논쟁이 엄정성을 갖추려면 역사적인 체험을 서술하는 용어의 통일이 선행되어야 하겠군.

④ 개인의 역량에 대해 회의를 지닌다는 점에서 헤겔과 홉스봄은 윗글의 글쓴이와 비슷한 입장을 보이고 있군.

⑤ 역사가들의 검증 작업에 있어서 헤겔은 거시적 조망의 중요성을 강조했고, 홉스봄은 객관적 조망의 어려움을 강조했군.

스피드 지문 복습

주제

역사와 역사가 아닌 것의 ☐☐을 통한 역사의 ☐☐

문단별 중심 내용

1문단 역사와 역사가 아닌 것의 ☐☐을 통한 역사의 ☐☐ 시도

2문단 역사적 주제를 다룬 ☐☐☐과 역사의 구분

3문단 역사적 장면을 담은 ☐☐과 역사의 구분

4문단 ☐☐에 기반을 둔 ☐☐와 역사의 구분

5문단 ☐☐☐의 지속적인 ☐☐을 통해 ☐☐되는 역사

[01-04] 다음 글을 읽고 물음에 답하시오.

글자 수) 1900~2000자

어휘 수준) ★★★☆☆

권장 시간) 5분 30초

나의 시간) ------------------------

지문 키워드)

#마키아벨리 #정치사상 #군주론

마키아벨리의 『군주론』에 나타난 그의 정치 사상을 논할 때 외양의 문제를 빼놓을 수 없다. 그는 정치의 핵심을 상징과 외양으로 파악했다. 그에 따르면 정치적 행위자로서 통치자는 능란한 위선자요 가장자(假裝者)여야 하며 성실함, 자비, 인간애 및 신실함을 가지고 있는 것으로 보여야 한다. 마키아벨리의 정치 사상에서 외양의 강조는 다음과 같이 네 가지 함의를 지니고 있다.

▲ 『군주론』의 저자 마키아벨리

첫째, 마키아벨리는 정치가 ㉠본질의 영역이 아니라 ㉡외양의 영역에 속하는 것으로 파악한다. 플라톤과 같은 그리스 사상가나 중세의 정치사상가들이 정치 영역에서 철학적 진리나 종교적 진리를 구현하고자 하여 정치 현상을 이러한 원리에 따라 규율하고자 했다면, 마키아벨리의 경우 정치는 ⓐ변화무상한 생성과 현상의 영역이기 때문에 철학적 진리나 종교적 진리의 적용을 거부한다. 마키아벨리에게는 군주나 정치적 행위자들이 권력을 통해서 추구하는 것은 ⓑ영혼의 완성이나 진리의 실현이 아니라 ⓒ영광과 명예였는데, 이 역시 외양의 속성에 불과하다.

둘째, 마키아벨리는 기만과 폭력이 횡행하는 정치 상황에서 정치적인 행위자가 자신을 정치적인 적으로부터 보호하기 위한 보호색으로서 능숙한 가장과 위선을 필요로 한다는 의미에서 외양의 중요성을 강조한다. 그에 따르면 대부분의 정치적인 상황이 불안정하고 유동적이기 때문에 정치적 행위자가 한결같이 일관되게 ⓓ기존의 •도덕률을 채택하게 되면, 그의 행위는 적에게 쉽게 노출되고 간파되어 정치적으로 파멸을 초래할 위험이 커진다. 그리고 이는 정치 행위자 개인의 파멸에 그치지 않고 정치 공동체의 사활에도 영향을 미치는 것이 통상적인 정치적 상황이므로, 통치자는 외국의 적으로부터 자신의 국가를 보호하기 위해서 또는 국내의 적으로부터 자신의 권력을 보호하기 위해서 적절한 위장과 기만을 통해서 외양을 조작할 필요가 있다는 것이다.

셋째, 통치자는 •통상의 윤리로부터 일탈하여 ⓔ정치 상황의 필연적 논리에 따라서 행동해야 할 경우가 많은데, 그 경우에도 권력의 유지에 필수적인 대중의 지지를 확보하기 위해서 능숙한 가장과 위선이 필요하다고 본다. 그는 정상적인 정치적 상황에서 통치자는 기존의 도덕과 규범을 준수해야 하지만 필연의 요구에 의해서 ⓕ독자적인 정치 윤리에 따라서 반도덕적으로 간주되는 행위를 취해야 될 경우가 있음을

• 정답과 해설 • 12쪽

지적하며, 이 경우에도 정치와 통상적인 윤리 간의 긴장과 갈등 관계를 가급적 외양의 조작을 통해서 해소해야 된다는 점을 강조한다. 이러한 외양의 조작을 통해서 정치적인 행위자는 사적인 윤리에 반하여 행동해야 하는 경우에도 사적인 윤리에 기반한 비난의 화살을 피하고, *인민대중의 환심과 지지를 유지하고 획득할 수 있다는 것이다.

넷째, 마키아벨리는 정치 상황의 아이로니컬한 속성 때문에 정치 영역에서는 빈번하게 외양상 미덕으로 보이는 것이 악덕이 되고, 악덕으로 보이는 것이 미덕이 된다고 지적했다. 예를 들면 정치 상황에서 통치자의 *관후함은 국고를 탕진하게 되고 이는 궁극적으로 인민의 세금 부담으로 이어지기 때문에 악덕으로 전환되는 반면, 통치자의 인색함은 사적으로는 악덕이지만 세금 부담을 줄이고, 그 결과 인민들이 보다 많은 재산을 갖게 만들기 때문에 공적으로는 미덕이 된다는 것이다. 또한 통치자가 자비로워서 쉽게 죄인을 용서하게 되면 기강이 문란해져서 권력과 질서를 유지하기 힘들어지고, 급기야 엄격하고 잔인한 통치를 해야 되는 상황에 봉착하기 때문에 결과적으로 초기의 자비로움이 악덕이 되는 반면에, 잔인함이라도 절약해서 사용하면 기강을 바로잡아서 자비스러움보다도 더 관대한 결과를 가져오기 때문에 덕이 된다는 것이다. 즉 잔인함은 단지 소수의 사람에게만 해를 가하고 두려움을 통해 나머지 다수의 행동을 제지하는 반면에, 자비로움은 무질서를 양산하여 전체 공동체에 해를 입히거나 아니면 나중에 더 많은 사람에게 보다 잔인한 조치를 취해야 되는 결과를 초래한다는 것이다.

• **도덕률**: 도덕적 행위의 기준이 되는 보편타당한 법칙.
• **통상**: 특별하지 아니하고 예사임.
• **인민대중**: 역사의 주체, 사회적 운동의 주체인 모든 계급과 계층을 통틀어 이르는 말.
• **관후함**: 마음이 너그럽고 후덕함.

01 윗글의 중심 내용으로 적절한 것은?

① 마키아벨리의 정치사상이 갖는 한계
② 마키아벨리의 정치사상이 변화해 온 양상
③ 마키아벨리의 정치적 견해가 후대에 미친 영향
④ 마키아벨리가 정치 상황에서 강조한 외양의 효용성
⑤ 마키아벨리가 강조한 외양에 대한 정치사상가들의 비판

02 윗글에 나타난 마키아벨리의 견해로 적절하지 <u>않은</u> 것은?

① 통치자의 선한 의도가 선한 결과를 이끌지 않을 수도 있다.

② 통치자는 외양의 조작을 통해서라도 대중의 지지를 얻어야 한다.

③ 공동체의 이익을 위해 통치자는 다수에게 적절한 잔인함을 사용해야 한다.

④ 종교적 진리를 불안정하고 유동적인 정치 상황에 적용하는 것은 부적절하다.

⑤ 정상적인 정치 상황에서 통치자의 정치 행위는 통상의 윤리와 일치해야 한다.

물먹는 문제

03 〈보기〉와 관련하여 윗글을 이해한 내용으로 적절하지 <u>않은</u> 것은?

┤ 보기 ├

- 베버에 따르면, 확신의 윤리는 인간이란 선한 존재라고 전제하고 동기가 선하면 주어진 행위는 그 결과에 상관없이 선하다고 주장한다. 이에 반해 책임의 윤리는 인간의 평균적인 악을 전제하고 이를 감안하여 행동해야 하며, 따라서 동기의 선함보다는 결과의 선함이 더 중요하다고 주장한다.
- 이상주의자들은 인간이 어떻게 살아야 한다는 당위적 명제를 전제하고 추상적 원칙이나 형이상학적 원리에 의해 인간 현실을 변화시키려는 반면, 현실주의자들은 인간의 실제 삶과 바람직한 삶은 분리되어야 하며, 인간이 실제로 살아가는 현실과 인간이 살아가야 하는 당위는 구분되어야 한다고 주장한다.
- 한비(韓非)는 유가(儒家)의 도덕 정치는 나라를 망치고 군주를 죽음으로 몰고 가는 망국의 원리라고 주장한다. 유가에서 말하는 인의(仁義)를 따르면 간악한 개인적 이익을 꾀하는 자가 더 많아지고 난폭한 무리가 처벌을 받지 않은 채 활개 치게 됨으로써 심할 경우 나라를 망치고 군주의 권위가 낮아진다는 것이다.

① 인간을 선한 존재로 보고 정치 영역에서 철학적 진리를 구현하고자 한 플라톤의 경우 '책임의 윤리'보다 '확신의 윤리'를 실천했다고 할 수 있군.

② 동기의 선함보다 결과의 선함을 더 중요시한다는 측면에서 마키아벨리의 정치적 윤리관은 '확신의 윤리'보다 '책임의 윤리'에 가깝다고 할 수 있군.

③ 정치 상황에서 정치적 행위자가 자신을 보호하기 위해 가장과 위선이 필요하다는 생각은 '이상주의자'보다 '현실주의자'의 생각에 가깝다고 할 수 있군.

④ 통치자는 정치와 통상적인 윤리 간의 긴장과 갈등 관계를 외양의 조작을 통해서라도 해소해야 한다는 마키아벨리는 결국 '이상주의자'의 태도를 긍정한다고 볼 수 있군.

⑤ 통치자의 자비로움이 악덕이 된다는 마키아벨리와 유가의 도덕 정치가 나라를 망친다는 한비는 모두 사적인 윤리가 정치에 유해한 결과를 초래할 수 있다고 생각하는군.

• 정답과 해설 • 12쪽

04 마키아벨리의 정치사상을 고려할 때, ㉠과 ㉡을 ⓐ~ⓕ와 관련지어 설명한 내용으로 적절한 것을 〈보기〉에서 모두 고른 것은?

┌─ 보기 ┐

ㄱ. 대부분의 정치는 ⓐ이므로 ㉡에 속한다.

ㄴ. 군주나 정치적 행위자들은 ㉠인 ⓑ보다 ㉡인 ⓒ를 추구한다.

ㄷ. 정치적 행위자가 ㉠인 ⓓ를 일관되게 채택하면 정치 공동체에 위험을 초래한다.

ㄹ. ⓔ는 ㉠에 속하지만, ⓕ는 ㉡에 속한다.

└─────────────────────────────────────┘

① ㄱ, ㄴ 　　② ㄱ, ㄹ 　　③ ㄷ, ㄹ 　　④ ㄱ, ㄴ, ㄷ 　　⑤ ㄴ, ㄷ, ㄹ

스피드 지문 복습

주제

통치자의 ☐☐을 강조한 마키아벨리의 「군주론」

문단별 중심 내용

1문단 마키아벨리 정치사상의 핵심인 ☐☐

2문단 정치를 ☐☐의 영역으로 파악한 마키아벨리

3문단 ☐으로부터 정치적 행위자를 보호하기 위해 필요한 외양의 조작

4문단 ☐☐의 지지를 확보하기 위해 필요한 외양의 조작

5문단 외양상 ☐☐과 외양상 ☐☐이 전도되는 정치 상황의 아이로니컬한 속성

글자 수 2100~2200자

어휘 수준 ★★★★☆

권장 시간 7분 30초

나의 시간 --------------------------

지문 키워드

#루소 #사회 계약론 #주권

[01-05] 다음 글을 읽고 물음에 답하시오.

『사회 계약론』에서 루소는 자유란 인간이 태어나면서부터 갖는 것으로서 인간의 권리와 의무의 근원이 된다고 본다. 그는 자신이 갖고 있는 자유 의지를 인식하는 것이 인간다운 것이며, 개인의 이익을 추구하는 ㉠특수 의지를 포기하고 공동의 이익을 추구하는 ㉡일반 의지를 따름으로써 성립하는 사회 계약의 바탕이 바로 자유라고 주장한다. 그는 개인의 힘에만 의존하는 자연적 자유가 사회 계약을 통해 일반 의지에 복종함으로써 합법적으로 정당화된 권리인 시민적 자유를 얻게 되고 나중에는 도덕적 자유까지도 얻게 된다고 생각한다.

또한 루소는 인간이 이성의 능력을 기반으로 하는 '완성 가능성'을 지니고 있기 때문에 동물적 존재인 자연 상태에서 벗어나 사회적 존재인 시민 상태로 격상될 수 있다고 본다. 또한 그는 이성이 특수 의지와 일반 의지를 구분하고 일반 의지를 따르는 것이 참된 이익을 가져온다는 사실을 깨닫게 하여 일반 의지를 따르게 함으로써 어리석은 동물적 존재인 인간을 지성적인 존재가 되게 한다고 주장한다.

루소의 주장에 따르면 사회 계약이란 일정한 영토 안에 있는 모든 사람들이 일반 의지에 따라 자연 상태에서 갖고 있는 개인의 *인신과 소유물 그리고 이에 대한 권리를 공적 인격, 즉 도덕적이고 집합적인 단체인 *정치체에 양도하기로 협약을 맺음으로써 고립적인 자연인이 정치체에 소속되는 시민이 되는 것이다. 또한 그는 정당하고 합법적인 국가 권력의 생성 근거가 바로 사회 계약이며, 사회 계약은 다른 모든 권리의 기초가 되는 사회 질서 성립의 근거가 된다고 생각한다.

루소는 사회 계약을 기반으로 형성된 국가는 절대 권력인 주권을 가지며, 모든 인민이 자발적으로 합의하여 사회 계약을 맺었으므로 인민이 주권자가 된다고 주장한다. 이는 또 다른 사회 계약론자인 홉스가 권력을 위임받은 통치자를 주권자로 보는 것과 다른 점이다. 또한 루소는 사회 계약에 의해 설립된 국가는 그 자체의 존속을 위해 시민에게 필요한 모든 것을 의무로서 부과할 수 있다고 본다.

그런데 루소에 의하면 절대 권력인 ⓐ주권은 일반적인 협약의 한계를 넘지 말아야 한다. 다시 말해 주권은 개인의 인신과 소유물을 보호하고 *공동선을 추구해야 하는 국가 설립의 목적 내에서만 작동되어야 하며, 특수한 개인이나 집단에 편파적으로 적용되지 말아야 하고 일반 의지에 따라 모든 구성원들에게 보편적으로 적용되어야 한다. 이는 일반 의지가 전체에 적용되지 않고 특정 대상에게 편중되어 사용된다면 일반 의지가 본래 가지고 있던 정당성이 상실되기 때문이다. 이러한 이유로 루소는 정부가 한계를 넘어 법을 집행할 경우 인민이 저항할 수 있다고 생각한다.

루소에 따르면 주권은 '양도 불가성'과 '분할 불능성'을 갖고 있는데 주권은 입법권에만 한정되기 때문에 주권자는 정부를 선정하여 법률 집행 권한을 위임해야 한다. 왜냐하면 루소가 생각할 때 법률 집행 행위는 일반 의지에 따르는 일반적, 보편적 행위가 아니라 특수한 상황에 적용되는 특수한 행위에 불과하기 때문이다. 이렇게 루소는 입법권과 집행권을 구분하고 입법권은 주권자인 인민 전체에, 집행권은 주권자가 위임한 정부에 속하는 것으로 보고 있다. 이를 로크의 권력 분립과 비교해 보면, 로크의 이론에서는 입법권과 집행권이 비교적 수평적 성격을 지니는 데 비해 ⓑ루소의 이론에서는 수직적 성격이 강하다.

　루소는 법률의 집행권을 주권자 모두에게 위임하는 민주정, 소수에게 위임하는 귀족정, 한 사람에게 위임하는 군주정으로 정부의 형태를 구분하고 국가의 크기나 부유함 등에 따라 적합한 정부의 형태가 달라질 수 있다고 주장한다. 예를 들어 민주정은 가난하고 작은 나라에, 귀족정은 면적이나 부유함이 중간 수준인 나라에, 군주정은 부유하고 큰 나라에 적합하다는 것이다. 사회 계약론자인 홉스와 로크도 정부의 형태를 세 가지로 구분하지만, 홉스와 로크가 주권자의 수에 따라 정부의 형태를 구분한다면 루소는 법률의 집행권을 담당하는 행정관의 수에 따라 구분한다는 점에서 차이를 보인다.

　그런데 여기서 주목할 것은 루소가 앞서 제시한 정부의 형태와 그가 가장 합법적인 정부의 형태라고 생각하는 공화정을 개념적으로 분리하고 있다는 점이다. 루소에 따르면 공화정은 정부의 형태와 상관없이 공동선을 추구하는 법에 의해 통치되는 정부로, 귀족정이나 군주정도 일반 의지에 기반을 둔 법에 따라 통치된다면 공화정으로 볼 수 있다. 왜냐하면 정부가 어떤 형태를 띠더라도 입법권은 주권자인 인민 모두에게 있으므로 법에 의한 통치는 인민 모두에 의한 통치를 의미하기 때문이다.

- **인신**: 사람의 몸.
- **정치체**: 정치적 권위의 행사를 통해 조직된 사회.
- **공동선**: 개인을 위한 것이 아닌 국가나 사회, 또는 온 인류를 위한 선.

01　윗글을 통해 알 수 있는 루소의 견해로 적절한 것은?

① 법에 의한 통치 여부에 따라 공화정과 군주정을 구분할 수 있다.
② 법률의 집행 행위는 일반적인 상황에 적용하는 일반적인 행위이다.
③ 인간의 자연 상태는 평등한 상태에서 불평등한 상태로 변화하게 되었다.
④ 국가는 주권을 갖고 있지 않지만 인민에게 필요한 의무를 부과할 수 있다.
⑤ 고립적인 자연인이 정치체에 소속될 수 있는 것은 '완성 가능성'이 있기 때문이다.

02 『사회 계약론』을 바탕으로 ㉠, ㉡에 대해 설명한 내용으로 적절하지 <u>않은</u> 것은?

① 어떤 특수한 개인이나 집단에 대해 편파적인 것은 ㉠과 관련이 있다.
② ㉡은 인간이 자연 상태에서 가지고 있는 권리를 공적 인격에게 양도하도록 이끈다.
③ 인간의 이성은 ㉠과 ㉡을 구분하고 ㉡을 따르게 한다.
④ 인간은 자신에게 주어진 자유에 따라 ㉠ 혹은 ㉡을 선택할 수 있다.
⑤ 인간이 자연 상태에서 시민 상태로 이행하면 ㉠은 사라지고 ㉡이 남는다.

03 ⓐ에 대한 이해로 적절하지 <u>않은</u> 것은?

① 루소는 입법권을 가진 인민이 ⓐ를 갖고 있다고 생각하는군.
② 홉스는 절대적인 권력인 ⓐ가 통치자에게 귀속된다는 입장이군.
③ 루소는 인민이 정부를 선정하여 ⓐ를 위임할 수 있다고 생각하는군.
④ 루소는 사회 계약을 맺은 모든 사람이 ⓐ를 갖고 있다고 주장하는군.
⑤ 홉스와 로크는 ⓐ를 가진 사람의 수에 따라 정부의 형태를 구분하는군.

04 ⓑ의 이유로 가장 적절한 것은?

① 입법권은 다수에게 장악되어 있지만, 집행권은 소수에게 위임되어 있기 때문에
② 입법권은 인민의 저항권을 인정하지만, 집행권은 인민의 저항권을 인정하지 않기 때문에
③ 입법권은 일반 의지에 따르는 행위이지만, 집행권은 특수 의지에 따르는 행위이기 때문에
④ 입법권은 주권자에게 속하는 절대 권력이지만, 집행권은 대리인에게 위임된 파생물이기 때문에
⑤ 입법권은 행정권과 구분되어 있지만, 입법권은 협약의 범위 내에서 행정권을 집행할 수 있기 때문에

불타는 문제

05 윗글과 〈보기〉를 비교하여 이해한 내용으로 적절하지 <u>않은</u> 것은?

┤ 보기 ├

• 홉스는 성원 간에 혼란한 투쟁이 빚어지는 자연 상태에서는 개인의 안정적인 자기 보전과 이익 추구가 불가능하므로 인위적인 법적 인격인 국가를 설립하기로 하고 개인의 자연권을 자발적으로 양도하기로 한 것이 사회 계약이라고 본다. 이때 권력을 양도받은 주권자는 자신과 분리할 수도 없고 또 나누어 가질 수도 없는 절대 권력을 가진다. 홉스는 군주정이 가장 효율적인 통치 형태라고 보았는데 아무리 군주라고 해도 개인의 생명에 위해를 가하는 명령을 내릴 수 없으며, 주권자의 권력은 개인의 안전과 사회의 평화를 위해서 행사될 수밖에 없다고 주장한다.

• 로크는 자연 상태에서 자연인은 타인에 의한 권리 침해의 위험에 끊임없이 노출되어 있어서 개인의 생명, 자유, 자산을 보전하기 힘들게 되므로 자발적 동의를 통해 개인의 자연법 집행권을 포기하고 이를 공통의 권력에 양도하기로 하는 사회 계약을 맺음으로써 국가 권력이 탄생했다고 생각한다. 로크는 이러한 국가 권력이 입법권, 집행권, 연합권으로 분할되는데 입법부는 개인의 재산권을 보호하는 국가 설립 목적에 맞게 입법권을 행사해야 하고, 행정부도 이에 따라 자신들에게 위임된 집행권과 연합권을 행사해야 한다고 주장한다.

① 홉스, 로크, 루소 모두 자연인의 삶에 불안정한 요소가 있었음을 가정하는군.
② 홉스, 로크, 루소 모두 사회 계약이 개인의 자발성에 바탕을 두고 있다고 생각하는군.
③ 홉스, 로크, 루소 모두 국가가 무한히 권력을 행사할 수 없고 한계가 있음을 주장하는군.
④ 로크와 달리 홉스와 루소는 주권의 양도 불가능성과 분할 불가능성을 주장하는군.
⑤ 루소와 달리 홉스와 로크는 개인의 이익을 보호하기 위해 국가가 설립됐다고 생각하는군.

스피드 지문 복습

주제

『사회 계약론』에 나타난 루소의 □□□□ 개념

문단별 중심 내용

1문단 □□□□의 바탕이 되는 자유
2문단 인간을 시민 상태로 이행하게 하는 '□□□□'과 이성의 역할
3문단 고립적인 자연인을 시민으로 변모하게 하는 □□□□
4문단 국가의 주권자를 □□으로 보는 루소
5문단 루소의 사회 계약에서 절대 권력인 □□이 지닌 한계
6문단 □□□과 □□□의 행사 주체를 구분하고 있는 루소
7문단 루소의 □□ 형태 구분
8문단 루소가 가장 합법적인 정부 형태로 본 □□□

[01-04] 다음 글을 읽고 물음에 답하시오.

글자 수 | 2000~2100자

어휘 수준 | ★★★★☆

권장 시간 | 5분 30초

나의 시간 | --------------------------

지문 키워드

#정언 명제 #정언 삼단 논증

　고전적인 *형식 논리는 아리스토텔레스에 의해 처음 체계화되었으며 20세기에 이르기까지 주목할 만한 진전 없이 서구적 사유의 기본 틀 역할을 해 왔다. 아리스토텔레스에 의해 체계화된 고전적 연역 논리는 정언 명제라고 불리는 특수한 유형의 명제들만을 다룬다. 명제란 참이나 거짓으로 판정될 수 있는 문장을 말하는데, 정언 명제는 주어와 술어를 각각 하나의 집합으로 간주하며 그 두 집합 사이의 포함 관계를 긍정하거나 부정하는 명제다.

　정언 명제는 *양화사, 주어, 술어, *계사의 네 가지 요소로 구성되어 있다. 양화사에는 '모든'과 '어떤'이라는 두 가지가 있으며, 이것이 각각 명제의 '*전칭'과 '*특칭'을 결정한다. 한편 계사에는 '이다'와 '아니다'라는 두 가지 기본 형태가 있는데, 이것은 명제의 '긍정'과 '부정'을 결정한다. 정언 명제를 다루는 데 있어서 이 네 가지 요소 이외의 문법적인 문장 요소들은 무시된다.

　정언 명제에서 명제의 양은 양화사에 의해 결정되지만 일상적인 문장에 반드시 양화사가 명시적으로 드러나는 것은 아니다. 따라서 명제의 양은 문맥에 따라 결정된다. 예를 들면, "원숭이는 포유류다."라는 명제에는 양화사가 드러나 있지 않지만 그 의미로 볼 때 주어 앞에 전칭을 표시하는 '모든'이라는 양화사가 생략된 것으로 볼 수 있다.

　정언 명제는 양과 질이라는 두 측면의 조합에 의해 전칭 긍정, 전칭 부정, 특칭 긍정, 특칭 부정의 네 가지 표준 형식으로 나누어지며 각각을 A, E, I, O라는 기호로 나타낸다. 여기에서 주의할 점은 우리말에서 전칭 부정 명제는 특칭 명제와 마찬가지로 '어떤'이라는 양화사를 동반할 수도 있다는 점이다.

　아래 예시는 일상 명제를 정언 명제의 표준 형식(양화사+주어+술어+계사)으로 옮긴 것이다. 일상 명제를 정언 명제의 표준 형식으로 바꿀 때 중요한 것은 명제의 내용을 변화시키지 않는 것이다.

일상 명제		정언 명제의 표준 형식
• 어떤 장미는 희다.	→	어떤 장미는 흰 꽃이다.
• 에메랄드는 녹색 보석이다.	→	모든 에메랄드는 녹색 보석이다.
• 몇몇 군인은 애국심이 있다.	→	어떤 군인은 애국심이 있는 군인이다.
• 소크라테스는 철학자다.	→	소크라테스와 동일한 모든 사람은 철학자다.
• 그것이 쥐라면 그것은 포유류다.	→	모든 쥐는 포유류다.

　삼단 논증이란 두 개의 전제와 하나의 결론으로 구성된 논증을 말한다. 특히 전제와 결론 모두 정언 명제로 이루어진 논증을 정언 삼단 논증이라고 부른다. 아리스토텔레스가 다루었던 정언 삼단 논증은 특수하게 규정된 내적 구조를 갖고 있으며, 이

것을 표준 형식의 정언 삼단 논증이라고 부른다. 아리스토텔레스는 이처럼 특수하게 정형화된 정언 삼단 논증들의 타당성을 평가하는 방법을 제시함으로써 연역 논리의 기본적 체계를 세웠다.

정언 삼단 논증은 대개념, 소개념, 매개념의 세 개념으로 구성되는데, 하나의 삼단 논증에서 이 개념들은 각각 두 번씩 사용된다. 유의할 것은 한 개념이 대개념 또는 소개념이 되는 것은 그것이 어떤 전제에 나타나는가에 의해 결정되는 것이 아니라, 그것이 결론의 주어이기 때문에 소개념이 되며, 결론의 술어이기 때문에 대개념이 된다는 점이다. 예를 들어 정언 삼단 논증의 결론에 해당하는 명제 "모든 S는 P이다."의 경우 S는 소개념, P는 대개념이 되는 것이다. 그리고 대개념을 포함하고 있는 전제를 '대전제', 소개념을 포함하고 있는 전제를 '소전제'라고 부른다.

표준 형식의 정언 삼단 논증에는 식과 격이 있는데, 이 두 요소가 한데 묶여 정언 삼단 논증의 형식을 결정한다. 특정한 형식의 삼단 논증이 타당하면 그 형식을 공유하는 모든 삼단 논증은 타당하다. 이것은 이 삼단 논증의 타당성이 사용된 명제들의 내용이 아니라 그 형식에 의해 전적으로 결정된다는 것을 말해 준다.

정언 삼단 논증의 형식을 결정하는 요소로 먼저 식이 있다. 식이란 대전제, 소전제, 결론의 명제 유형을 밝혀 순서대로 적은 것이다. 정언 삼단 논증은 A, E, I, O의 네 가지 정언 명제들 중 임의의 세 개를 이용하기 때문에 그 배열은 AAA, AAE, AAI, AAO, EAA, EAE… 등으로, 가능한 식은 모두 64가지다.

- **형식 논리**: 올바른 논증의 형식적 구조를 연구하는 학문. 경험이나 사실의 내용에는 관여함이 없이 오직 사유의 형식에만 관여한다.
- **양화사**: 논리학이나 언어학에서 논리식이 적용되는 담화 영역(domain of discourse)에 있는 개체의 양을 지정하는 역할을 하는 요소.
- **계사**: 명제의 주어와 술어를 연결하여 긍정 또는 부정의 뜻을 나타내는 말. '나는 사람이다.'의 '이다' 같은 것이다.
- **전칭**: 정언 명제 중에서 주어가 가리키는 외연 전체에 관하여 긍정적 또는 부정적으로 서술하는 명제가 가진 성질. 주어를 수식하는 '모든'이라는 말로 나타내는 특성을 가진다. 이를테면 '모든 사람은 죽는다.'라는 명제에서 '모든' 따위이다.
- **특칭**: 주어가 나타내는 사물의 한 부분을 한정하여 이르는 말. '어떤', '이', '그', '한', '두' 따위의 말이 쓰인다.

01 윗글을 바탕으로 정언 명제에 대해 이해한 내용으로 적절하지 않은 것은?

① 정언 명제의 질은 긍정이거나 부정이다.
② 정언 명제에서 특칭은 주어 집합에 속한 것 중 하나 이상인 것을 가리킨다.
③ 정언 명제는 주어 집합과 술어 집합 간의 포함 관계와 배제 관계를 나타낸다.
④ 정언 명제인 "어떤 녹색 앵무새는 흰색이 아닌 새이다."의 경우, 술어는 '흰색이 아닌 새' 부분이다.
⑤ "모든 S는 P가 아니다."라는 명제와 "어떤 S도 P가 아니다."라는 명제는 모두 전칭 부정을 나타내는 정언 명제이다.

02 윗글을 참고할 때, 〈보기〉에서 일상 명제를 정언 명제의 표준 형식으로 적절하게 옮긴 것끼리 골라 묶은 것은?

── 보기 ├──

일상 명제		정언 명제의 표준 형식
ㄱ. 이웃에 어린이가 산다.	→	모든 어린이는 이웃에 사는 어린이이다.
ㄴ. 한 마리의 개도 보이지 않았다.	→	어떤 개는 보이지 않았던 동물이다.
ㄷ. 그 목걸이가 금으로 만들어져 있다면 그것은 싸지 않다.	→	어떤 금으로 만들어진 목걸이도 싼 것이 아니다.
ㄹ. 저 강의실에는 컴퓨터가 한 대 있다.	→	저 강의실과 동일한 모든 강의실은 컴퓨터가 한 대 있는 강의실이다.

① ㄱ, ㄴ　　　② ㄱ, ㄷ　　　③ ㄴ, ㄷ　　　④ ㄴ, ㄹ　　　⑤ ㄷ, ㄹ

03 윗글과 〈보기 1〉을 참고할 때, 〈보기 2〉의 Ⓐ, Ⓑ에 들어갈 내용으로 적절한 것은?

── 보기 1 ├──

　정언 삼단 논증의 규칙을 지킬 경우 논증이 형식적 타당성을 가지며, 이를 위반할 경우 논증에 형식적 오류가 발생한다.

• 정언 삼단 논증의 규칙
　ㄱ. 2개의 전제가 다 전칭이면 결론은 전칭이어야 한다.
　ㄴ. 1개의 전제가 특칭이면 결론은 특칭이어야 한다.
　ㄷ. 2개의 전제가 다 긍정이면 결론은 긍정이어야 한다.
　ㄹ. 1개의 전제가 부정이면 결론은 부정이어야 한다.

── 보기 2 ├──

　"시적 영감을 가진 모든 사람은 문학가다. 어떤 예술가는 시적 영감을 갖고 있다. 그러므로 모든 예술가는 문학가다."라는 삼단 논증에 사용된 명제들을 정언 명제로 바꾸어 정언 삼단 논증으로 변환할 경우, 이 논증은 〈보기 1〉에 제시된 규칙 (Ⓐ)에 합치되고 규칙 (Ⓑ)에 위반된다.

	Ⓐ	Ⓑ		Ⓐ	Ⓑ
①	ㄱ	ㄷ	②	ㄱ	ㄹ
③	ㄴ	ㄷ	④	ㄷ	ㄴ
⑤	ㄹ	ㄴ			

• 정답과 해설 • 19쪽

...
물먹는 문제

04 〈보기〉의 ㄱ~ㄷ은 모두 정언 명제로 이루어진 논증이다. 윗글을 바탕으로 〈보기〉를 이해한 내용으로 적절하지 않은 것은?

┤ 보기 ├

ㄱ. 어떤 참고서는 교과서다. 왜냐하면 모든 교과서는 표준화된 책이고, 어떤 참고서는 표준화된 책이기 때문이다.

ㄴ. 모든 겁쟁이는 영웅이 아니다. 왜냐하면 모든 영웅은 용감한 사람이고, 모든 겁쟁이는 용감한 사람이 아니기 때문이다.

ㄷ. 어떤 앵무새는 말을 하지 않는 동물이다. 모든 앵무새는 애완동물이다. 그러므로 어떤 애완동물은 말을 하지 않는 동물이다.

① ㄱ의 대개념은 '교과서'이고, ㄴ의 대개념은 '영웅'이다.

② ㄴ의 소개념은 '겁쟁이'이고, ㄷ의 소개념은 '애완동물'이다.

③ ㄱ의 매개념은 '표준화된 책'이고, ㄷ의 매개념은 '앵무새'이다.

④ ㄱ의 정언 삼단 논증의 식은 AII이고, ㄴ의 정언 삼단 논증의 식은 EAE이다.

⑤ ㄷ은 I 정언 명제를 포함하고 있지만, E와 O 정언 명제를 포함하고 있지 않다.

스피드 지문 복습

주제

정언 명제와 ☐☐☐☐☐☐의 개념과 특징

문단별 중심 내용

1문단 ☐☐☐☐의 개념

2문단 ☐☐☐☐의 구성 요소

3문단 정언 명제에서 명제와 ☐의 결정 방식

4문단 정언 명제의 네 가지 ☐☐☐

5문단 일상 명제를 ☐☐☐의 표준 형식으로 전환한 예

6문단 ☐☐☐과 ☐☐☐☐☐☐의 개념

7문단 정언 삼단 논증의 ☐ 요소

8문단 정언 삼단 논증의 ☐ 결정 요소와 ☐☐과 타당성의 관계

9문단 정언 삼단 논증의 ☐ 결정 요소 중 하나인 ☐의 특징

글자 수 2100~2200자

어휘 수준 ★★★★☆

권장 시간 7분 30초

나의 시간 ------------------------

지문 키워드

#논증문 #논증의 표준화

[01-05] 다음 글을 읽고 물음에 답하시오.

논증을 평가할 때 논증의 내용이 더 분명해지도록 표준 형식으로 바꿔 쓰는 것이 필요하다. ㉠논증의 표준화는 논증문을 표준 형식으로 재구성하는 것으로 논증문을 전제와 결론 순으로 나타낸다. 이를 통해 논증문의 전제나 결론과는 구별되는 비평이나 배경 자료를 구분할 수 있고 간접적으로 표현된 주장을 명시적으로 드러낼 수 있으며 논증자가 전제에서 어떻게 결론을 내렸는지도 명확히 알 수 있다. 이제 다양한 논증문을 표준화하는 예를 살펴보도록 하자.

수렴형 논증문은 둘 이상의 전제가 결론을 각각 지지해 주는 논증문이다. "의학적 문제를 약물로만 치료할 수 있다고 생각하는 것은 실수이다. 첫째, 약물 치료는 생활 방식의 문제를 다루지 않는다. 둘째, 약물 치료에는 종종 부작용이 있다."라는 논증문은 수렴형 논증문이다. 이를 표준화하면 다음과 같다.

❶ 약물 치료는 생활 방식의 문제를 다루지 않는다. ┐
❷ 약물 치료에는 종종 부작용이 있다.   [A]
❸ 따라서 의학적 문제를 약물로만 치료할 수 없다. ┘

여기에서 ❶과 ❷는 전제가 되고 ❸은 결론이 된다.

하위 논증은 어떤 논증 안에 있는 전제가 다른 논증 안에 있는 결론이 되는 논증이다. 전체 논증인 큰 논증의 구성 요소인 또 다른 논증이 있는 경우, 하위 논증은 전제를 지지하기 위해 주어진다. "속임수는 고의적인 규칙 위반이 필요하기 때문에 컴퓨터는 속일 수 없다. 컴퓨터는 행동의 자유가 없기 때문에 컴퓨터는 고의적으로 규칙을 어길 수 없다."라는 논증문은 결합형 하위 논증문이다. 이를 표준화하면 다음과 같다.

❶ 컴퓨터는 행동의 자유가 없다. ┐
❷ 컴퓨터는 고의적으로 규칙을 어길 수 없다. │
❸ 속임수는 고의적인 규칙 위반이 필요하다. [B]
❹ 그러므로 컴퓨터는 속일 수 없다. ┘

이때 ❶은 ❷를 지지하고, ❷와 ❸은 결론인 ❹를 지지한다. 하위 논증의 결론인 ❷는 전제 ❶에 의해 지지된다. 또한 ❷는 주 논증의 전제가 된다. 예문에서 ❶에서 ❷까지가 하나의 논증이고 ❷에서 ❹까지가 하나의 또 다른 논증으로, 결국 예문은 두 개의 논증이 결합된 형태를 띠고 있다.

매개형 하위 논증문은 전제가 하위 논증의 결론을 지지해 주고, 하위 논증의 결론이 전제가 되어 주 논증의 결론을 지지해 주는 논증문이다. "인생의 목적은 일반적으로 알려질 수 있는 것이 아니다. 그것은 인생을 이끌어 가는 사람에 의해 주어진 다른 목적을 가지고 있기 때문이다. 인생을 이끌어 가는 사람만이 인생에 목적을 줄 수 있다."라는 매개형 하위 논증문을 표준화하면 다음과 같다.

❶ 인생을 이끌어 가는 사람만이 인생에 목적을 줄 수 있다. ┐

❷ 모든 인생은 다른 목적을 갖고 있다.   [C]

❸ 그러므로 인생의 목적은 일반적으로 알려질 수 있는 것이 아니다.

여기에서 ❶은 ❷를 지지해 주고, ❷는 ❸을 지지해 준다. 즉 주 결론은 단일 전제에 의해 지지되고, 단일 전제는 하위 논증의 결론에 해당된다.

다중 결론 논증문은 하나의 전제가 두 개의 결론을 지지하는 논증문으로 단일 전제로부터 두 개의 결론이 도출된다. "A 공장의 잦은 내부 공사와 노후 기계 사용은 생산량 감소의 주 원인이다. 따라서 생산량 증대를 위해 체계적으로 공사 계획을 세우고 첨단 기계를 갖추어야 한다."라는 다중 결론 논증문을 표준화하면 다음과 같다.

❶ A 공장의 잦은 내부 공사와 노후 기계 사용은 생산량 감소의 주 원인이다.

❷ 따라서 생산량 증대를 위해 체계적으로 공사 계획을 세워야 한다.   [D]

❸ 또한 첨단 기계를 갖추어야 한다.

여기에서 ❶은 ❷와 ❸을 지지해 준다.

병렬형과 수렴형의 결합형 논증문은 병렬형인 하위 논증과 수렴형인 주 논증이 결합된 형태를 띤다. 다시 말해 최종 결론에 대한 전제는 복수인데 ⓒ그 전제는 전제이거나 하위 논증의 결론이 된다. "밀렵꾼들이 상아를 얻으려고 코끼리를 죽이기 때문에 케냐는 동물의 멸종으로 위협받고 있다. 코끼리는 자연 포식자가 없기 때문에 생존을 위해 상아를 필요로 하지 않는다. 따라서 야생 코끼리 포획을 감시하는 조직화된 프로그램이 있어야 한다. 이러한 프로그램은 밀렵꾼들의 포획을 저지할 것이다."라는 병렬형과 수렴형의 결합형 논증문을 표준화하면 다음과 같다.

❶ 밀렵꾼들이 상아를 얻으려고 코끼리를 죽인다.

❷ 코끼리는 자연 포식자가 없다. / ❸ 케냐는 동물의 멸종으로 위협받고 있다.

❹ 코끼리는 생존을 위해 상아를 필요로 하지 않는다.   [E]

❺ 감시 프로그램은 밀렵꾼들의 포획을 저지할 것이다.

❻ 따라서 야생 코끼리 포획을 감시하는 조직화된 프로그램이 있어야 한다.

이때 ❶은 ❸을 지지하고, ❷는 ❹를 지지하며 ❸, ❹, ❺가 ❻을 지지한다.

01 윗글을 바탕으로 논증문을 이해한 내용으로 적절한 것을 〈보기〉에서 모두 고른 것은?

┤ 보기 ├

ㄱ. 주장이 명시적으로 드러난다.

ㄴ. 전제가 하나 이상의 문장으로 구성된다.

ㄷ. 결론이 전제보다 먼저 기술되기도 한다.

ㄹ. 하나의 논증에 쓰인 전제가 다른 논증에서 결론이 되기도 한다.

① ㄱ, ㄴ   ② ㄴ, ㄷ   ③ ㄷ, ㄹ   ④ ㄱ, ㄷ, ㄹ   ⑤ ㄴ, ㄷ, ㄹ

02 [A]~[E]를 통해 ㉠에 대해 추론한 내용으로 적절하지 않은 것은?

① 주로 '따라서', '그러므로'와 같은 단어를 사용하여 결론임을 드러낸다.
② 논증문에 사용된 전제의 내용 가운데 타당하지 않은 부분은 생략한다.
③ 전제와 결론에 번호를 매기고 결론과 관련된 전제를 결론 앞에 놓는다.
④ 전제와 결론은 명령문이나 감탄문을 사용하지 않고 평서문을 사용한다.
⑤ 논증문에서 전제와 결론이 하나의 문장으로 연결된 경우 전제와 결론을 분리한다.

03 〈보기〉와 [C]를 비교한 것으로 적절하지 않은 것은?

┌─ 보기 ├───

 논증문 1 나는 주말에 스키를 타러 가려 한다. 그러므로 나는 내일 강원도에 있을 것이다.
   ❶ 나는 이번 주말에 스키를 타러 가려 한다.
   ❷ 내일부터가 주말이다. / ❸ 내가 가려고 하는 스키장이 강원도에 있다.   [가]
   ❹ 그러므로 나는 내일 강원도에 있을 것이다.
 논증문 2 나는 이번 주말에 스키를 타러 가려 한다. 강원도에 있는 스키장으로 갈 것이다.
   ❶ 나는 이번 주말에 스키를 타러 가려 한다.
   ❷ 나는 강원도에 있는 스키장으로 갈 것이다.   [나]
   ❸ 그러므로 나는 이번 주말에 강원도에 있을 것이다.

───

① 〈보기〉의 [가]의 ❷와 [C]의 ❷는 모두 결론을 지지하는군.
② 〈보기〉의 [가]와 [C]는 모두 하위 논증과 주 논증이 결합되어 있군.
③ 〈보기〉의 [나]와 [C]는 모두 전제가 2개라고 할 수 있군.
④ 〈보기〉의 '논증문 1'은 [C]로 표준화하기 이전의 논증문과 달리 전제가 생략되어 있군.
⑤ 〈보기〉의 '논증문 2'는 [C]로 표준화하기 이전의 논증문과 달리 결론이 생략되어 있군.

04 ㉡을 〈보기〉와 같이 이해할 때, ⓐ~ⓓ에 들어갈 말로 적절한 것은?

┌─ 보기 ├───

 (ⓐ)의 (ⓑ)(이)면서 (ⓒ)의 (ⓓ)이/가 되는 전제가 있고, (ⓐ)의
 (ⓑ)은/는 아니지만 (ⓒ)의 (ⓓ)이/가 되는 전제가 있다는 의미이다.

───

	ⓐ	ⓑ	ⓒ	ⓓ
①	주 논증	전제	하위 논증	결론
②	주 논증	결론	하위 논증	전제
③	주 논증	결론	하위 논증	결론
④	하위 논증	전제	주 논증	결론
⑤	하위 논증	결론	주 논증	전제

불타는 문제

05 〈보기 2〉는 〈보기 1〉을 바탕으로 윗글에 제시된 표준화된 논증문의 구조도를 작성한 것이다. 〈보기 2〉의 구조도와 해당 논증문을 적절하게 짝지은 것은?

┤보기1├

하나의 전제가 하나의 결론을 뒷받침	두 개의 전제가 각각 결론을 부분적으로 뒷받침	두 개의 전제가 결합하여 결론을 뒷받침
전제 → 결론	전제 전제 ↓ ↓ 결론	전제 + 전제 ↓ 결론

┤보기2├

가. ❶ ❷ ↓ ↓ ❸	나. ❶ + ❷ ↓ ❸	다. ❶ ↓ ↓ ❷ ❸
라. ❶ → ❷ → ❸	마. ❷ + ❸ ↓ ❹	바. ❷ ❸ ↓ ↓ ❹

	[A]	[B]의 주 논증	[D]
①	가	마	다
②	가	바	라
③	가	바	다
④	나	마	다
⑤	나	바	라

스피드 지문 복습

주제

논증문의 유형과 논증의 ☐☐☐

문단별 중심 내용

1문단 논증의 ☐☐☐의 개념과 특징
2문단 ☐☐☐☐☐의 개념과 표준화 예시
3문단 ☐☐☐☐의 특징과 결합형 하위 논증문의 표준화 예시
4문단 ☐☐☐☐☐☐☐의 개념과 표준화 예시
5문단 ☐☐☐☐☐☐의 개념과 표준화 예시
6문단 ☐☐☐과 ☐☐☐의 ☐☐☐☐☐☐의 개념과 표준화 예시

글자 수) 1900~2000자

어휘 수준) ★★☆☆☆

권장 시간) 5분 30초

나의 시간) ----------------------

지문 키워드

#저작권법 #저작물 #창작

[01-04] 다음 글을 읽고 물음에 답하시오.

사상이나 기술, 이론, 감정 등을 표현한 창작물을 저작물이라 하고, 이것을 원작자의 허락 없이 모방하면 표절로 간주되어 저작권법에 따른 처벌을 받게 된다. 그런데 어떤 경우에는 모방이 분명한데도 표절이라고 하지 않는 경우가 있다. 원전을 밝히고 그것을 풍자적으로 표현하는 패러디나 원작자의 업적을 존경하는 차원에서 특정 장면을 재현하는 오마주는 일정한 요건을 갖추면 저작권법에 저촉되지 않는다. 그렇다면 저작물이 저작권법의 보호를 받으려면 어떤 조건을 갖추어야 할까?

우선 저작물은 인간의 사상이나 감정을 표현한 것이어야 한다. 표현의 다양성을 보호하고 장려하여 문화의 향상을 도모하는 것이 저작권법의 기본 목적이기 때문에 표현의 바탕이 되는 아이디어 자체는 아무리 독창적이더라도 저작권법으로 보호받는 저작물이 아니며, 동일한 아이디어를 활용하더라도 그 창작적 표현을 다르게 한다면 적어도 저작권 침해의 문제는 일어나지 않는다. 또한 저작물은 창작성이 있어야 한다. 여기서의 창작성은 이전에는 전혀 없었던 완전하게 새로운 것을 의미하지 않는다. 최소한 남의 것을 단순하게 모방하지는 않아야 하며 작자 자신의 독자적인 사상이나 감정의 표현을 담고 있어야 한다는 것이다.

이처럼 저작물이 되기 위해서는 최소한의 창작성을 갖추어야 하지만 그 개념이 추상적이기 때문에 창작성의 유무를 판단하기에 애매한 경우가 흔치 않다. 예를 들어 ㉠음식점을 홍보하기 위해 바다 앞에 있는 식당을 찍은 사진은 창작성을 인정받아 저작권법의 보호를 받을 수 있을까? 사진 저작물은 촬영자가 구도나 빛의 노출 등을 통해 고도의 창작성을 발휘해야 하므로 예술성을 인정받은 작품들이 많다. 하지만 단순한 사실을 전달할 목적으로 촬영되고 활용되는 것도 많기 때문에 제품이나 업체의 홍보를 위해 촬영한 사진에 창작성이 있다고 볼 것인지는 논란의 여지가 있다. 또한 서적의 제목이나 출판사의 상호 등은 그 자체로 독립된 표현물로 보기 어렵지만 괴테의 소설 「젊은 베르테르의 슬픔」처럼 대상 저작물의 내용이나 특징을 암시하는 독창적인 제목들 또한 많은 것이 현실이다. 이런 경우는 창작성을 부인하기보다는 개별적으로 평가하고 판단해야 한다.

설명서나 설계도처럼 기능적인 성격을 가지는 저작물은 그 바탕이 되는 아이디어를 표현할 수 있는 적절한 수단이 제한되어 있기 때문에 표현의 다양성을 기대하기 어려운 경우가 있다. 이럴 때 '아이디어와 표현이 합체되었다'고 하고, 제 3자가 동일한 표현을 사용하더라도 저작권법을 침해한 것으로 보지 않는다. 이것은 원저작물이 애초부터 최소한의 창작성을 갖추지 못한 것으로 취급하는 것일 수도 있고, 또는 누가 하더라도 동일한 표현을 사용할 수밖에 없을 것으로 인정하기 때문이다. 예를 들어 A가 컴퓨터 프로그램의 사용자 •인터페이스를 처음 개발했다고 하자. 이 인터페이스를 개발한 당시에는 창작적 표현으로 인정되었을 것이다. 하지만 그것이 오랫동

• 정답과 해설 • 24쪽

안 널리 사용되면 그 분야에서는 일종의 표준으로 기능하는 경우가 있다. 그렇게 되면 경쟁자라도 A가 개발한 인터페이스가 표준이 되어 버렸기 때문에 다른 인터페이스로는 자신의 아이디어를 적절히 표현하기 어려워진다. 또 경쟁자가 다른 인터페이스를 개발한다 하더라도 수요자들은 새로운 인터페이스를 별도로 익혀야 하는 불편에 놓이게 된다. 따라서 표현에 관한 선택의 여지가 사실상 없어지게 되므로 원래의 인터페이스를 창작성 있는 저작물로 보호하는 것은 불합리할 수 있다.

영화나 소설에서는 특정한 아이디어나 상황에 대한 묘사를 위해 '전형적인 표현'이 사용되는 경우가 흔하다. 전형적인 표현은 마치 '건물'이라는 창작물을 완성하기 위해 사용되는 '벽돌'처럼 누구라도 활용할 수 있는 영역에 두는 것이 바람직하고, 이를 저작물로 취급하여 배타성을 부여하는 것은 불합리하다. 이를 '필수적 표현'이라고 하며 창작성이 부족한 표현으로 파악할 수 있을 것이다.

• **인터페이스**: 서로 다른 두 시스템, 장치, 소프트웨어 따위를 서로 이어 주는 부분. 또는 그런 접속 장치.

01 윗글에 사용된 서술 방식을 〈보기〉에서 모두 골라 묶은 것은?

┤ 보기 ├

a. 설의적 표현을 활용하여 독자의 판단을 유도하고 있다.
b. 대상의 속성으로 발생하는 현실적인 문제를 제기하고 있다.
c. 자문자답의 방식을 사용하여 독자의 호기심을 유발하고 있다.
d. 비유를 활용하여 설명 대상에 대한 독자의 이해를 돕고 있다.

① a, b   ② b, c   ③ a, b, d
④ b, c, d   ⑤ a, b, c, d

02 윗글에 대한 내용으로 적절하지 <u>않은</u> 것은?

① 저작권은 창작자와 수요자의 권익을 보호하기 위한 법률이다.
② 설계도에 사용되는 기호는 아이디어와 표현이 합체된 경우이다.
③ 저작물은 이전에는 없었던 새로운 사상이나 감정이 표현되어야 한다.
④ 원작을 모방하는 패러디와 오마주는 창작자의 의도에 따라 구별된다.
⑤ 영화 제목이 작품의 특징을 암시할 경우 그 창작성 유무는 개별적으로 평가해야 한다.

03 ㉠이 저작물이라 할 때, 그와 같이 판단한 이유로 적절하지 <u>않은</u> 것은?

① 음식점의 웅장한 실내 장식을 부각하기 위해 구도를 설정하여 촬영하였다.
② 음식점의 낭만적인 분위기를 연출하기 위해 빛의 양을 조절하여 촬영하였다.
③ 음식점의 청결 상태를 드러내기 위해 청소 후에 내부 공간을 충실하게 촬영하였다.
④ 석양을 볼 수 있다는 점을 강조하기 위해 해질 무렵의 시간대를 선택하여 촬영하였다.
⑤ 음식점 안에서 바다를 볼 수 있다는 점을 알리기 위해 유리창을 통해 외부 공간을 촬영하였다.

물먹는 문제

04 윗글을 바탕으로 할 때 〈보기〉에 대한 반응으로 적절하지 <u>않은</u> 것은?

┌─ 보기 ┐

(가) A는 ○○시의 디지털 관광 지도를 제작하였다. 관광객이 몰리는 특정 구역과 주요 건축물을 취사선택하여 구조물의 본래 형상에 가깝게 단순화하였다. B는 A가 만든 지도를 모방하여 새로운 디지털 지도를 제작하였고, A는 B를 상대로 저작권 침해 소송을 제기하였으나 인정되지 않았다.

(나) C는 관광객이 한눈에 관광 명소를 볼 수 있도록 도심지를 의도적으로 크게 나타내고, 원거리에 산재되어 있는 관광 명소들을 실제보다 가까운 거리에 배치하여 ◇◇시의 전경을 입체적으로 표현하는 관광 지도를 제작하였다. D는 C의 지도를 모방한 관광 지도를 만들어 무상으로 관광객에게 나누어 주었다. C는 D의 저작권 침해로 손해를 입었으므로 배상을 요구하는 소송을 하였고, 법원은 C의 제기를 인정하였다.

① 법원은 C의 지도 제작 방식이 기존의 관광 지도와는 구별되는 창작성이 있다고 판단하였군.

② A가 제작한 지도는 아이디어와 표현이 합체되었기 때문에 A의 소송이 인정되지 않은 것이로군.

③ B의 모방이 인정된 것은 A의 지도가 일반적으로 창작성이 부인되는 기능적 저작물이기 때문이군.

④ A가 대상을 입체적으로 단순화한 것은 아이디어에 불과하므로 저작권법의 보호를 받지 못한 것이군.

⑤ A가 대상을 본래 형상에 가깝게 단순한 것과 C가 대상을 의도적으로 다르게 표현한 것에서 판결이 달라진 것이군.

스피드 지문 복습

주제

저작물이 저작권법의 보호를 받기 위한 조건과 □□□을 인정하기 어려운 경우

문단별 중심 내용

1문단 □□□의 개념과 표절·패러디·오마주의 차이점
2문단 저작물이 □□□□의 보호를 받기 위한 조건
3문단 □□□의 유무를 판단하기 애매한 경우
4문단 □□□ 저작물에서 창작성을 기대하기 어려운 이유
5문단 □□□ 표현을 저작물로 취급하기 어려운 이유

글자 수 2000~2100자

어휘 수준 ★★★★☆

권장 시간 6분 20초

나의 시간 --------------------

지문 키워드

#형사 소송법 #수사 #공판 #집행

[01-05] 다음 글을 읽고 물음에 답하시오.

형법의 적용을 받는 형사 사건이 발생한 후에 진행되는 형사 소송의 과정은 형사 소송법에 따라 수사 절차, 공판 절차, 집행 절차로 구분된다. 먼저, 범죄 신고나 고소, •변사자의 •검시와 같은 수사의 단서가 있을 때 수사권을 가진 경찰이나 검사는 범인과 범죄 사실을 찾고, 증거를 수집하는 수사를 개시한다. 수사에는 필요성과 상당성이라는 두 가지 조건이 있다. 수사의 목적은 범죄의 혐의 유무를 밝혀 공소의 제기와 유지 여부를 결정하는 것인데, ㉠이것을 달성하기 위해 필요한 때에만 수사를 할 수 있다. 또한 •신의칙에 반하는 함정 수사는 허용되지 않으며 ㉡목적에 비례하는 정도의 수사가 이루어져야 한다. 수사를 할 때에는 피의자나 참고인 등의 임의적인 출석 또는 동행을 요구하여 진행하는 임의 수사가 원칙이다. 하지만 소송 절차의 진행이나 형벌의 집행을 확보하기 위하여 체포, 구속, 압수, 수색과 같이 개인의 기본권을 제한하는 강제적 처분에 의한 강제 수사가 이루어지기도 한다. 강제 수사는 개인의 권리를 침해한다는 점에서 임의 수사로는 수사의 목적을 달성할 수 없고, 법률에 특별한 규정이 있을 때에만 할 수 있으며, 법률에 근거하더라도 법원이 발부한 적법한 영장에 의하지 않으면 불가능하다. 다만 현행범이나 3년 이상의 형에 해당하는 죄를 범하고 도피 또는 증거 인멸의 염려가 있을 때에는 긴급 체포 후에 영장을 청구할 수 있다.

수사 과정에서 피의자의 ㉢범죄 혐의가 인정되면 검사는 그간의 수사 결과를 토대로 법원에 유죄 판결을 구하는 공소를 제기하는 것으로 공판 절차가 시작된다. 공판이란 좁게는 재판정에서 재판이 열리는 것이고, 넓게는 공소가 제기되어 법원에서 판결이 날 때까지 재판이 진행되는 전체 절차를 의미한다. 공판은 검사와 변호인 간에 범죄 혐의를 입증하기 위해 공방을 벌이고, 법원은 재판 당사자의 변론을 심리하여 죄의 유무를 결정하므로 형사 절차의 핵심이라 할 수 있다. 재판장은 공판 기일을 정하여 검사나 변호인 등에게 통지하고, 검사나 변호인은 공판 기일까지 공판에 필요한 준비를 하게 된다. 공판 기일이 되면 재판 당사자인 검사, 피고인 및 변호인과 관계자들이 공판장에 출석하고, 재판장은 피고인에게 모든 신문에 대한 진술 거부권이 있음을 고지하면서 재판을 시작하고, 피고인의 인적 사항을 확인하는 인정 신문을 한다. 이후 검사는 공소 사실과 죄명, 적용 법조문을 낭독하는 모두 진술(冒頭陳述)을 통해 피고인을 법정에 세운 자신의 의도를 밝힌다. 이것이 끝나면 피고인이 공소 사실의 인정 여부를 진술하고, 피고인 또는 변호인은 공소에 관한 의견, 그 밖에 이익이 되는 사실 등을 진술할 수 있다. 마지막으로 재판장은 피고인 또는 변호인에게 쟁점의 정리를 위하여 필요한 질문을 할 수 있고, 또 검사 및 변호인으로 하여금 증명과 관련된 주장이나 입증 계획을 진술하게 할 수도 있다. 이때 검사는 적법한 방법으로 수집한 증거를 제출하여 범죄 사실을 증명해야 한다. 또 검사와 변호인은 피고인을 상대로 필요 사항을 직접 신문할 수 있다. 이것을 피고인 신문이라 하는데, 피고인이 증거로서의 지위를 갖는다는 것을 인정한 것이다. ㉣증거 조사와 피고인 신문이 끝나면 검사는 범죄 사실과 어떤 법률을 적용할지에 대한 의견을 진술하고, 피고인에게 어떤 형벌을 줄 것인지를 판사에게 요구하는 구형(求刑)을 한다. 이후 변호인의 최후 변론과 피고인의 최후 진술이 이어진 후 판사는 법률에 의하여 양심에 따라 죄의 유무를 판결하여 선고한다. 형사 소송법은 재판 당사자들의 주장 내용이나 범죄 사실을 증명하는 증거를 바탕으로 재판을 진행하는 증거 재판주의를 채택하고 있기 때문에 법관은 검사의 범죄 사실 증명에 ㉤합리적 의심이 없을 때에만 유죄를 판단할 수 있다. 만약 재판 당사자들이 재판의 결과에 불복하는 경우 상급 법원에 다시 재판을 청구할 수 있다. 이것을 상소라 한다.

공판 결과 유죄로 판결되면 검사의 지휘 아래 형벌 또는 보안 처분이 집행된다. 형벌의 종류에는 사형의 생명형, 징역 등의 자유형, 벌금 등의 재산형, 자격 상실 등의 명예형이 있고, 2개 이상의 형을 집행할 때는 원칙적으로 중한 형을 먼저 집행한다. 보안 처분은 형벌을 대체하거나 보충하는 것으로, 만 14세 이상의 미성년자나 심신 상실자 같은 책임 무능력자, 형기(刑期)가 종료되었지만 특수한 위험성이 있는 상습범 등에게는 보안 처분이 내려진다. 자유를 박탈하여 감호 치료 시설이나 교정소에 수용할 수도 있고, 보호 관찰, 거주 제한처럼 자유를 박탈하지 않을 수도 있다. 만일 법원의 유죄 판결이 잘못된 것이라면 국가가 그 손해를 보상해 주어야 한다. 이것을 형사 보상이라 한다. 또 위법한 수사에 대해서는 형사 고소와 고발이 가능하며, 수사가 담당 공무원의 고의 또는 과실로 인한 것이라면 국가 배상 청구도 가능하다.

• **변사자**: 범죄에 의해 죽었을 것으로 의심되는 사망자.
• **검시**: 사람의 사망이 범죄로 인한 것인가를 판단하기 위하여 수사 기관이 변사체를 조사하는 일.
• **신의칙**: 신의와 성실을 가지고 행동하여 상대방의 신뢰와 기대를 배반하여서는 안 된다는 근대 민법의 원칙.

01 윗글을 통해 알 수 있는 내용으로 적절하지 <u>않은</u> 것은?

① 재판장은 재판 당사자에 포함되지 않는다.
② 검사는 형사 소송의 모든 과정에 참여한다.
③ 피의자의 동의가 없어도 수사를 진행할 수 있다.
④ 둘 이상의 유죄가 있을 경우 무거운 죄를 처벌한다.
⑤ 위법한 수사를 한 경찰이 직접 배상을 하는 것은 아니다.

02 윗글에서 설명한 수사에 대한 이해로 가장 적절한 것은?

① 피의자를 수사하려면 영장이 있어야 한다.
② 검사가 공소를 제기하면 수사는 종료된다.
③ 수사를 시작함으로써 형사 소송이 진행된다.
④ 수사는 피의자의 혐의를 증명하는 과정이다.
⑤ 현행범의 체포는 수사의 단서가 되지 못한다.

03 ㉠~㉤에 대한 설명으로 적절하지 않은 것은?

① ㉠은 검사가 공소를 제기하거나 유지할지를 결정하는 것을 의미한다.
② ㉡은 수사의 목적과 수단, 기본권의 침해와 공익이 비례해야 함을 가리킨다.
③ ㉢은 피의자가 범죄를 저질렀을 가능성이 있다고 판단하는 것을 말한다.
④ ㉣은 검사가 피의자의 범죄 혐의를 증명할 증거를 검증하는 것을 가리킨다.
⑤ ㉤은 피고인의 범죄 사실을 검사가 증거를 통해 증명하였음을 의미한다.

04 윗글을 통해 추론한 내용으로 적절한 것은?

① 미성년자가 범죄를 저질렀을 때는 형사 소송의 과정을 거치지 않고 보안 처분이 내려진다.
② 피의자의 범죄가 명확하더라도 검사가 증거를 통해 입증하지 못하면 법원은 무죄를 선고한다.
③ 공판에서 피고인의 유죄가 입증되면 판사는 검사가 요구한 구형에 맞추어 형량을 선고한다.
④ 증거의 지위를 갖는 피고인이 자신의 범행을 자백하면 여타의 증거가 없어도 유죄가 선고된다.
⑤ 재판의 결과에 불복하여 상소를 한 피의자는 재판으로 인한 자신의 손해에 대해 형사 보상을 요구할 수 있다.

불타는 문제

05 윗글을 바탕으로 할 때, 〈보기〉에 대한 반응으로 적절하지 <u>않은</u> 것은?

┌ 보기 ┐

　A는 생활비를 마련하기 위해 지폐를 위조한 후 사진을 찍어 평소 알고 지내던 B에게 휴대 전화로 보내 주었다. 경찰의 정보원으로 활동하던 B는 경찰에 이 사실을 알렸고 경찰은 다른 증거가 더 있어야 수사가 가능하다면서 증거물 확보를 요청했다. 이에 B는 A가 만든 앞면만 위조한 지폐가 그럴듯하다며 양면을 모두 만들어 보라고 하였고, A에게서 양면을 모두 위조한 지폐를 받아 냈다. 이후에도 B는 A에게 추가 제작을 제의했고 A는 지폐를 위조했다. 며칠 뒤 경찰은 A의 집을 압수 수색했고 A는 위조한 지폐를 사용하지도 못한 채 통화 위조 혐의로 기소되어 1심에서 징역 1년 6개월에 벌금 100만원을 선고받았다.

① A는 경찰의 수사 방식에 이의를 제기하여 상소를 할 수 있겠군.
② B가 경찰에게 A의 범죄 사실을 알린 것이 수사의 단서가 되었군.
③ 법원은 경찰이 A를 검거하는 과정을 함정 수사가 아니라고 보았군.
④ 검사는 A의 지폐 위조에 대한 형벌로 자유형과 재산형을 구형하였군.
⑤ 경찰은 임의 수사로는 범인과 증거물을 확보하기 어렵다고 판단하였군.

스피드 지문 복습

주제

　□□□□의 절차

문단별 중심 내용

1문단 형사 소송의 과정 – ① 수사 절차: 수사의 □□과 조건, 방법
2문단 형사 소송의 과정 – ② 공판 절차: □□의 개념과 과정
3문단 형사 소송의 과정 – ③ 집행 절차: □□의 종류와 형사 보상

[01-04] 다음 글을 읽고 물음에 답하시오.

글자 수 1900~2000자

어휘 수준 ★★☆☆☆

권장 시간 5분 30초

나의 시간 ---------------------------

지문 키워드

#가짜 뉴스 #오보

　최근 가짜 뉴스가 심각한 사회적 문제로 대두되고 있지만 아직 가짜 뉴스에 대한 명확한 정의는 분명하지 않다. 이는 어쩌면 가짜 뉴스가 과거로부터 계속 존재해 왔던 현상이고, 풍자·루머·오보 등 여러 유사 개념들과 혼용되어 사용되었기 때문일 것이다.

　가짜 뉴스는 크게 내용적 측면과 형식적 측면으로 나누어 접근할 수 있다. 우선, 내용적 측면에서 가짜 뉴스는 사실과 다른 정보를 전달한다는 점에서 일종의 오정보(誤情報)이다. 하지만 모든 잘못된 정보를 가짜 뉴스라고 볼 수는 없다. 예를 들어 언론사에서는 간혹 잘못된 정보를 그대로 보도하는 ㉠오보를 내지만 오보를 가짜 뉴스라고 부르기는 어렵다. 오보에는 일부러 거짓 정보를 유통시키고자 하는 의도가 담겨 있지는 않기 때문이다. 형식적 측면에서 가짜 뉴스는 실제 뉴스와 유사한 구조와 양식을 갖추고 있다. 가짜 뉴스를 보면 기자의 •바이라인이나 언론사 •제호 등을 삽입해 겉모습만으로는 진위 여부를 구별하기 어렵게 만들어 놓았다.

　이러한 가짜 뉴스에 대한 대응책에는 법적 규제, 자율 규제, 팩트 체크 그리고 미디어 리터러시 교육이 있다.

　㉮법적 규제는 가장 짧은 시간 내에 가시적인 효과를 기대할 수 있는 방법일 수 있다. 하지만 가짜 뉴스에 대한 정의와 범위에 대한 기준조차 제대로 정립되지 않은 상황에서 함부로 법적 규제를 논할 경우 논란의 소지뿐만 아니라 의도하지 않은 부작용이 발생할 수도 있다.

　법적 규제의 대안으로 제시되는 것은 인터넷 서비스 사업자를 중심으로 하는 ㉡자율 규제다. 인터넷 서비스 사업자들이 책임감을 가지고 가짜 뉴스에 적극적으로 대응해야 한다는 의견이 적지 않은데, 인터넷 서비스 사업자들의 대응 방식은 크게 세 가지로 나누어 볼 수 있다. 첫째는 가짜 뉴스 생산으로 인한 경제적 이익을 제한하는 것이다. 다시 말해 가짜 뉴스 유포를 통해 다량의 •트래픽을 유도하는 사이트에 광고가 게재되지 못하게 하여 가짜 뉴스를 줄이는 것이다. 둘째는 알고리즘을 개선하는 것이다. 인터넷 서비스 사업자들은 이용자의 관심 사항과 성향에 따라 이들에게 잘 맞는 정보를 선별적으로 제공하는 알고리즘을 사용한다. 그렇기 때문에 이러한 알고리즘을 적절히 조정하면 가짜 뉴스 같은 거짓 정보가 정보망으로 들어오는 것을 막을 수 있다. 마지막으로 전문가들과 협력하여 보다 검증된 정보를 제공하는 것이다. 예를 들어, 전문 뉴스 검증 기관을 통해 논란의 여지가 있는 뉴스의 경우 정확성에 의심이 간다는 경고문을 띄움으로써 •뉴스 피드 노출 빈도를 낮출 수 있다.

　법적 규제와 자율 규제 외에도 팩트 체크를 통한 대응 방안을 고려할 수 있다. 팩트 체크는 본래 정치인이나 유명 인사가 한 발언의 옳고 그름을 따져 보는 •저널리즘의 한 종류이다. 이러한 팩트 체크는 뉴스 이용자에게 정보의 사실 여부를 확인 시

• 정답과 해설 • 28쪽

커 줌으로써 이용자 스스로 정보의 가치를 판단하도록 도와준다. 이렇게 팩트 체크가 가짜 뉴스에 대한 대응책으로 주목을 받는 이유는 저널리즘의 근본적인 기능과 관련이 깊다. 팩트 체크는 뉴스의 사실성을 판정해야 하며 사실 검증을 위한 정보 수집과 확인 과정에서 중립성을 확보해야 한다.

앞서 언급한 법적 규제와 자율 규제와는 달리 미디어 리터러시 교육은 뉴스 소비 과정에 대한 대응 전략이라고 할 수 있다. 왜냐하면 근래의 미디어 리터러시는 미디어 콘텐츠의 메시지를 분석하고 평가하여 비판적으로 받아들일 수 있는 능력에 초점을 맞추고 있기 때문이다. 특히 온라인과 소셜 미디어의 발달로 보통 사람들도 쉽게 정보 생산을 할 수 있게 된 요즘에는 책임 있는 미디어 이용을 위해 미디어 리터러시는 필수적인 능력이라고 할 수 있다. 하지만 미디어 리터러시 교육이 주로 학생들을 대상으로 하기 때문에 일반 시민 전체가 그 혜택을 받기는 쉽지 않다. 그러므로 언론 등 관련 기관은 간단한 교육 자료나 가짜 뉴스 대응 매뉴얼 등을 배포함으로써 가짜 뉴스와 관련된 문제 해결에 일정 부분 기여해야 한다.

- **바이라인**: 신문이나 잡지에서, 특종 기사 또는 기자의 수완·노력이 돋보이는 기사에 대하여 필자의 이름을 넣는 일.
- **제호**: 책이나 신문 따위의 제목.
- **트래픽**: 전화 또는 컴퓨터 통신의 특정 전송로에서 일정 시간 내에 흐르는 정보의 이동량.
- **뉴스 피드**: 사용자에게 제공되는 콘텐츠의 업데이트를 용이하게 할 수 있도록 정의한 데이터 형식.
- **저널리즘**: 신문과 잡지를 통하여 대중에게 시사적인 정보와 의견을 제공하는 활동.

01 윗글의 내용과 일치하지 <u>않는</u> 것은?

① 팩트 체크는 저널리즘의 근본적인 기능과 관련이 있다.
② 뉴스 피드 노출 빈도를 낮추면 뉴스의 정확성을 높일 수 있다.
③ 사실과 다른 정보를 전달한다고 해서 가짜 뉴스라고 할 수 없다.
④ 일반 시민 전체를 대상으로 미디어 리터러시 교육을 실시하는 일은 어렵다.
⑤ 인터넷 서비스 사업자들은 전문가들과 협력하여 가짜 뉴스를 규제할 수 있다.

02 〈보기〉의 관점에서 볼 때, ㉮를 만들기 전에 고려해야 할 사항으로 가장 적절한 것은?

┤보기├

　　사람들이 인터넷에 콘텐츠를 올릴 때 ㉮를 의식하기 때문에 소셜 네트워크 서비스 (SNS)에서 사람들이 자유롭게 의견을 나누고 토론하는 것은 제한을 받을 것이다. 따라서 ㉮를 꼭 만들어야만 한다면, 핵심 개념을 포함해 용어의 의미를 명확히 하고 적용 범위를 분명히 하여 남용 여지를 최소화해야 할 것이다. 개인의 콘텐츠가 통제되고 삭제되면 사회의 통로는 좁아지고, 그 사회는 결국 콘텐츠가 빈곤한 곳으로 전락한다.

① 가짜 뉴스를 규정하는 기준은 구체적으로 무엇인가?
② 가짜 뉴스를 규제하는 기존의 법은 구체적으로 무엇인가?
③ 가짜 뉴스를 단기간 내에 규제할 방법은 구체적으로 무엇인가?
④ 가짜 뉴스를 규제할 의무를 구체적으로 누구에게 부과해야 하는가?
⑤ 가짜 뉴스를 유통한 사람에 대한 제재는 구체적으로 어느 정도인가?

03 '가짜 뉴스'와 ㉠, ㉡에 대한 설명으로 적절하지 <u>않은</u> 것은?

① '가짜 뉴스'와 ㉠은 혼용되어 사용되기도 했다.
② '가짜 뉴스'는 ㉠과 달리 겉모습만으로는 진위 여부를 구별하기 어렵다.
③ '가짜 뉴스'는 ㉠과 달리 다른 사람을 기만하고자 하는 의도가 존재한다.
④ ㉡의 경우, 인터넷 서비스 사업자의 책임감이 '가짜 뉴스'의 확산에 영향을 미친다.
⑤ ㉡의 경우, 광고 수익 축소가 '가짜 뉴스'를 줄인다는 논리를 가진 대응 방안이 있다.

• 정답과 해설 • 28쪽

물먹는 문제

04 윗글과 〈보기〉를 고려할 때, 보인 반응으로 적절하지 <u>않은</u> 것은?

┤ 보기 ├

• 필터버블은 정보를 제공하는 인터넷 검색 업체나 소셜 네트워크 서비스(SNS) 등이 이용자 맞춤형 정보를 제공하는 과정에서 이용자가 특정 정보만 편식하게 되는 현상을 말한다. 필터버블이라는 용어를 처음 사용한 프레이저는 자신이 주로 사용하는 소셜 네트워크 서비스에 보수 성향의 글이 올라오지 않는 이유가 자신의 데이터를 바탕으로 정보가 필터링되기 때문이라고 지적했다. 뉴스 콘텐츠의 경우도 개인화된 알고리즘은 필터버블을 극대화한다.

• 자신이 옳다고 생각했던 정보에 대한 팩트 체크는 심리적 저항을 유발하며 선택의 자유를 회복하고자 하는 동기를 강화한다. 그 결과 팩트 체크로 정정된 정보를 신뢰하기보다는 자신의 기존 신념과 일치하는 거짓 정보에 대해 더욱 호의적인 태도를 보인다. 한편 가짜 뉴스와 진짜 뉴스를 분별하는 분석적 사고는 노력을 통해 기를 수 있는데 분석적 사고를 촉진할수록 자신의 견해와 가짜 뉴스가 일치하더라도 가짜 뉴스를 거부하는 경향이 높아진다.

① 정보를 필터링하는 방법에 따라 가짜 뉴스가 확산될 수도 있고 가짜 뉴스의 확산을 막을 수도 있겠군.

② 정보 이용자에게 정보를 선별적으로 제공하는 알고리즘은 정보 이용자의 기존 신념과 편견을 강화할 수 있겠군.

③ 정보 이용자가 정보에 대한 선택의 자유를 회복하면 정보 이용자는 팩트 체크로 인해 검증된 정보를 신뢰할 수 있겠군.

④ 정보 이용자의 미디어 리터러시를 극대화하면 정보 이용자는 심리적 저항을 극복하고 진짜 뉴스를 받아들일 수 있겠군.

⑤ 중립성과 사실성이 확보된 뉴스라도 정보 이용자의 기존 신념에 따라 정보 이용자가 그 뉴스를 신뢰하지 않을 수 있겠군.

스피드 지문 복습

주제

가짜 뉴스에 대한 ☐☐☐☐의 특징

문단별 중심 내용

1문단 사회적 문제로 대두된 ☐☐☐☐

2문단 ☐☐☐ 측면과 ☐☐☐ 측면으로 나누어 파악한 가짜 뉴스의 개념

3문단 가짜 뉴스에 대한 ☐☐☐의 종류

4문단 ☐☐☐☐의 장점과 단점

5문단 ☐☐☐의 세 가지 대응 방식

6문단 ☐☐☐의 역할

7문단 ☐☐☐☐☐☐☐의 특징과 한계 및 보완 방안

글자 수 2200~2300자

어휘 수준 ★★★★☆

권장 시간 7분 30초

나의 시간 ---------------------------

지문 키워드

#상호 문화주의 #정체성 #변화

[01-05] 다음 글을 읽고 물음에 답하시오.

˙서세동점(西勢東漸) 이후 문화적으로 볼 때 심각한 문제는 서구 중심주의가 다른 문화를 동등한 문화로 여기지 않는다는 것이다. 이를 넘어서고자 하는 다문화주의나 상호 문화주의는 서구 문화나 철학의 특권을 거부한다. 여기에서 다문화주의는 이해, 관용, 인정을 통한 문화 간의 병존을 주장하고 상호 문화주의는 문화 상호 간의 이해와 대화, 소통, 그로 인한 상호 변화를 주장한다는 점에서 차이가 있다.

다문화주의와 상호 문화주의를 비교해 보면 둘은 문화의 정체성에 대해 다른 견해를 보이고 있다. 초문화주의자들은 다문화주의와 상호 문화주의 모두 옛 '구슬 모델'에서 벗어나지 못한다고 비판하지만 이는 적절한 판단이 아니다. 왜냐하면 다문화주의의 경우 옛 '구슬 모델'에서 제대로 벗어나지 못했기 때문에 문화 집단이 다소간 평화적인 공존에 머물게 되고, 더 나아가 어떤 문화가 내부적으로 문제가 많다고 할지라도 외부에서는 그 내부적인 모순을 지켜볼 수밖에 없는 데 반해 상호 문화주의의 경우는 옛 '구슬 모델'을 벗어나고자 하기 때문이다. 다시 말해 상호 문화주의는 초문화주의와는 달리 문화 간의 정체성을 인정하지만 다문화주의와는 달리 정체성이 ㉮구슬이나 섬처럼 그대로 남아 있다는 점은 부인한다.

상호 문화주의는 유럽 중심주의와는 달리 자기가 옳기 때문에 자기 속에 머무르면서 자기를 모범으로 타 문화를 고쳐야 한다고 믿지 않는다. 또한 다문화주의처럼 각각의 문화가 자기 정체성 안에 머물러 있어도 된다고 주장하지도 않는다. 오히려 문화라는 것은 다른 문화들과 상호 간에 영향을 주고받으면서 서로 변해 가기 마련이라고 주장한다. 상호 문화주의에 따르면 각 문화는 서로 영향을 받고 그 과정에서 지속적으로 변화한다. 그러면서도 또한 잠정적으로나마 정체성이 계속해서 형성되어 간다. 그 때문에 상호 문화주의는 초문화주의가 주장하는 문화 간의 경계 철폐를 지지하지 않는다.

단일 문화주의와 다문화주의가 다소 고정된 정체성을 말하고 초문화주의가 잡종적 정체성을 말한다면, 상호 문화주의는 잠정적 정체성을 말한다. 잡종성은 뒤섞임에 초점을 두지만, 잠정성은 동태성에 초점을 둔다. 그래서 다문화주의가 문화들이 자기 정체성을 지닌 채로 공존하는 것을 말함으로써 문화의 정체성을 정태적으로 파악하는 것과는 달리 상호 문화주의는 그것들이 상호 영향을 주고받음을 강조해서 동태적 문화 정체성을 말한다. 그렇기 때문에 상호 문화주의에서 다름은 단일 문화주의에서처럼 배척과 억압의 대상도 아니고, 다문화주의에서처럼 관용과 인정의 대상만도 아니며, 오히려 새로운 문화를 창조하기 위한 기회로 평가된다. 또한 초문화주의자들 못지않게 상호 문화주의자들도 잡종성과 혼종성을 환영한다. 한 문화의 우수성이란 이미 이루어진 성취에 의해서 측정될 수도 있겠지만, 타 문화와 어울려 살 수 있는 능력 그리고 타 문화로부터 배울 수 있는 능력에 의해서도 측정될 수 있기 때문이다.

　더 나아가 상호 문화주의는 초문화주의에 반대하여 정체성과 경계를 긍정한다. 왜냐하면 오늘날에도 경계는 힘의 강력한 차이라는 문맥 속에서 그 긍정적 의미를 가지고 있기 때문이다. 물론 강자의 정체성과 경계의 주장은 위험하다. 그렇지만 반대로 약자의 경계에 대한 주장은 필요하다. 강자가 약자를 자기 속에 편입하려는 위협에 처해 있을 때 그 약자의 목표란 자신의 영역에 대한 정체성을 지키는 것이다. 이때 경계란 저항의 영역으로서 가치가 있다. 이것마저 없다면 약자는 자신을 지킬 방법이 하나도 없을 것이기 때문이다.

　또한 상호 문화주의는 변화의 상호성을 강조한다. 상호 문화성은 편견 없는 공동의 배움의 과정에서 각자가 다른 것을 가르치고 다른 것에 의해 가르쳐질 수 있도록 하여 자신의 경계와 또 다른 경계에 대해서 새로운 시야를 얻는 것이다. 여기에서 주목해야 할 것은 소위 강자에게 가르쳐질 수 있다는 점이다. 힘의 현격한 차이 때문에 강자는 자기 문화를 가르치려고만 하지 배우려고 하지 않는다. 상호 문화주의는 현실적으로 문화가 서로 배우면서 서로 변화해 가고 있음을 말할 뿐 아니라 끊임없이 새롭게 배우려고 노력할 것을 강조한다.

　추가적으로 상호 문화주의는 시간의 필요성을 강조한다. 문화적 교류가 일방적인 가르침이 되지 않으려면 타자와 대화하고 이해할 시간이 필요하다. 서구적 정치 철학이 가부장제를 비판하거나 민주주의를 전파한 것이 잘못은 아니지만, 그것이 너무 빨리 보편적이라고 내세우는 철학의 형태를 띠었다는 점에서 문제가 있다. 다시 말해 서구 사상은 올바른 점이 있긴 하지만, 다른 전통이 아무 이의 없이 받아들일 만큼 보편적인 것이 아니며 또한 서구에만 좋은 것이 있는 것이 아님에도 스스로를 보편이자 기준이라고 주장했던 것이 문제였다.

• **서세동점**: 서양 세력이 동양의 세력 범위에 점차 침투하여 정치·경제·문화 따위의 여러 부문을 지배함.

01 윗글을 통해 확인할 수 있는 내용이 아닌 것은?

① 상호 문화주의와 유럽 중심주의의 의의
② 문화가 가진 우수성을 측정할 수 있는 기준
③ 단일 문화주의와 초문화주의가 가진 정체성의 성격
④ 문화적 교류가 일방적인 가르침이 되지 않기 위한 조건
⑤ 초문화주의자들이 다문화주의와 상호 문화주의를 비판한 내용

02 윗글에 대한 이해로 적절하지 <u>않은</u> 것은?

① 다문화주의는 다른 문화를 관용과 인정의 대상으로 여긴다.
② 다문화주의와 상호 문화주의는 공통적으로 다른 문화에 대한 이해를 주장한다.
③ 서구 사상이 보편적 기준이 되기 위해서는 타자와 충분히 대화할 시간이 필요하다.
④ 서구 사상이 다른 문화에 민주주의를 전파한 것은 서구 사상의 긍정적인 측면이다.
⑤ 상호 문화성에는 문화 간에 존재하는 힘의 우열에 상관없이 공동의 배움의 과정이 존재한다.

03 ㉮의 의미로 가장 적절한 것은?

① 내부적인 모순을 많이 갖고 있는 문화
② 다른 문화와 평화적으로 공존하는 문화
③ 타 문화로부터 배울 수 있는 능력을 지닌 문화
④ 다른 문화를 자신의 문화와 동등하게 여기는 문화
⑤ 다른 문화와 상호 작용이 없는 경계를 지키는 문화

04 문화 간의 경계를 바라보는 관점을 고려하여 〈보기〉에 따라 상호 문화주의, 초문화주의, 다문화주의를 정리한다고 할 때, ㉠~㉢에 대한 설명으로 적절한 것은?

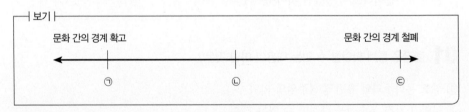

① ㉠은 ㉡과 달리 서구 문화나 철학의 특권을 거부한다.
② ㉠은 ㉢과 달리 문화의 다름을 배척과 억압으로 본다.
③ ㉡은 ㉠과 달리 문화 간의 정체성을 인정한다.
④ ㉡은 ㉠과 달리 문화의 상호 변화를 강조한다.
⑤ ㉡은 ㉢과 달리 문화의 정체성을 정태적으로 파악한다.

불타는 문제

05 윗글을 바탕으로 문화의 관점에서 〈보기〉의 (가)~(다)를 이해한 내용으로 적절하지 않은 것은?

┤보기├

(가) 제국주의는 관계의 외면성, 다시 말해 타자의 외면성을 배제하면서 모든 개체가 하나의 중심인 전체만을 바라보도록 유도한다. 개체들이 다른 개체들을 만나 새로운 연대를 구성할 수 있는 다양한 가능성을 애초에 차단해 버리지 못하면 제국주의를 지속하기 어렵기 때문이다.

(나) 식민지 쟁탈전이 끝나고 각국이 해방된 현재에도 신자유주의적인 자본주의가 세계를 획일적으로 통합하려고 하고 있기 때문에 이에 대한 경계가 필요하다. 그렇지 않다면 경제적, 문화적으로 소위 '세계 문화'에 하부 단위로 속절없이 편입되고 말 것이다.

(다) 세계는 근대화 과정에서 너무 서구 중심적이어서 서구 문화만을 배울 생각을 한다. 그러나 베트남어와 베트남 문화 혹은 인도네시아어와 인도네시아 문화를 배우는 것이 무엇이 나쁜가? 그것으로부터도 우리는 많은 것을 배울 수 있다.

① (가)에서 '타자의 외면성을 배제'한다는 것은 상호 문화주의와는 달리 다른 문화에 자기 문화를 가르치려고만 한다는 것을 의미한다.

② (가)에서 '개체들이 다른 개체들을 만나 새로운 연대를 구성'한다는 것은 단일 문화주의에서 벗어나 혼종성을 긍정한다는 것을 의미한다.

③ (나)에서 '세계를 획일적으로 통합하려고' 한다는 것은 자기 속에 머무르면서 자기를 모범으로 타 문화를 고치려고 한다는 것을 의미한다.

④ (나)에서 '하부 단위로 속절없이 편입'된다는 것은 자신의 영역에 대한 정체성을 지키지 못한다는 것을 의미한다.

⑤ (다)에서 '베트남어와 베트남 문화 혹은 인도네시아어와 인도네시아 문화를 배'운다는 것은 잡종적 정체성을 추구한다는 것을 의미한다.

스피드 지문 복습

주제

□□□□□□ 특징

문단별 중심 내용

1문단 □□□□□와 □□□□□□□의 차이점
2문단 다문화주의와 상호 문화주의의 □□□의 차이
3문단 문화 간 상호 영향 및 변화를 주장하는 □□□□□□
4문단 상호 문화주의의 잠정적 □□□과 새로운 문화 창조 가능성
5문단 정체성과 □□를 긍정하는 상호 문화주의
6문단 □□의 상호성을 강조하는 상호 문화주의
7문단 □□의 필요성을 강조하는 상호 문화주의

글자 수 1600~1700자

어휘 수준 ★★★☆☆

권장 시간 5분 30초

나의 시간 --------------------

지문 키워드

#최저 임금제 #균형 임금 #노동력

[01-04] 다음 글을 읽고 물음에 답하시오.

노동력이라는 상품은 일반 상품과는 다른 특징을 지닌다. 특정 시점의 노동력은 시간이 경과하면 소멸되기 때문에 노동력의 저장은 불가능하다. 그리고 일정 수준 이상의 기능을 갖춘 근로자가 양성되려면 시간이 소요되므로 일반 상품과는 다르게 임금이 노동력의 *수급 불균형을 조절하는 기능은 약할 수밖에 없다. 또한 현실에서는 생산성의 차이 등으로 임금 격차가 존재하며, 어떤 근로자의 임금은 최저 생계비에 미치지 못할 수도 있다. 노동력 상품이 지니는 이러한 특징 때문에 정부는 노동력의 가치를 돈으로 환산한 임금의 최저 수준을 법률로 정한 ㉠최저 임금제를 통해 노동 시장에 개입한다.

완전 경쟁의 노동 시장에서는 노동의 수요 곡선(D)과 공급 곡선(S)이 교차하는 지점에서 균형 임금 W와 고용량 L이 결정된다. 그런데 균형 임금이 노동자들의 생활 임금 즉 노동 능력의 보존과 가족의 부양으로 노동력을 재생산하고, 자녀의 교육과 최소한의 문화생활을 영위할 수 있을 정도의 임금보다 낮을 경우 정

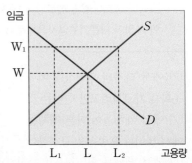

부는 균형 임금보다 높은 수준에서 최저 임금을 정하여 그 수준보다 임금이 낮아지는 것을 직접 규제한다.

정부가 최저 임금제를 도입하여 균형 임금보다 높은 수준인 W_1로 최저 임금을 정한다면 기업은 고용량을 L_1 수준으로 감소시킨다. 반면 노동자의 입장에서는 임금이 상승하면 더 많은 사람이 일하고자 하므로 노동의 공급량은 L_2 수준으로 증가한다. 일할 의욕도 있고 능력도 있는 노동자가 일자리를 얻지 못하는 상태가 실업이므로 최저 임금제로 인해 노동의 고용량은 $L-L_1$만큼 감소하지만 실제 실업은 L_2-L_1만큼 증가한다. 왜냐하면 최저 임금의 상승으로 인해 노동의 공급이 늘어나기 때문이다. 최저 임금제가 실시된 후에도 계속하여 고용이 유지되는 근로자는 임금의 상승으로 이득을 얻지만, 그렇지 못한 근로자는 피해를 입게 된다. 최저 임금제로 인해 전체 근로 소득이 증가하는지 아니면 감소하는지는 노동 수요의 임금 탄력도에 달려 있다. 이것은 임금이 1% 증가할 때 노동 수요의 변화를 백분율로 나타내는데, 예를 들어 임금이 1% 상승하여 노동 수요가 0.5% 감소하였다면 노동 수요의 임금 탄력도는 0.5%가 된다. 탄력도가 1보다 높은 경우에 근로 소득은 감소하지만 반대의 경우라면 증가할 것이다.

우리나라의 경우 기업이 최저 임금법을 위반하면 3년 이하의 징역 또는 2,000만 원 이하의 벌금에 처하도록 법률로 정하고 있지만 현실에서는 최저 임금법을 준수하지 않는 기업들이 있을 수 있다. 그로 인해 노동 시장에서는 최저 임금제의 적용 부

• 정답과 해설 • 33쪽

문과 비적용 부문이 존재하게 된다. 만일 W_1의 최저 임금이 실시되면 적용 부문에서는 L_2-L_1만큼의 실업이 발생하고, 이 실업은 비적용 부문으로 이동하여 그 부문의 공급 곡선을 오른쪽으로 이동시킨다. 이와 같이 최저 임금제의 적용을 받지 못하는 근로자들이 존재하면 노동 이동을 통해 실업이 발생할 가능성이 줄어들지만 비적용 부문의 임금을 하락시킬 뿐 아니라 노동이 비효율적으로 배분되는 결과가 발생한다.

최저 임금제 실시 후 적용 부문과 비적용 부문 사이의 노동 이동은 다른 방향으로도 일어날 수 있다. 적용 부분에 취업될 가능성이 있다면 비적용 부문에 고용되어 있던 근로자들 중 일부가 적용 부문으로 이동하여 취업 기회를 엿볼 수 있으며, 이러한 노동 이동이 발생하면 적용 부문의 실업률과 비적용 부문의 임금 수준은 다시 상승할 수 있다.

• **수급**: 수요와 공급을 아울러 이르는 말.

01 윗글의 설명 방식으로 가장 적절한 것은?

① 최저 임금제가 나타난 과정을 역사적 측면에서 소개하고 있다.
② 노동력이 시장의 상품으로서 가치를 갖는 이유를 기술하고 있다.
③ 정부가 시장에 개입하여 발생하는 부정적 영향을 나열하고 있다.
④ 최저 임금제의 시행으로 노동 시장에 나타나는 변화를 설명하고 있다.
⑤ 법률로 규정한 최저 임금제에 내재한 경제학적 원리를 분석하고 있다.

02 윗글을 이해한 내용으로 가장 적절한 것은?

① 노동력 상품은 임금이 시장의 수요와 공급을 조절한다.
② 정부는 시장에 개입하여 노동력 가격의 상한선을 규제한다.
③ 최저 임금제로 인해 시장에서 노동이 비효율적으로 배분된다.
④ 최저 임금이 균형 임금보다 높아지면 전체 근로 소득은 증가한다.
⑤ 최저 임금이 상승하면 기업의 고용 감소량과 실업 증가량은 일치한다.

03 ㉠의 기대 효과로 적절하지 않은 것은?

① 노동자의 소득 증가를 기대할 수 있다.
② 소득 불평등의 완화에 일조할 수 있다.
③ 기업의 노동력 착취를 예방할 수 있다.
④ 수준 이하의 노동 조건을 없앨 수 있다.
⑤ 노동 시장의 실업률을 감소시킬 수 있다.

[물먹는 문제]

04 윗글을 바탕으로 〈보기〉를 이해한 내용으로 적절하지 <u>않은</u> 것은?

┤ 보기 ├

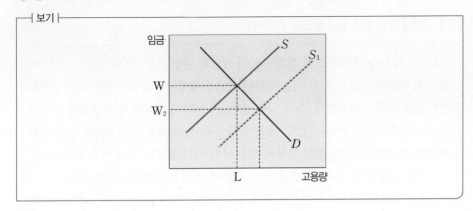

① 최저 임금제의 비적용 노동 시장에서 임금이 상승하면 적용 노동 시장의 실업률이 낮아지겠군.
② 최저 임금제의 시행으로 인해 실직한 근로자들이 최저 임금제의 비적용 노동 시장으로 이동하였군.
③ 최저 임금제의 시행으로 최저 임금제의 비적용 노동 시장에서의 임금은 균형 임금보다 낮아지는군.
④ 최저 임금제의 비적용 노동 시장에서 고용량이 늘어났으므로 전체 노동 시장의 실업은 줄어들겠군.
⑤ 최저 임금제의 비적용 노동 시장에서 적용 노동 시장으로 이동하는 근로자가 있으면 S_1은 왼쪽으로 이동하겠군.

스피드 지문 복습

주제

최저 임금제로 인한 ☐☐ ☐☐의 변화

문단별 중심 내용

1문단 ☐☐☐ 상품의 특징
2문단 정부가 ☐☐☐☐를 시행하는 이유
3문단 최저 임금제와 ☐☐의 관계
4문단 최저 임금제 ☐☐ 부문에서 ☐☐☐ 부문으로의 노동 이동
5문단 최저 임금제 ☐☐☐ 부문에서 ☐☐ 부분으로의 노동 이동

[01-05] 다음 글을 읽고 물음에 답하시오.

글자 수 2400~2500자

어휘 수준 ★★★★☆

권장 시간 7분

나의 시간 -------------------------

지문 키워드

#통화 금융 정책

　일반적으로 한 나라의 경제 정책은 물가 안정과 완전 고용, 경제 성장, 그리고 국제 수지의 균형을 도모한다. 이를 위하여 화폐를 발행하는 중앙은행인 통화 당국은 통화 금융 정책을 실시한다. 통화 금융 정책으로는 통화 당국이 통화 총량을 규제하는 방식인 *㉠지급 준비율 정책, ㉡공개 시장 운영, ㉢재할인율 정책과 같은 일반적·간접적 수단이 있고, 통화 당국이 예금 은행 자금 운용에 대해 직접적인 규제를 가하거나 통화 공급 경로를 선별적으로 규제하는 선별적·직접적 수단도 있다.

　예금 은행은 고객의 예금 인출 요구에 언제든지 응할 수 있어야 한다. 따라서 은행이 받아들이는 예금액 중 일정액을 대출하거나 투자하지 않고 은행에 보유하거나 중앙은행에 예치해 두는데 이를 지급 준비금이라 하고, 지급 준비금의 적립 비율을 지급 준비율이라 한다. 지급 준비율 정책은 중앙은행이 예금 은행의 법정 지급 준비율을 변경하여 통화량을 조절하는 것이다. 지급 준비율이 변경되면 은행은 이를 준수하기 위해 의무적으로 현금 보유량을 조절해야 하므로 대출 수준이나 보유 유가 증권의 양에 필연적으로 변화가 발생한다. 예를 들어 법정 지급 준비율이 10%라면 예금 은행은 예금 10억 원 중 1억 원을 지급 준비금으로 보유하고, 9억 원을 가계나 기업에 대출하거나 유가 증권에 투자하여 수익을 창출한다. 그런데 중앙은행이 이 비율을 10%p 올리면 예금 은행은 지급 준비금으로 2억 원을 보유하기 위해 대출금을 회수하거나 유가 증권을 매각하므로 시중의 통화량은 감소하게 되는 것이다. 이 정책은 금융 시장에 크게, 급속하게 영향을 끼치는 매우 강력한 통화 금융 정책의 수단이다.

　공개 시장 운영이란 중앙은행이 공개 시장에서 금융 기관과 유가 증권을 거래하여 이들의 자금 사정을 변화시킴으로써 통화량과 금리를 조절하는 것을 말한다. 공개 시장 운영의 대상이 되는 유가 증권은 보통 국채가 가장 많이 쓰인다. ⓐ인플레이션 상황에서 중앙은행이 공개 시장에서 보유 중인 1억 원의 국채를 시중 은행에 매도한다고 가정하자. 중앙은행은 시중 은행의 지급 준비 예치금을 감소시키는 방식으로 국채 매각 대금을 받는다. 시중 은행은 일정 비율의 지급 준비율을 지켜야 하므로 감소한 예치금을 채우기 위해 시중에 대출한 1억 원을 회수하고, 그만큼 시중의 통화량은 감소할 뿐만 아니라 시장에 국채의 공급이 늘어나 가격이 떨어지면서 그로 인해 이자율이 상승한다. 공개 시장 운영은 금융 시장에서 시장 참여자들과의 거래를 통해 정책을 수행하므로 시장 친화적이며, 거래의 규모나 빈도, 시기, 조건을 필요에 따라 수시로 조정할 수 있고 신속하게 정책을 시행할 수 있다는 장점이 있다. 다만 공개 시장 운영이 통화 정책의 수단으로 효율성을 갖기 위해서는 합리적인 금리 체계가 확립되어 있어야 하고, 국공채 유통 시장의 규모가 상당 수준에 도달하여 거래가 활성화되어 있어야 하며, 금융 시장이 충분히 발달해 있다는 조건이 전제되어야

• 정답과 해설 • 35쪽

한다.

은행은 고객이 제시한 약속 *어음을 할인하여 자금을 공급한 후 이 어음을 중앙은행에 제시하여 다시 할인받아 자금을 차입한다. 이때 은행이 제시한 어음에 중앙은행이 적용하는 할인율을 재할인율이라 한다. 예를 들어 은행은 기업이 제시한 10억 원의 어음을 할인하여 9억 원을 지급한다. 만약 재할인율이 10%라면 은행은 이 어음으로 중앙은행에서 9억 원을 지급받을 수 있다. 이 때 중앙은행은 어음의 대금을 은행의 지급 준비금을 늘려 주는 방식으로 결제한다. 그런데 재할인율을 20%로 올리면 차입이 감소되어 재할인율이 10%였을 때보다 은행의 지급 준비금이 줄어든다. 따라서 대출도 줄어들고 대출 금리도 상승하기 때문에 전체적인 통화량은 감소하게 된다. 이 정책은 공시 효과도 갖는다. 공시 효과란 정책 변경이 사람들의 예상을 변화시켜 새로운 경제 활동을 유발하는 것이다. 예를 들어 중앙은행이 재할인율을 인상하면 경제 주체들은 향후 긴축 정책이 실시되고 경기가 후퇴할 것으로 예상하여 화폐 보유를 늘리거나 생산 계획을 축소하고 투자 계획을 보류한다. 이처럼 재할인율 정책은 금융 시장뿐만 아니라 국가 경제에 광범위한 영향을 미친다.

대출 한도제는 중앙은행이 자금의 용도에 따라 또는 예금 은행별로 대출의 한도를 직접 규제하는 것으로, 간접적 수단만으로는 통화량을 조절하기 어렵다고 판단할 때 사용한다. 대출 한도제는 전체적인 통화량을 규제하는 것이기 때문에 일반적 수단이기는 하지만 중앙은행이 직접 개입한다는 측면에서 간접적 수단은 아니다. 한편 통화 당국은 국가의 전략 산업이나 경제의 특정 부문에 금리, 기간, 금액 등 자금을 우대하여 공급하는 것처럼 선별적으로 규제할 수도 있다. 자금 운용 측면에서 상업 금융의 취약점을 보완하는 기능과 특정 부문에 대한 전문화 기능을 담당하기 위해 중소 기업 은행, 농업 협동조합과 같은 특수 은행을 설립하여 해당 부문에 금리와 *신용 공급의 양을 차별함으로써 해당 부문에 대한 자금의 공급을 촉진한다.

- **공개 시장**: 특별한 조건 없이 아무나 자유롭게 참가하여 자금을 빌려 쓰거나 유가 증권을 매매할 수 있는 시장. 증권 시장, 어음 거래 시장 따위가 이에 해당한다.
- **어음**: 일정한 금액을 일정한 날짜와 장소에서 치를 것을 약속하거나 제삼자에게 그 지급을 위탁하는 유가 증권.
- **신용 공급**: 신용 창조라고도 한다. 은행이 예금된 돈의 일부를 고객에게 대부하고 그것을 다시 예금시켜 원래 예금의 몇 배를 예금으로 만들어 내는 일.

01 윗글에 대한 설명으로 가장 적절한 것은?

① 금융 정책의 각 수단이 지닌 문제점과 그것의 해결 방안을 살펴보고 있다.
② 개별 경제의 문제 상황을 해결할 통화 금융 정책의 수단을 제시하고 있다.
③ 경제 정책의 목적 달성을 위한 통화 금융 정책의 필요성을 소개하고 있다.
④ 통화 금융 정책의 각 수단이 가진 장단점과 유용한 상황을 설명하고 있다.
⑤ 통화 금융 정책의 개념을 정의하고 그것에 해당하는 방법을 서술하고 있다.

02 윗글에 대한 이해로 적절하지 <u>않은</u> 것은?

① 개인이 은행에 맡긴 예금의 일부는 통화 당국으로 들어간다.
② 시장의 전체 통화량을 조절하는 것은 일반적 정책 수단이다.
③ 대출 한도제를 시행하여 통화량의 증가를 억제할 수 있다.
④ 농업 협동조합은 농민과 어민에게 동일한 이자율을 부과한다.
⑤ 중앙은행이 시중 은행에 채권을 매도하면 은행의 지급 준비금은 줄어든다.

03 ㉠~㉢에 대한 설명으로 가장 적절한 것은?

① ㉠, ㉡은 ㉢과 달리 중앙은행이 시중 은행과 직접 거래한다.
② ㉡은 ㉠, ㉢과 달리 시장 상황에 따라 수시로 시행할 수 있다.
③ ㉠은 ㉡, ㉢과 달리 은행의 지급 준비금을 조절하는 방식이다.
④ ㉡, ㉢은 ㉠과 달리 정책의 시행이 금리에 영향을 주지 않는다.
⑤ ㉢은 ㉠, ㉡과 달리 중앙은행의 일방적 결정으로 시장에 시행된다.

04 중앙은행이 ⓐ에 대처할 방안으로 적절하지 <u>않은</u> 것은?

① 예금 은행의 대출 한도를 기존보다 낮춘다.
② 예금 은행의 법정 지급 준비율을 인상한다.
③ 재할인율을 인상할 예정이라고 뉴스에 발표한다.
④ 금융 시장에서 거래되는 국채의 가격을 인상한다.
⑤ 보유하고 있는 유가 증권을 금융 기관에 매도한다.

．．．．
불타는 문제

05 윗글을 바탕으로 할 때, 〈보기〉의 상황에 대해 추론한 내용으로 적절하지 <u>않은</u> 것은?

┤보기├

　중앙은행은 민간 기업 A에서 10억 원의 국채를 매입하고 수표를 발행하여 대금을 지급하였다. A는 국채 매도로 받은 중앙은행의 수표를 자신이 거래하는 은행에 요구불 예금으로 예치하였고, 중앙은행은 그 금액만큼 A의 거래 은행이 중앙은행에 예치한 지급 준비금을 늘려 주었다.

① 금융 시장에서 국채의 가격은 상승하고 이자율은 하락하겠군.
② 중앙은행은 시중에 유통되는 통화량이 부족하다고 판단하였군.
③ 국채는 금융 시장의 수요와 공급에 따른 가격에 매매되었겠군.
④ A의 거래 은행은 A가 예치한 금액만큼 유가 증권에 투자하겠군.
⑤ 중앙은행은 간접적인 수단을 사용하여 전체 통화량을 조절하였군.

스피드 지문 복습

주제

경제 정책의 달성을 위한 ☐☐ ☐☐ ☐☐의 수단

문단별 중심 내용

1문단 ☐☐ ☐☐ ☐☐의 개념과 종류
2문단 ☐☐ ☐☐ ☐ 정책의 개념과 예
3문단 ☐☐ ☐☐ ☐☐의 개념과 장점
4문단 ☐☐ ☐ 정책의 개념과 ☐☐ ☐☐
5문단 대출 한도제와 ☐☐ ☐인 규제

[01-04] 다음 글을 읽고 물음에 답하시오.

글자 수 1700~1800자

어휘 수준 ★★★☆☆

권장 시간 5분

나의 시간 --------------------------

지문 키워드

#집회 #회합

헌법에 보장하고 있는 집회의 자유에 있어서 '집회'라 함은 '다수인이 공동의 목적 추구를 위해 일정한 장소에서 일시적으로 *회합하는 행위'를 말한다. 여기서 집회의 개념적 요소를 발견할 수 있는데 다수인, 공동의 목적, 일시적 공동의 회합이 그것이다. 첫째 요소인 다수인은 일반적으로 최소 2인 이상을 의미하는 것으로 받아들여지고 있다. 둘째 요소인 '공동의 목적' 추구는 다수인의 행위 의사로부터 도출할 수 있는 것이므로 각기 다른 목적을 가지고 일정한 장소에 집합해 있는 경우는 집회라고 할 수 없다. 다만 집회에서 공동 목적의 구체화가 요구되거나 공동 목적의 일치가 요구되지는 않는다. 어찌 되었건 집회 장소에는 존재하지만 다른 목적을 추구하는 것으로 인식될 수 있는 사람은 집회 참여자로 보지 않는다.

[A]
집회 개념의 구성 요소로서 '공동의 목적'에 공동의 의견 형성과 의견 *표명이 포함되어야만 하는가 여부에 대해서는 의견이 대립된다. 이때 의견이 공적인 사안과 관련된 것이어야만 하는가 아니면 어떠한 사안에 대한 사적인 사안으로도 충분한가 여부도 논의되고 있으며, 의견 표명이 공적인 의견 표명에 국한하는지 혹은 사적인 의견 표명도 포함하는지 여부에 대해서도 견해가 대립하고 있다. 이러한 '공동의 목적'의 범위에 대하여는 협의설, 광의설, 최광의설 세 가지 견해가 있는데, 협의설은 집회 참여자들의 의견은 공적인 사안, 특히 정신적 투쟁을 위한 그리고 정치적 의사 형성에 영향을 미치기 위한 수단이라는 목적에 국한해야 한다는 입장이고, 광의설은 집회에서의 집회 참여자들의 의견은 공적이든 사적이든 상관없고 공동의 의견 형성과 의견 표현이 있으면 충분하다는 입장이다. 최광의설은 집회의 자유는 집단적인 형태의 인격 형성을 보장하려는 것으로 공동의 의견 형성 또는 의견 표현에 국한할 필요가 없고, 내적 *유대에 의한 의사 접촉의 요소가 있으면 된다는 입장이다.

㉠일반적인 집회 형태 외에 다른 유형의 회합 형태도 존재한다. 처음에는 결여된 공동의 목적 추구가 추후에 생기는 경우, 단순한 회합이 집회로 전환될 수도 있다. 따라서 처음에는 계획하지 않아 공동의 목적 추구가 결여되어 있었으나, 나중에 순간적 동기에 의해 공동 목적이 발생한 ㉡우발적 집회는 집회의 자유의 보호 대상이 되는 집회에 해당된다. 이러한 우발적 집회에는 주최자가 없기 때문에 집회를 개최하기 전에 관할 경찰서장에게 신고할 수 있는 상황이 아니다. 따라서 우발적 집회의 경우에는 신고 의무가 면제된다. 우발적 집회의 경우 신고 의무를 부과하게 되면 집회를 통해 달성하고자 하는 목적이 불가능해지고, 우발적 집회는 신고 의무 유형의 집회에 포함되지 않기 때문이다. 또한 ㉢긴급 집회의 경우에는 다수인이 급박하고 중대한 사안에 대해 집단적으로 의사를 표명하려 할 경우 집회 개최의 준비 없이 이루어지는 집회이다. 이러한 긴급 집회의 경우에 주최자는 있으나, 72시간 전부터 48

• 정답과 해설 • 38쪽

시간 전의 사전 신고를 하는 것이 시간상 불가능하며, 집회 목적의 위험성이 없는 경우이다. 다만 긴급 집회의 경우에는 사전 신고 의무는 면제되지만, 사후 신고 의무는 있기에 가능한 한 조속하게 신고해야 한다.

　집회가 공동의 목적을 가진 다수인의 회합이라면 헌법상 *'결사'와 구별이 되지 않기 때문에 또 다른 요건이 필요한데, 이 추가적 요건이 일시적 회합이라는 요건이다. *옥외 집회의 경우에는 주최자가 일시 및 장소를 기재한 신고서를 관할 경찰서장에 제출하기 때문에 상대적으로 시간적 제약을 받을 수 있다.

• **회합**: 토론이나 상담을 위하여 여럿이 모이는 일. 또는 그런 모임.
• **표명**: 의사나 태도를 분명하게 드러냄.
• **유대**: 끈과 띠라는 뜻으로, 둘 이상을 서로 연결하거나 결합하게 하는 것. 또는 그런 관계.
• **결사**: 여러 사람이 공동의 목적을 이루기 위하여 단체를 조직함. 또는 그렇게 조직된 단체.
• **옥외**: 집 또는 건물의 밖.

01 윗글을 통해서 답을 얻을 수 있는 질문이 아닌 것은?

① 집회의 사전 신고 시기는 언제인가?
② 헌법에서 보장하는 집회의 목적은 무엇인가?
③ 집회가 헌법상 '결사'와 다른 점은 무엇인가?
④ 집회 개념의 구성 요소에는 어떤 것이 있는가?
⑤ 집회의 신고 의무를 면제하는 이유는 무엇인가?

물먹는 문제

02 윗글을 참고하여 〈보기〉의 상황을 분석한 내용으로 적절하지 <u>않은</u> 것은?

┤보기├

'플래시 몹'이란 불특정 다수의 사람들이 전자 우편이나 휴대 전화로 연락하여 정해진 시간과 장소에 모여 주어진 행동을 하고 곧바로 흩어지는 행위를 일컫는 말이다. 2003년 6월 미국 뉴욕에서 처음 시작되었으며 우리나라에서도 다양한 목적과 주장을 전달하기 위해 다양한 형태의 플래시 몹이 활발하게 이루어지고 있다.

① '플래시 몹'에 참여한 불특정 다수의 사람은 법에서 정한 집회의 개념적 요소인 '다수'로 볼 수 있다.
② '플래시 몹'은 주최자가 없는 우발적인 집회이기 때문에 이를 시행하기 전에 관할 경찰서장에게 신고할 수 없다.
③ '플래시 몹'이 법적으로 집회로 인정받기 위해서 공동 목적의 구체화가 요구되거나 공동 목적의 일치가 요구될 필요는 없다.
④ '플래시 몹'이 법적으로 결사와 구별되기 위해서는 특정한 일시와 장소에서 일어나는 일시적 회합이라는 것을 유지해야 한다.
⑤ '플래시 몹'에 참여자들이 특정한 사회 현안과 관련된 메시지를 전달하려 했다면 집회의 개념적 요소로서 '공동의 목적' 추구로 볼 수 있다.

03 [A]에 대한 이해로 적절하지 <u>않은</u> 것은?

① '협의설', '광의설', '최광의설'은 집회에 있어서 '공동의 목적'의 범위에 대한 입장이다.
② '협의설', '광의설'은 반드시 공동의 의견 형성과 의견 표현이 있어야 한다는 입장이다.
③ '협의설'은 '광의설'과 달리 공동의 의견이 반드시 공적인 사안이어야 한다는 입장이다.
④ '광의설', '최광의설'은 집회가 정신적 투쟁을 위한 수단이라는 목적에 국한해야 한다는 입장이다.
⑤ '최광의설'은 '협의설', '광의설'과 달리 집회에서 의견 표현 없이도 내적 유대만 있으면 된다는 입장이다.

04 ⊙~ⓒ에 대한 설명으로 적절하지 않은 것은?

① ⊙~ⓒ은 모두 집회의 자유가 보장된다.
② ⓒ과 ⓒ은 모두 집회 신고 의무가 면제된다.
③ ⓒ과 ⓒ은 모두 개최의 준비 없이 집회가 열린다.
④ ⓒ은 ⊙과 달리 급박하고 중대한 사안과 관련된다.
⑤ ⓒ은 ⓒ과 달리 집회의 주최자가 있다.

스피드 지문 복습

주제

집회의 □□□□□에 대한 이해와 다양한 집회의 유형과 특징

문단별 중심 내용

1문단 헌법에서 보장하는 집회의 □□□□□

2문단 집회의 개념적 요소 중 '□□□□□'의 범위에 대한 견해

3문단 □□□ 집회와 □□ 집회의 요건과 특징

4문단 헌법상 '□□'와 집회의 구분을 위한 추가적인 요건

[01-05] 다음 글을 읽고 물음에 답하시오.

선거에서 중요한 요소 중의 하나는 공정성이라 할 수 있다. 따라서 대다수의 국가에서는 선거의 공정성을 확보하기 위한 다양한 노력을 기울이고 있다. 우리나라에서는 선거의 공정성을 담보하기 위하여 어떤 제도를 갖추고 있는지 살펴보자.

선거구 *획정이란 소선거구제에서 선거구를 나누는 작업을 말한다. '그냥 지역별로 나누면 되지 않을까?'라고 간단히 생각할 수 있지만 지역을 어떤 식으로 나누느냐에 따라 선거 결과가 천차만별이기 때문에 이 과정에서 많은 갈등이 일어난다. 아래 〈그림〉을 통해 확인해 보자. 15개 구역이 있고, 각각의 구역에서 지지하는 정당은 모양으로 구분한다. 이곳을 3개의 선거구로 나눈다고 했을 때 어떤 구역끼리 묶느냐에 따라 선거의 결과는 완전히 달라진다. (1)로 나누면 □당이 3개의 의석을 가져가고, (2)와 같은 모양이면 □당 2석, ○당 1석, (3)과 같은 모양이면 □당 1석, ○당 2석을 가져간다. 따라서 □당은 당

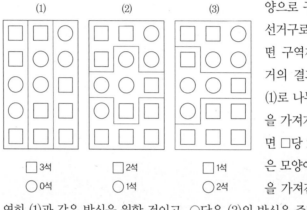

(1)	(2)	(3)
□ 3석	□ 2석	□ 1석
○ 0석	○ 1석	○ 2석

연히 (1)과 같은 방식을 원할 것이고, ○당은 (3)의 방식을 주장할 것이다. 따라서 만약 획정 과정에서 합의를 거치지 않는다면 끝없는 논쟁이 벌어지게 된다.

이러한 선거구 분할과 관련된 논란은 이미 200년 전 미국에서 일어났다. 엘브릿지 게리라는 메사추세츠 주지사는 본인 정당에 유리하게 하기 위해 선거구 분할에서 무리수를 두었는데 이로 인해 선거구는 뒤죽박죽이 되었고, 이 선거구의 모양이 셀러맨더라는 전설 속의 괴물과 비슷하여 '게리맨더'라고 불렸다. 이후 특정인이 정치적인 목적으로 선거구를 마음대로 정하는 것을 게리맨더링이라고 하게 되었다. 많은 국가에서는 이러한 게리맨더링의 폐해를 방지하기 위해서 선거구를 국회에서 법률로 정하는데 이를 선거구 법정주의라 한다. 우리나라도 국회에 선거구 획정 위원회를 두고 법률에 근거하여 선거구를 정하고 있다.

선거구는 행정 구역, 인구 균형, 지리적 여건 등을 고려하여 획정된다. 특히 ㉠선거인 수와 의석수의 비율이 균형을 이루어야 한다. 만약 인구가 100명인 갑 선거구와 1000명인 을 선거구에서 국회 의원을 1명씩 선출한다면 갑 선거구의 1표의 가치가 을 선거구의 10표에 해당하게 되기 때문이다. 우리나라는 인구의 상한선인 28만 명과 하한선인 14만 명을 기준으로, 28만 명이 넘으면 갑, 을로 나누고, 14만 명이 안 되면 인접한 지역과 합쳐서 한 선거구로 정한다. 또한 선거구를 획정할 때에는 자치 단체의 독립성, 지역의 특성, 산, 강, 바다의 면적과 지형, 교통, 도서 지역의 특

• 정답과 해설 • 40쪽

수성을 시, 군, 구 등의 행정 단위와 함께 고려하는 것도 필요하다.

　대한민국 헌법 제116조에는 '선거 운동은 각급 선거 관리 위원회의 관리하에 법률이 정하는 범위 안에서 하되, 균등한 기회가 보장되어야 한다. 선거에 관한 경비는 법률이 정하는 경우를 제외하고는 정당 또는 후보자에게 부담시킬 수 없다."라고 명시되어 있다. 즉 선거에 출마한 일정 요건을 갖춘 정당 또는 후보자에게 선거 비용의 일부를 되돌려주는 것이다. 이것을 선거 공영제라 한다. 현재 우리나라 선거 공영제는 후보자가 지출한 선거 비용 총액 중 일정 비율을 *보전하는 것으로 정해져 있다. 보전 비용은 선거 운동을 위해 정당하게 지출한 비용만을 보전하며 그 범위는 공고한 선거 비용 제한액의 범위에서 보전한다. 대통령 선거와 국회 의원 선거의 비용은 국가의 예산으로, 지방 자치 단체의 지방 위원 및 그 장의 선거는 지방 자치 단체의 예산으로 보전한다. 하지만 후보자 모두가 선거 비용을 보전받는 것은 아니다. 중앙 선관위는 후보자가 당선되거나 유효 투표수의 15% 이상을 득표했을 때 제한액 범위 안에서 사용한 전액을 보전해 준다. 그러나 득표율이 10~15% 미만이면 절반을 보전해 주고, 득표율이 10% 미만이면 한 푼도 돌려받을 수 없다.

　한편 이 외에 선거의 공정성 확보를 위한 방안으로는 정당이 선거 관리 위원회에 위원을 추천하여 선거 공고일부터 개표가 끝날 때까지 선거 관리 위원회에 *상근하면서 선거 관리 업무를 처리할 수 있게 하는 정당 추천 위원제, 투표용지의 인쇄, 송부 과정에 정당 후보자 대리인이 입회하여 확인하는 대리인 입회제, 선거 방송 심의 위원회가 선거 방송의 정치적 중립성, 형평성, 객관성 등을 보장하기 위해 필요한 사항을 정하며 선거 방송의 공정성 여부를 조사하고 불공정하다고 인정되는 경우에는 시정과 제재 조치를 취할 수 있게 하는 선거 방송 *심의 제도 등을 들 수 있다.

- **획정**: 경계 따위를 명확히 구별하여 정함.
- **보전**: 부족한 부분을 보태어 채움.
- **상근**: 날마다 일정한 시간에 출근하여 정해진 시간 동안 근무함. 또는 그런 근무.
- **심의**: 심사하고 토의함.

01 윗글의 내용으로 적절하지 <u>않은</u> 것은?

① 선거구를 국회에서 법률로 정하는 것을 선거구 법정주의라 하는데 이를 통해 게리맨더링의 폐해를 방지할 수 있다.

② 우리나라 헌법은 선거에 관한 경비는 예외 없이 정당이나 후보자에게 부담시킬 수 없다는 선거 공영제를 지지하고 있다.

③ 우리나라에서 선거구를 획정할 때에는 인구 외에도 산, 강, 바다의 면적이나 시, 군, 구 등의 행정 단위를 고려하기도 한다.

④ 대리인 입회제는 선거의 공정성을 확보하기 위한 것으로 후보자의 대리인이 투표용지의 인쇄, 송부 과정에 입회하여 확인하는 것이다.

⑤ 우리나라 선거의 비용 보전은 선거의 종류에 따라 국가의 예산으로 집행하는 경우도 있고 지방 자치 단체의 예산으로 집행하는 경우도 있다.

02 윗글에 대한 설명으로 적절하지 <u>않은</u> 것은?

① '선거의 공정성 확보를 위한 방안'을 나열하며 활용 사례를 분석하고 있다.
② '대한민국 헌법'의 조문을 인용하며 설명 내용에 대한 신뢰성을 확보하고 있다.
③ '선거 공영제'가 공정성과 어떤 관련이 있는지 개념을 정리하며 제시하고 있다.
④ '게리맨더링'의 어원을 역사적 사실과 관련하여 설명하며 그 폐해를 강조하고 있다.
⑤ '선거구 획정'이 선거에 미치는 영향을 설명하기 위해 가상의 예를 들어 설명하고 있다.

03 ㉠의 이유를 추론한 것으로 가장 적절한 것은?

① 표의 가치를 동일하게 하기 위해서
② 자치 단체의 독립성을 보장하기 위해서
③ 정책 수립에서 지역 차별을 방지하기 위해서
④ 1인 1표라는 투표의 원칙에 충실하기 위해서
⑤ 권력으로 선거구를 조정하지 못하게 하기 위해서

· · ·
불타는 문제

04 윗글을 읽은 학생이 〈보기〉에 대해 보인 반응으로 적절한 것은?

┤ 보기 ├

행정 구역	A 군	B 군	C 군	D 군	E 군
인구수(단위: 명)	350,000	150,000	110,000	90,000	80,000

※ 단, A~E 군은 특이 사항이 없는 평범한 지역이라고 전제한다.

① A 군과 B 군을 합하여 같은 수의 인구를 가진 두 개의 선거구 갑, 을로 나누면 보다 공정한 선거가 되겠군.
② 선거구 획정을 할 때 C 군이 도서 지역이라면 인구수뿐만 아니라 지역의 특성과 교통 등도 고려해야겠군.
③ A~E 군에서 인구로만 선거구를 획정한다면 단독적으로 하나의 선거구를 배정할 수 있는 지역은 두 곳이겠군.
④ D 군을 둘로 나누어 30,000명은 C 군과, 80,000명은 E 군과 합쳐 선거구를 획정한다면 균형 있는 선거구가 되겠군.
⑤ 선거구 획정에 따라 당선자의 숫자가 달라질 수 있으므로 선거 전 후보자 간의 합의를 통해 선거구를 획정해야겠군.

05 〈보기〉는 가상의 상황이다. 윗글을 읽고 〈보기〉의 상황을 분석한 내용으로 적절하지 <u>않은</u> 것은?

┤보기├

　총 유권자가 3,200만 명인 대통령 선거에서 A 후보는 1300만 표를 얻어 900만 표를 얻은 B 후보를 꺾고 당선이 되었다. 이 선거에서 C 후보는 450만 표를, D 후보는 300만 표를 얻었다.

① A 후보는 선거 운동을 위해 사용한 정당하게 지출된 선거 관련 모든 비용을 국가로부터 보전받게 된다.

② B 후보는 당선되지 못하였지만 900만 표를 얻었으므로 국가로부터 정당하게 지출된 선거 비용 전액을 보전받게 된다.

③ C 후보가 선거 운동 과정에서 정당하게 선거를 위해 50억 원을 사용했다면 선거 후 보전받게 되는 비용은 25억 원이다.

④ C 후보가 법률에서 정한 요건을 갖추지 못했다면 450만 표를 얻었지만 정당하게 사용한 선거 비용을 보전받을 수 없다.

⑤ D 후보는 정당하게 사용한 선거 비용 중 총 유권자 중 본인이 득표한 비율만큼의 금액을 국가 예산으로 보전받게 된다.

스피드 지문 복습

주제

선거의 □□□을 확보하기 위한 다양한 노력

문단별 중심 내용

1문단 선거에서 □□□의 중요성
2문단 □□□□□ 방식에 따른 결과의 차이
3문단 □□□□□□의 필요성
4문단 우리나라의 □□□□□ 기준
5문단 □□□□□의 개념과 실행 기준
6문단 선거 □□□을 위한 제도

[01-04] 다음 글을 읽고 물음에 답하시오.

글자 수 1800~1900자

어휘 수준 ★★★☆☆

권장 시간 5분 30초

나의 시간 ------------------

지문 키워드

#악보 #기보법 #연주 기호

음악의 역사는 상당히 오래되었지만 당시 음악의 내용을 후대에서 알 수 있게 된 것은 ㉠악보의 등장 이후라고 할 수 있다. *기보법의 발달로 작곡자는 자신이 표현하고자 하는 음악을 남길 수 있게 되었고, 후대의 연주자도 악보를 통해 작곡자가 표현하고자 한 음악을 이해하고 재현할 수 있게 되었다. 문자의 등장으로 인간의 표현 능력이 시간과 공간을 초월해 확장됐듯이 악보 또한 음악을 시간적, 공간적으로 기록할 수 있는 수단으로서 기능하게 되었다.

악보는 음악 커뮤니케이션에 사용되는 일종의 상징체계다. 따라서 그 표현 규칙을 정확히 알면 누구나 쉽게 음악의 특징들을 이해할 수 있다. 오늘날 가장 보편적으로 사용하고 있는 *오선보는 보표, 음자리표, 조표, 음표, 그리고 음악을 연주할 때 총체적인 효과를 나타내기 위한 연주 기호와 같은 상징체계를 사용한다.

보표[staff]란 음의 높이를 나타내기 위해 수평으로 그려진 5개의 횡선을 말한다. 오선 보표는 다섯 개의 줄과 네 개의 칸으로 구성되어 있으며, 보표의 위나 아래에 있는 음을 그릴 때는 덧줄을 추가해 사용한다. 음자리표[clef]는 그 보표 위에 음의 자리를 정하기 위해 보표의 첫머리에 붙이는 기호다. 가장 일반적으로 사용되는 음자리표에는 높은음자리표와 낮은음자리표가 있다. 높은음자리표는 알파벳의 G를 형상화한 것으로 주로 여성 성부를 표시하는 데 사용하고, F를 형상화한 낮은음자리표는 주로 남성 성부를 표시할 때 사용한다. 조표[key signature]란 *악곡의 *조성을 나타내기 위한 표로, 그 조성의 음계가 필요로 하는 올림표(#)나 내림표(♭)를 악곡 첫머리의 음자리표와 박자표 사이에 적는다. 올림표는 음의 높이를 반음 올릴 것을 지시하는 기호이며 내림표는 음의 높이를 반음 내릴 것을 지시하는 기호이다. 올림표와 내림표는 각기 1개에서 7개까지 붙일 수 있어 모두 14종의 조가 되며, 장조와 그 병행 단조는 같은 조표를 갖기 때문에 28종의 조를 나타낼 수 있다. 조표와 함께 박자표[time signature]를 표기하는데 박자표는 악곡 전체 또는 일부에 사용되는 박자를 표시한다. 박자표는 4/4, 3/4, 2/4, 6/8 등의 분수로 나타나는데 분모는 단위가 되는 음표, 분자는 1마디 안에 포함되는 단위 음표의 수를 나타낸다. 음표[note]는 음의 길이의 비율을 나타내는 기호다. 보표 위에 적을 때는 머리의 위치에 따라 음높이를 나타낸다. 온음표(○), 이분음표(♩), 사분음표(♩), 팔분음표(♪), 십육분음표(♬) 등이 있다. 뒤에 있는 것이 앞에 있는 것의 1/2의 길이를 가지는 음표로, 예를 들어 이분음표는 온음표의 1/2 길이를 가진다. 음표의 머리 오른쪽에 작은 점을 붙인 점음표는 본 음표에 그 본 음표 길이의 반을 더한 것이다. 음악의 흐름 속에서 음이 쉬는 부분을 나타내기 위해서는 쉼표가 쓰이는데, 온쉼표(▬), 이분쉼표(▬) 등 음표와 똑같은 종류가 있다. 이 외에도 악보의 첫머리에는 음악의 속도를 표시하기 위한 빠르기표와 음악의 전체적인 느낌을 표시하는 나타냄표를 표기하고, 악곡의 어떤 부분을 세게 혹은 여리게 하라는 표시는 셈여림표를 활용한다.

아무리 완벽한 표현 규칙을 갖고 있는 기보법이라 하더라도 음악의 모든 요소를 정확하게 표기할 수는 없다. 그래서 악보를 음악 작품 자체로 생각할 수 없다. 음악은 연주를 통해서만 실체화할 수 있고, 악보는 ⓛ작곡자와 ⓒ연주자 사이의 매개체에 지나지 않는다. 따라서 연주자는 악보의 뒷면을 읽을 수 있는 능력이 있어야 한다. 악보는 작곡자가 표현하고자 하는 기본 정보를 여러 가지 음악적 기호로 나열한 것일 뿐이며 가끔 편집자의 의도가 덧붙여지기도 하지만 총체적으로는 불완전한 표현 체계일 수밖에 없다. 그러므로 연주자는 작곡자의 의도를 악보를 통해서 명확히 이해하고 판독해 *유추하는 능력을 발휘해야 한다. 그와 동시에 판독된 음악을 어떻게 해석하고 어떻게 표현하고자 하는가 하는 '음악의 상'이 있어야 한다. 실제로 연주를 하기에 앞서 머릿속으로 상상하는 '음악의 상'이 없는 연주자는 건조하고 단순한 물리적 소리를 내는 데 그치고 만다.

• **기보법**: 음악의 연주나 발표, 보존, 학습 따위를 목적으로 일정한 약속이나 규칙에 따라 기호를 써서 악곡을 기록하는 방법.
• **오선보**: 오선지에 음의 고저, 음이나 휴지(休止)의 장단 따위의 악곡의 구조나 연주법을 나타낸 악보. 17세기에 유럽에서 완성한 기보법으로, 오늘날 널리 사용한다.
• **악곡**: 음악의 곡조. 곧 성악곡, 기악곡, 관현악곡 따위를 통틀어 이르는 말이다.
• **조성**: 주음(主音) 및 그 화음에 따라 결정되는 곡조의 성질.
• **유추하다**: 같은 종류의 것 또는 비슷한 것에 기초하여 다른 사물을 미루어 추측하다.

01 윗글의 서술상의 특징으로 가장 적절한 것은?

① 중심 화제의 구체적인 사례를 들어 특성을 설명하고 있다.
② 중심 화제와 관련된 개념을 설명하며 내용을 전개하고 있다.
③ 중심 화제에 적용된 원리를 분석하며 이론을 소개하고 있다.
④ 중심 화제를 몇 가지 범주로 나누어 살펴본 후 비교하고 있다.
⑤ 중심 화제를 그와 유사한 속성의 대상에 빗대어 제시하고 있다.

02 윗글을 읽고 〈보기〉에 대해 보인 반응으로 적절하지 <u>않은</u> 것은?

① 이 음악의 네 마디를 조의 병행 단조로 연주하려면 조표를 다시 그려야겠군.

② 이 악보의 한 마디 안에 단위 음표가 되는 사분음표(♩)가 4개 포함된다는 것을 알 수 있겠군.

③ 이 악보에 있는 점 사분음표(♩.)의 길이는 사분음표(♩)에 팔분음표(♪)를 더한 것과 같겠군.

④ 이 음악의 음계에서는 한 자리의 음을 올리는 것이 필요하다는 것을 조표를 통해 표시하고 있군.

⑤ 이 악보로 남녀가 함께 합창을 한다면 첫 마디는 주로 남성 성부를 맡은 사람들이 부르게 되겠군.

03 ㉠에 대한 설명으로 적절하지 <u>않은</u> 것은?

① 오선보에서 5개의 횡선을 넘어서 음을 표기하려면 덧줄을 추가해야 한다.

② 오선보의 제일 앞쪽에는 악곡의 조성을 나타내기 위한 음악 기호를 표시한다.

③ 편집자의 의도가 덧붙여지기도 하지만 총체적으로는 불완전한 표현 체계이다.

④ 연주에서 음을 쉬는 부분은 쉼표로 표시하는데 길이에 따라 표시 방법이 다르다.

⑤ 악보의 첫머리에는 음악의 속도를 표시하는 빠르기표나 느낌을 표시하는 나타냄표를 표기한다.

물먹는 문제

04 ⓛ과 ⓒ에 대한 이해로 적절하지 않은 것은?

① ⓛ이 창작한 작품은 ⓒ의 연주 유무와 관계없이 악보만으로도 음악이라 인정받을 수 있겠군.

② ⓛ이 자신이 표현하고자 하는 바를 악보로 전달하려면 음악적 기호에 대한 학습이 필요하겠군.

③ ⓛ이 자신의 음악을 시간과 공간을 초월하여 확장하기 위한 방법으로 악보를 선택할 수 있겠군.

④ ⓒ은 ⓛ의 의도를 악보를 통해 명확히 읽고 정확히 이해한 후 유추하는 능력을 발휘해야 하겠군.

⑤ ⓒ은 풍성한 소리로 예술성을 드러내기 위해 연주하기 전에 음악을 어떻게 표현할지 상상할 수 있는 능력을 키워야 하겠군.

스피드 지문 복습

주제

악보에 사용되는 □□들에 대한 이해와 악보를 대하는 □□□의 태도

문단별 중심 내용

1문단 악보 기록의 □□

2문단 악보의 □□과 오선보에 사용되는 요소들

3문단 오선보에 사용되는 □□□□ □□와 표기 방법

4문단 악보를 대하는 □□□의 태도

[01-05] 다음 글을 읽고 물음에 답하시오.

글자 수 2400~2500자

어휘 수준 ★★★★☆

권장 시간 7분

나의 시간 ----------------------

지문 키워드

#판소리 #소리꾼 #고수

판소리는 한 명의 소리꾼과 한 명의 ㉠고수(鼓手)가 음악적 이야기를 엮어 가며 *연행하는 장르이다. 판소리는 장단에 맞추어 부르는 소리인 창과, 창을 하는 중간 중간에 가락을 붙이지 않고 이야기하듯 엮어 나가는 풍부한 내용의 사설인 아니리, 소리의 극적인 전개를 돕기 위하여 몸짓이나 손짓으로 하는 동작인 너름새 등으로 구성된다. 이러한 요소로 구연되는 판소리는 지식층의 문화와 서민의 문화를 모두 아우르고 있다는 점이 특징이다. 최대 8시간 동안 소리꾼은 고수의 장단에 맞춰 촌 스럽기도 하고 학문적이기도 한 표현을 섞은 가사를 연행하며 공연한다.

판소리 음악의 예술적 수준이 높은 것은 그 음악적 변이의 폭이 넓고 다양한 데 서 확인된다. 판소리는 그 구성음과 선율의 형태 및 분위기에 따라 평조·우조·계면 조 등으로 나뉜다. 평조란 구성음이 '레·미·솔(본청)·라·도'로 되어 있는 것으로 서 양 음악의 장조에 가까운 낮은 음조이다. 「춘향가」 중의 '천자 뒤풀이'와 「심청가」 중 의 '범피중류' 대목이 이에 해당한다. 우조란 구성음이 '솔·라·도(본청)·도·레·미'로 되어 있는 것으로 「심청가」 중의 '화초 타령'이나 천자 앞에 심청이 나타나는 대목이 여기에 해당한다. 한편 계면조는 구성음이 '미·솔·라(본청)·시·도·레'로 되어 있는 것으로 시와 도는 꺾는 음으로 도에서 시로 꺾어 내려서 한 음처럼 사용하는데, 남도 민요의 '육자배기'나 무가의 선율과 같은 것이어서 애절하고 슬픈 느낌을 준다. 특히 도에서 시로 꺾어 내려 미에서 떠는 선율은 전형적인 계면조의 선율이라 할 수 있다. 계면조를 사용한 대목으로는 「춘향가」 중의 '이별가'나 '옥중가'를 들 수 있다. 판소리 의 조는 판소리의 창법인 동편제, 서편제와 관련된다. 동·서의 구분은 섬진강의 동 쪽과 서쪽이라는 뜻도 있으나 그보다는 송흥록 명창에서 비롯한 씩씩한 우조 창법을 동편제라 하고, 박유전에서 비롯한 애절한 느낌의 계면 창법을 서편제라 한다.

'춘향가'나 '수궁가'와 같이 한 편의 판소리는 이른바 유형에 해당하므로 그 음악의 대체적 흐름은 거의 비슷하다. 그러나 재능 있고 개성적인 소리꾼에 의해 새로운 음 악이 생겨나기도 하고, 또 색다른 사설로 변모하기도 한다. 이처럼 판소리는 고정불 변이 아니라 지속하면서도 변모를 계속하는 생동하는 음악 문화이다. 판소리에서 누 군가에 의해 이루어진 특징적인 음악적 변화 또는 특정인의 장기에 해당하는 소리를 가리켜 '더늠'이라고 하고, 판소리 창자가 스승에게 전수받아 판소리 한 마당 전부를 음악적으로 절묘하게 다듬어 놓은 소리를 '바디'라고 한다. 이들 더늠과 바디는 판소 리에서 특징적인 음악의 전승 계보를 나타내기도 한다. "박녹주의 '제비 노정기'는 김 정문 바디."라고 하면 박녹주의 '제비 노정기'는 박녹주가 김정문에게서 계승했다 는 뜻을 나타내는데, 이는 판소리 음악의 지속과 변화의 생동성을 잘 보여 준다.

판소리에서 사용되는 장단은 대략 일곱 가지로 나뉜다. 가장 느린 진양조장단 은 24박이고, 그다음 중모리장단은 12박, 중모리장단보다 빠른 중중모리장단이 12

• 정답과 해설 • 44쪽

박, 중중모리장단보다 빠른 자진모리장단은 4박, 그리고 가장 빠른 휘모리장단은 4박으로 되어 있다. 여기에 변형 장단인 엇모리장단 5박 또는 10박, 엇중모리장단 6박 등이 있다. 그런데 진양조장단이 24박이라 해서 북을 꼭 스물네 번 두들기는 것은 아니며, 그 치는 강도도 매번 일정한 것이 아니다. 이 박의 수는 개념적으로 존재하는 것이고, 같은 장단이라도 노래의 의미와 분위기에 따라 북을 세게 혹은 약하게 치는가 하면 같은 박이라도 북을 치지 않고 그냥 넘어가기도 하고 어떤 때는 잔가락이라는 것을 넣어서 치는 횟수를 늘리는 등 북 치는 강도와 횟수 등이 매번 달라진다. 또 이런 변화에 정해진 규칙이 있는 것이 아니므로 고수의 °고법은 완전히 개성적인 것이며, 고법의 성패는 소리꾼의 창법과 소리의 의미에 잘 조화하면서 흥을 이끌어 내는 정도에 달리게 된다. 따라서 고수는 소리꾼의 소리 장단과 내용은 물론 음질이며 순간적 변화까지도 잘 알아야 한다. 여기서 더 나아가 정규 장단보다 일부러 먼저 치기도 하고 나중 치기도 하며 °엇걸려 나가게도 하는 다양한 °변주를 구사할 수 있어야 한다. 그뿐만이 아니다. 고수의 또 다른 역할로서 중요한 것은 소리꾼과의 교감이다. 소리꾼의 말에 맞장구를 치는가 하면, 간단한 대사를 주고받기도 하고, 소리꾼을 격려하고 고무하기 위해 °추임새를 넣기도 한다. 즉 고수는 소리꾼을 이끌어 가는 지휘자도 되어야 한다는 점이다. 그런가 하면 소리꾼의 변화나 상황에 대응하여 즉흥적인 말로 분위기를 유도하기도 한다.

판소리는 이처럼 고수와 소리꾼이 일체가 되어 판을 이룬다. 따라서 판소리의 고수는 매번 반주 때마다 한 편의 새로운 판소리 고법을 창작한다고 할 수 있다. 판소리계에서 흔히 '북을 치는 사람이 첫째요, 소리 잘하는 이는 버금'이라는 말을 하는데 이는 고수의 중요함을 강조한 말로 이해할 수 있다.

- **연행하다**: 배우가 연기를 하다.
- **고법**: 판소리에서 북을 치는 방법.
- **엇걸리다**: 서로 마주 걸리다. '엇걸다'의 피동사.
- **변주**: 어떤 주제를 바탕으로, 선율·리듬·화성 따위를 여러 가지로 변형하여 연주함. 또는 그런 연주.
- **추임새**: 판소리에서, 장단을 짚는 고수가 창의 사이사이에 흥을 돋우기 위하여 삽입하는 소리.

01 윗글에 대한 설명으로 가장 적절한 것은?

① 시대별로 판소리의 특징을 정리한 후 발전 과정을 탐구하고 있다.
② 권위 있는 연구 결과를 인용하며 판소리의 우수성을 부각하고 있다.
③ 판소리에 대한 다양한 의견을 소개한 후 이들을 서로 비교하고 있다.
④ 판소리의 음악적 요소와 관련된 개념을 중심으로 글을 전개하고 있다.
⑤ 판소리의 통념에 대한 문제점을 지적하고 새로운 관점을 제시하고 있다.

02 윗글의 내용과 일치하지 <u>않는</u> 것은?

① 판소리에서 조를 나누는 기준은 그 구성음과 선율의 형태 및 분위기이다.
② 너름새는 소리의 극적인 전개를 돕기 위하여 소리꾼이 취하는 몸짓이나 손짓이다.
③ 더늠은 특정 소리꾼이 자신의 장기를 살려 독특한 방식으로 다듬어 부른 소리이다.
④ 동편제와 서편제는 섬진강을 기준으로 나누어지며 그 창법에서 각각의 특징을 찾을 수 있다.
⑤ '김연수 바디 「춘향가」'라고 하면 「춘향가」를 김연수가 스승으로부터 계승했다는 의미 이다.

03 〈보기〉에 대한 설명으로 적절한 것은?

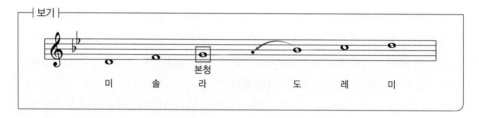

① 위에서 아래로 꺾어 내리는 음이 있어 애절하고 슬픈 느낌을 준다.
② 본청이 '라'에 있는 조로 '솔'에 본청이 있는 조보다 서양 음악의 장조 느낌이 난다.
③ 「춘향가」 중의 '천자 뒤풀이'와 「심청가」 중의 '범피중류' 대목을 연주하기에 적절하다.
④ 「심청가」에서 천자 앞에 심청이 나타나는 대목의 씩씩한 느낌을 전달하기에 적합하다.
⑤ 남도 민요의 '육자배기'나 무가의 선율과 같은 밝은 느낌의 조로 양악의 장조와 유사하다.

04 ㉠에 대한 설명으로 적절하지 <u>않은</u> 것은?

① 소리꾼의 창법과 소리의 의미에 조화하면서 흥을 이끌어 낸다.
② 한 명의 소리꾼과 더불어 음악적 이야기를 만들어 가며 연행한다.
③ 정해진 고법에 따라 연주함으로써 판소리의 예술적 수준을 높인다.
④ 지휘자처럼 소리꾼을 이끌어 가거나 즉흥적인 말로 분위기를 유도한다.
⑤ 소리꾼의 음질이나 순간적 변화까지 감지하여 다양한 변주를 구사한다.

불타는 문제

05 윗글을 읽고 학생들이 〈보기〉에 대해 반응한 내용으로 적절하지 <u>않은</u> 것은?

┌ 보기 ┐

[중모리] 노래 불러 춤추는 놈, 서럽게 우는 놈, 이야기로 히히 하하 웃는 놈, 투전하다 다투는 놈, 반취 중에 욕하는 놈, 잠에 지쳐 서서 자다 창끝에다 턱 꿰인 놈 ……
[아니리] 한 군사 내달으며, "아나 이애, 승상은 지금 대군을 거나리고 천 리 전쟁을 나오시어 승부를 비결하야 천하 대사를 바라는데, 이놈 요망스럽게 왜 울음을 우느냐, 우지 말고 이리 오너라 술이나 먹고 놀자." ……
[진양] 고당학발양친(高堂鶴髮兩親) 배별(拜別)한 지가 몇 날이나 되며 부혜(父兮)여 생아(生兒)하시고 모혜여 육아(育兒)하시니 욕보지은덕(欲報之恩德)인데 호천망극이로구나. ……

－「적벽가」 중 일부
└────────────────────────────────────┘

① [중모리] 부분과 [진양] 부분을 보니 판소리가 지식층의 문화와 서민의 문화를 아우르고 있음을 알 수 있겠군.

② [진양] 부분의 내용과 분위기를 봤을 때 동편제보다는 계면 창법을 사용하는 서편제로 하는 것이 더 좋을 것 같군.

③ [진양] 부분은 가장 느린 부분으로 24박을 기본으로 하나 분위기에 따라 북을 꼭 스물네 번 치지 않을 수도 있겠군.

④ [중모리] 부분은 중중모리장단보다 느리게 연주해야 하는 부분으로 분위기에 따라 고수의 북 치는 횟수는 달라지겠군.

⑤ [아니리] 부분은 가락을 붙이지 않고 이야기하듯 엮어 나가는 부분으로 소리꾼의 사설에 집중하도록 고수는 개입을 하지 않겠군.

스피드 지문 복습

주제

판소리에 들어 있는 ☐☐☐ 장치 및 특성에 대한 이해

문단별 중심 내용

1문단 판소리의 ☐☐☐와 특징
2문단 판소리에 사용되는 ☐의 종류와 특징
3문단 ☐☐하면서 ☐☐하는 판소리
4문단 판소리 ☐☐의 특징과 고수의 역할
5문단 판소리에서 ☐☐의 중요성

글자 수 2000~2100자

어휘 수준 ★★★★☆

권장 시간 5분

나의 시간 ------------------------

지문 키워드

#고대 그리스 미술 #미술 양식

[01-04] 다음 글을 읽고 물음에 답하시오.

서양 미술사에서 가장 기초가 되는 고대 그리스 미술은 다소의 차이는 있으나 기원전 약 1000년 무렵부터 시작되었다고 할 수 있다. 그리스 본토 남쪽을 중심으로 에게해 주변에 도시 국가들을 이루며 발전한 이들의 문화와 예술을 우리는 그리스 문명이라고 부른다. 여기서는 기원전 1세기 말엽 로마 제국에 흡수되기까지 거의 천년에 이르는 시간 동안 이룩한 고대 그리스인들의 미술에 대해 알아보자.

일반적으로 그리스 미술은 그 양식의 변화에 따라 크게 네 시기로 나뉜다. 초기 그리스 미술은 단순하고 반복적인 문양과 패턴이 강조된 형태로 나타나는데, 기원전 1000년 말~700년까지의 이 시기를 ㉠'기하학적 시기'라고 한다. 이후 기원전 620년부터 페르시아 전쟁이 종결된 이듬해인 기원전 480년까지를 ㉡'아르카익 시기', 이어서 미술뿐만 아니라 고대 그리스의 문화 예술 전 분야와 사회, 정치 모든 면에서 최고의 전성기를 이룬 기원전 480~323년까지를 ㉢'고전기', 마지막으로 알렉산더 대왕의 동방 원정 이후 그리스 미술이 확대되고 변화를 겪게 되는 기원전 30년까지를 ㉣'헬레니즘 시기'라고 한다.

'기하학적 시기'의 미술은 주로 기원전 800년경의 °도기화에 잘 드러나 있다. 이 시기의 도기화들은 초기에는 단순한 패턴 묘사였지만 시간이 흐를수록 점차 구체적이고 세밀한 묘사로 변화해 갔다. 생활 도기에서 제의용, 장식용 도기 등 다양한 쓰임새만큼이나 도기화의 소재와 내용 역시 결혼식과 장례식 같은 일상사의 풍경에서 신과 영웅들의 °무용담에 이르기까지 실로 다양했다. 기법 역시 날로 새로워져 아르카익 시기에 해당하는 기원전 6세기에 이르러서는 기존의 배경은 붉은 흑색으로 그냥 두고 형상에 °유약을 발라 구워 검은색으로 표현하도록 한 '흑화식' 기법에서 형상 대신 배경을 검게 보이도록 하는 '적화식' 기법을 선보이게 되었다. 송곳으로 세부를 긁어 다소 딱딱한 느낌을 주는 흑화식과는 달리 적화식은 가느다란 붓에 유약을 묻혀 세부를 묘사함으로써 보다 자유롭고 생생한 표현이 가능해졌다.

'아르카익 시기'에는 그리스인들의 이상이 반영된 건장한 신체의 남자 누드 조각상 '쿠로스'와 여성 조각상 '코레' 등이 제작되었다. 아크로폴리스에서 발견된 「도리스식 옷을 입고 있는 코레」는 소매가 없는 두꺼운 페플로스를 입고 있으며, 머리카락과 눈, 입술, 치마에는 희미하게 채색의 흔적이 남아 있다. 파르테논 신전 장식의 경우와 마찬가지로 당시 그리스인들은 뜨거운 밀랍에 분말 색소를 녹여 돌 위에 칠하는 '납화법'을 사용해 원색의 화려한 채색으로 마무리했다. 고대 그리스 조각상의 재료는 대리석보다 청동이 더 애용되었다고 한다. °주물로 제작하는 청동 조각은 동작 표현에서 보다 자유롭고, 속이 비어 있어 가벼운 데다 운반도 용이했을 것이다. 그러나 이러한 청동 조각들은 대부분 후대인들에 의해 녹여져 전쟁 무기로 사라져 버렸다. 「델포이의 전차 경주자」는 은도금된 머리띠와 구리로 표현한 입술과 눈썹, °오닉스를 박아 넣은 눈동자 등이 그대로 남아 있는 청동 조각상이다. 따라서 오늘날 대리석으로 모사되어 전해지는 로마 시대의 많은 그리스 조각들이 실은 청동 원작이었음을 추측해 볼 수 있다. 그리스 '고전기'의 대표적인 작품인 「창을 들고 가는 사람」 역시 청동 조각이었으나 원작은 소실되고 대리석 모작만이 전해진다. 문제는 일명 콘트라포스토 자세로 알려진 자연스러운 S자 구조의 몸체와 벌어진 오른팔을 무거운 대리석으로 제작하다 보니, 지탱을 위해서는 불가피하게 지지대가 필요했다는 점이다. 오른팔과 허벅지 사이의 연결체, 오른 다리 뒤쪽의 나무 그루터기는 이런 목적에서 로마 시대에 덧붙여진 것이다.

이상적이고 조화로운 형태를 추구해 온 그리스 미술이 점차 자유분방하고 변화무쌍한 시도를 선보이게 된 것은 '헬레니즘 시기'이다. 이 시기 대표적인 작품으로는 「밀로의 비너스」를 들 수 있다. 보다 부드러운 콘트라포스토 자세를 취하면서 두상은 작아지고 풍만한 둔부를 포함한 하체는 더 길어져, 그리스 '고전기' 조각과의 차이를 느낄 수 있다.

- **도기화**: 도자기 표면에 그림을 그려 무늬를 넣는 일. 또는 그 그림.
- **무용담**: 싸움에서 용감하게 활약하여 공을 세운 이야기.
- **유약**: 도자기의 몸에 덧씌우는 약. 도자기에 액체나 기체가 스며들지 못하게 하며 겉면에 광택이 나게 한다.
- **주물**: 쇠붙이를 녹여 거푸집에 부은 다음, 굳혀서 만든 물건.
- **오닉스**: 겹겹이 여러 가지 빛깔의 줄이 져 있는 마노. 미술품을 만드는 데에 쓴다.

물먹는 문제

01 윗글의 표제와 부제로 가장 적절한 것은?

① 서양 미술사의 흐름 – 고대 그리스 미술의 위상을 중심으로
② 고대 그리스 예술 작품 – 예술 작품을 구현한 재료를 중심으로
③ 고대 그리스 예술 – 정치 상황이 작품에 미친 영향을 중심으로
④ 고대 그리스 문명 – 고대 그리스 문명이 시작된 장소를 중심으로
⑤ 고대 그리스 미술 – 양식 변화에 따른 시기 구분과 특징을 중심으로

02 윗글에 대한 이해로 적절하지 <u>않은</u> 것은?

① 고대 그리스의 도기화에는 일상사의 풍경, 신과 영웅들의 무용담 등의 내용이 담겨 있다.

② 파르테논 신전 장식은 밀랍에 분말 색소를 녹여 돌 위에 원색으로 칠하는 기법을 사용하였다.

③ 적화식은 붓에 유약을 묻혀 묘사하는 방식으로 때때로 송곳으로 긁어 딱딱한 느낌을 주기도 한다.

④ 고대 그리스 문명은 대략 기원전 1000년 무렵부터 에게해 주변 도시 국가들이 이룬 문화와 예술이다.

⑤ 고대 그리스 조각상은 주로 청동으로 만들었는데, 이들 대부분이 후대인들에 의해 녹여져 전쟁 무기로 사라졌다.

03 윗글을 읽은 독자가 〈보기〉의 작품을 감상할 때, 그 반응으로 적절하지 <u>않은</u> 것은?

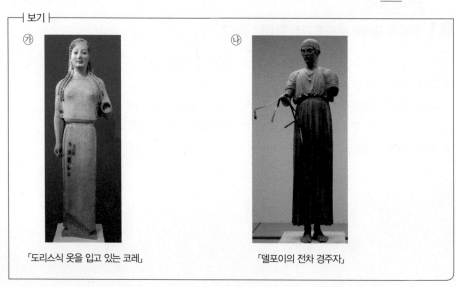

「도리스식 옷을 입고 있는 코레」　　　　「델포이의 전차 경주자」

① ㉮는 쿠로스와 달리 옷을 입은 채로 표현되었군.

② ㉮는 여성 조각상인 코레를 표현한 작품 중 하나이군.

③ ㉮의 머리카락이나 얼굴을 보면 희미한 채색의 흔적이 있는데 이는 납화법을 사용했음을 보여 주는군.

④ ㉯에 쓰인 재료는 돌에 비해 동작 표현이 자유롭고, 무게가 가벼워 운반하기가 용이했겠군.

⑤ ㉯는 대리석으로 모사되었기 때문에 콘트라포스토 자세를 지탱하기 위해 지지대가 필요했겠군.

04 ㉠~㉣에 대한 설명으로 가장 적절한 것은?

① ㉠: 도기화의 소재와 내용이 일상사의 모습에서 영웅들의 무용담에 이르기까지 다양하다.

② ㉡: 기원전 480년 이후의 시기로 도기화의 기법이 '흑화식'에서 '적화식'으로 발전하였다.

③ ㉢: 조각에서 부드러운 콘트라포스토 자세와 작은 두상, 길어진 하체를 발견할 수 있다.

④ ㉣: 고대 그리스에서 문화 예술뿐만 아니라 사회 전 분야에서 최고의 전성기를 이루었다.

⑤ ㉣: 자유분방하고 변화무쌍한 그리스 미술이 이상적이고 조화로운 형태로 정리되었다.

스피드 지문 복습

주제

고대 그리스 미술의 ☐☐☐ 작품의 특징

문단별 중심 내용

1문단 ☐☐☐☐☐의 시작과 그리스 문명

2문단 ☐☐의 변화에 따른 그리스 미술의 시기 구분

3문단 고대 그리스인들의 생활이 담긴 ☐☐☐

4문단 그리스 ☐☐☐의 특징

5문단 ☐☐☐☐ 시기 미술의 특징과 작품

겁먹지 마, 불수능

공부한 날짜 _____월 _____일

글자 수 2100~2200자

어휘 수준 ★★★★☆

권장 시간 7분 30초

나의 시간 -------------------------

지문 키워드

#생산주의 예술

[01~05] 다음 글을 읽고 물음에 답하시오.

1917년 러시아에 사회주의 정권이 수립된 이후 *아방가르드 예술가들은 '생산주의'로 지칭되는 예술 운동을 펼치게 된다. 생산주의 운동은 구축주의의 형식 실험을 넘어서, 직접 일상의 현장으로 들어가 디자인, 건축, 공예 등의 분야에서 일했다. 생산주의는 구축주의의 언어를 생산 현장의 '단위'들로 전환함으로써 만들어졌다. 1923년 출범한 예술가 그룹 레프(REF)의 지휘하에 이루어진 이러한 전환은 구축주의에서 한 걸음만 더 내딛으면 가능한 것이었다. 이제 예술은 더 이상 개인 작가의 창조물이 아니라 누구나 설계도대로 만들어 낼 수 있는 조립품 같은 것이 되었다. 생산주의자들은 공장의 노동자와 예술가를 동일 선상에 놓고, '물질적 세계에 노동을 가하여 세계를 변화시키는' 역할을 예술가에게 ⓐ부여했다. 이에 따라 자연스럽게 회화나 조각 같은 장르보다 건축, 디자인, 사진 등의 실용적 매체에 더 큰 가치를 부여하게 되었으며, 개인 창작보다 집단 창작을 더 중요시하게 되었다.

디자인과 더불어 생산주의자들이 가장 중요하게 생각한 매체는 ㉠사진과 영화였다. 사진은 그 과학적인 생산 방식, 쉽게 접근할 수 있는 대중성과 *가독성, 현실을 '객관적으로' 기록하는 사실주의적 능력 등으로 인해 ⓑ각광받았다. 로드첸코, 스테파노바를 비롯하여 세르게이 센킨, 구스타프 클루치스 등은 이 시기 출판 분야에서 일하면서 주로 잡지 표지에 사용되는 포토몽타주 작업을 했다. 포토몽타주란 사진을 오려서 얻은 부분들을 재조립하여 새로운 의미를 갖는 합성 이미지를 만드는 기법이다. 이들의 포토몽타주는 기하학적 형상, 대중 잡지에서 발췌한 기존의 사진, 텍스트 등을 뒤섞어서 매끄러운 재현으로 종합되지 않는 다층적 화면을 구성했다. 몽타주에서 각 요소들은 현실을 자유롭게 재구성하는 단위들로 간주된다.

영상의 *숏(shot) 역시 포토몽타주의 이미지 조각 같은 것으로 간주되었다. 이 시기 러시아 영상 작가들은 서사의 매끄러운 연결보다는 이미지들의 충돌과 병치, 인간의 눈과 구별되는 카메라의 눈에 의한 '혁명적 형식'을 더 중요시했다. 영화감독 지가 베르토프는 인간의 불완전한 눈이 아니라 카메라의 기계적 눈이 물질적 세계의 충돌을 있는 그대로 담을 수 있다고 생각했다. 또한 세르게이 예이젠시테인은 「전함 포템킨」 등의 영화를 통해 자신의 몽타주 이론을 ⓒ구현하였는데, 그 이론에 따르면 영화에서 서사의 연속성은 매체의 고유한 본질이나 불변의 형식이 아니다. 혁명적 영화는 이미지들의 충돌에서 오는 폭발적 에너지에 의해 움직이는 기관차 같은 것이어야 한다. 이때 개별 이미지는 전체의 부품이라기보다는 생산의 기본 단위로 작용한다.

그런데 러시아 아방가르드의 이러한 실험들은 스탈린 체제하에서 그 수명이 다하게 된다. 스탈린 정권이 아방가르드의 조형 언어를 *부르주아적이라고 비판하면서 모든 예술은 ㉡사회주의 리얼리즘의 원칙하에 창작되어야 한다고 선언했기 때문이

• 정답과 해설 • 48쪽

다. 스탈린 체제의 사회주의 리얼리즘은 루카치가 옹호한 의미의 리얼리즘, 즉 '개별성과 보편성의 통일로서의 특수성'이라는 형상화 원리에서 벗어난, 보편성에 치우친 표현이었으며, 이는 남성적 영웅주의에 근거한 매끄러운 고전주의적 재현 방식으로 구체화되었다. 민중과 대화하거나 민중을 지도하는 레닌과 스탈린의 영웅적 모습, 사회주의 생산에 복무하는 노동자, 농민의 모습 등이 이 시기 단골 소재였다. 이들의 사진 작업이 서방 언론을 @겨냥한 선전 잡지에 실리면서, 서로 충돌하는 이미지들의 포토몽타주가 아니라 통일된 화면을 보여 주는 매끄러운 재현이 주된 표현 방식이 되었다. 즉 한 장의 사진에 의해 *환영적 공간이 창출되었다. 결국 이러한 변화는 생산주의 포토몽타주가 보여 주었던, 관객의 상상력이 개입할 수 있는 반성의 공간을 지워 버리는 역할을 했다.

아이러니한 것은 이 '매끄러운 재현'의 방식이 나치즘을 옹호하던 미술 양식과 매우 유사하다는 사실이다. 히틀러는 1937년에 뮌헨을 시작으로 독일 전역과 오스트리아를 순회하는 '퇴폐 예술전'을 열어 표현주의, 다다이즘, 초현실주의, 신즉물주의 등 20세기 초반의 거의 모든 실험적 예술을 '퇴폐'로 @낙인찍고, 수많은 작품들을 불태우거나 해외에 매각해 버렸다. '퇴폐 예술전'의 기획자 아돌프 히틀러는 아방가르드 작품의 '불건전성'을 강조하기 위해 장애인들의 사진을 작품과 나란히 걸었다. '불구의 신체'와 대조되어 긍정적으로 칭송된 것은 남성적이고 영웅적인 고전주의적 방법으로 묘사된 '강한 신체'였다.

- **아방가르드**: 기성의 예술 관념이나 형식을 부정하고 혁신적 예술을 주장한 예술 운동. 또는 그 유파. 20세기 초에 유럽에서 일어난 다다이즘, 입체파, 미래파, 초현실주의 따위를 통틀어 이른다.
- **가독성**: 인쇄물이 얼마나 쉽게 읽히는가 하는 능률의 정도. 활자체, 글자 간격, 행간(行間), 띄어쓰기 따위에 따라 달라진다.
- **숏**: 한 번의 연속 촬영으로 찍은 장면을 이르는 말.
- **부르주아**: 근대 사회에서, 자본가 계급에 속하는 사람.
- **환영**: 사상(寫像)이나 감각의 착오로 사실이 아닌 것이 사실로 보이는 환각 현상.

01 윗글의 내용과 일치하지 않는 것은?

① 1917년 러시아의 사회주의 정권 수립 이후 아방가르드 예술가들은 '생산주의'로 불리는 예술 운동을 펼쳤다.

② 생산주의자들에게 있어서 예술가는 물질적 세계에 노동을 가하여 세계를 변화시키는 역할을 하는 존재이다.

③ 포토몽타주 기법은 기존의 사진, 텍스트 등을 뒤섞어 관객의 상상력이 개입할 수 있는 반성의 공간을 제공하였다.

④ 예이젠시테인의 몽타주 이론에 따르면, 영화에서 서사의 연속성은 매체의 고유한 본질이나 불변의 형식이다.

⑤ 생산주의 예술가들은 개인 창작보다 집단 창작을 더 중요시했으며 직접 일상의 현장으로 들어가 디자인, 건축, 공예 등의 분야에서 일했다.

02 윗글을 읽은 독자가 〈보기〉를 보고 보인 반응으로 적절하지 <u>않은</u> 것은?

| 보기 |

1928년 「프레사」전의 소비에트 파빌리온을 위해 만든 엘 리시츠키의 작품

① 카메라의 렌즈를 통해 인간의 눈에 포착된 세계의 충돌을 있는 그대로 담겠다는 생각을 구현하고 있군.

② 개인 작가의 독창적인 창조물이라기보다는 누구나 설계도대로 만들어 낼 수 있는 조립품 같은 것이 되었군.

③ 쉽게 접근할 수 있는 대중성과 가독성, 현실을 객관적으로 기록하는 사진을 통해 사실주의를 구현하고 있군.

④ 사진을 오려서 얻은 부분들을 재조립하여 합성 이미지를 만드는 기법을 통해 새로운 의미를 전달하고자 하고 있군.

⑤ 기하학적 형상이나 대중 잡지에서 발췌한 기존의 사진, 텍스트를 뒤섞어서 종합되지 않는 다층적 화면을 구성하고 있군.

불타는 문제

03 생산주의 예술가들이 ㉠을 선호한 이유를 유추한 내용으로 가장 적절한 것은?

① '매끄러운 재현'의 방식이 가능한 매체이기 때문에

② 대중에게 쉽게 접근할 수 있고, 현실을 객관적으로 기록할 수 있는 매체이기 때문에

③ 생산의 기본 단위로서의 이미지들의 충돌에서 오는 에너지를 담아내기 적절한 매체이기 때문에

④ 관객의 상상력이 개입할 수 있는 공간을 지워 버림으로써 서사의 매끄러운 연결을 탈피할 수 있는 매체이기 때문에

⑤ 인간의 눈의 완전성을 모방한 기계적 시선에 대한 신뢰를 기반으로 혁명적 형식을 실험하기에 적절한 매체이기 때문에

04 ⓒ을 구현하기 위한 생각으로 가장 적절한 것은?

① 포토몽타주 기법을 사용하며 충돌하는 혁명적 에너지를 표현해야겠군.
② 영웅의 등장을 지양하고 기업을 경영하는 자본가의 모습을 부각해야겠군.
③ 통일된 화면을 보여 주는 매끄러운 재현을 주된 표현 방식으로 선택해야겠군.
④ 아방가르드의 조형 언어를 사용하여 전달하고자 하는 메시지를 강조해야겠군.
⑤ 개별성과 보편성의 통일로서의 특수성이라는 원리에 충실한 영상을 제작해야겠군.

05 ⓐ∼ⓔ의 사전적 의미로 적절하지 않은 것은?

① ⓐ: 사람에게 권리·명예·임무 따위를 지니도록 해 주거나, 사물이나 일에 가치·의의 따위를 붙여 주다.
② ⓑ: 확실히 그렇다고 여김을 받다.
③ ⓒ: 어떤 내용이 구체적인 사실로 나타나게 하다.
④ ⓓ: 목표물을 겨누다.
⑤ ⓔ: 벗어나기 어려운 부정적 평가를 내리다.

스피드 지문 복습

주제

러시아 □□□□의 특징과 작품 세계

문단별 중심 내용

1문단 □□□□라 불리는 예술 운동의 시작
2문단 생산주의자들의 사진을 활용한 □□□□□
3문단 생산주의자들이 시도한 □□의 이론과 실제
4문단 □□□□□에서 부정된 생산주의 예술
5문단 스탈린 체제의 □□□□□□□과 나치즘을 옹호하던 미술 양식 간의 유사성

[01-04] 다음 글을 읽고 물음에 답하시오.

글자 수 1900~2000자

어휘 수준 ★★☆☆☆

권장 시간 5분

나의 시간 ----------------------

지문 키워드

#종교 건축

세계의 많은 종교는 신을 눈에 보이지 않는 거대한 영적인 힘이라고 생각하기 때문에 사람들은 신을 눈부신 빛으로 표현한다. 따라서 종교 건축에서는 빛을 드라마틱하게 이용해 신이 존재하는 것처럼 느끼게 만드는 것이 중요하다. 그러기 위해서는 밋밋하고 단조로운 한낮보다는 일출이나 일몰 때의 짧고 강렬한 햇빛이 더 자주 사용된다.

불교는 차별 없는 사랑을 설파하면서도 세상을 성(聖)과 속(俗)으로 나눈다. ㉠사찰이 성스러운 공간이라면 세상은 속세인 것이다. 이 모순을 해결하기 위해 사찰에서는 성과 속을 이어 주는 여과 장치를 사용한다. 우선 깊은 산속에 위치한 사찰에 들어서기 위해서 제일 먼저 사찰의 영역임을 표시하는 일주문을 거치면 길은 곧 가팔라지면서 한결 조용해진다. 그 다음으로 험상궂은 금강역사가 조형된 금강문을 거쳐 무서운 형상으로 불국 정토의 사방을 지키는 네 명의 사천왕이 세워진 천왕문에 도착한다. 사천왕문을 지나야 웅장한 대웅전이 보인다. 대개 일주문에서부터 대웅전에 도착하기까지 꽤 오랜 시간을 걸어야 하는데, 이는 신앙심이 깊은 사람만이 사찰 경내에 들어오도록 하는 장치이다. 속세에서 성역으로의 길고도 섬세한 여과 장치인 것이다. 산길이 험준할수록 사찰의 마당은 넓고 평탄해 보이고, 금강역사와 사천왕의 표정이 험악할수록 대웅전 본존의 얼굴은 더욱 온화해 보인다. 이는 신도들로 하여금 종교적 안식을 느끼게 한다. 새소리만 들리던 산길이 끝나고 경내로 들어온 순간, 마음을 안정시키는 풍경과 목탁 소리가 울려 퍼지고, 오르막길에서 숨이 찼던 사람들은 크게 숨을 쉬며 절의 향내를 맡게 된다. 이처럼 사찰에는 시각, 청각은 물론 후각과 체감까지 오감을 자극하는 장치가 되어 있다. 대웅전은 그 무대 장치의 절정이다. 불교에서는 새벽 예불을 중시하므로 이른 아침 신도들이 사찰에 들어선 순간을 장엄하게 연출하기 위해 대웅전과 그 안의 본존불은 정동쪽을 향하게 만들어 떠오르는 아침 햇살을 정면으로 받도록 설계한다. 대웅전이 남향이면 해가 뜰 때 부처의 얼굴을 옆으로 비추면서 긴 그림자를 만들 것이고, 서향이라면 역광 때문에 부처의 얼굴이 어둡게 보인다. 일출 시간은 짧고도 강렬하기에 더욱 감동적이다.

한편 기독교와 천주교에서는 고된 하루 일과를 마칠 무렵의 저녁 기도가 매우 중요한 의식이다. 그래서 대부분의 ㉡성당은 서쪽을 향하고 있다. 서양의 고딕 성당들은 저녁 무렵의 그림자를 길고 짙게 드리우기 위해서 입구를 화려하게, *요철을 두드러지게 만든다. 성당의 벽면에는 악마나 괴수가 조각이나 그림으로 장식되어 있는 경우가 많은데, 이는 사찰의 사천왕과 같은 효과를 준다. 도심에 위치한 성당은 실내에 인위적인 장치들을 많이 사용하고, 앞뒤로 긴 형태의 건물이 많다. 예배당의 문을 열면 실내가 길게 뻗어 있고, 가장 안쪽에 신부의 연단, 대형 십자가와 스테인드글라스 등의 장식이 놓여 성스러운 분위기를 자아낸다. 이때 가장 안쪽에 있는 연단은 동쪽에 위치한다. 이렇듯 동서로 길게 뻗은 성당의 내부는 어둡고 벽면에는 신비로운 스테인드글라스가 빛나며 천장이 매우 높아서 성당 내부에 들어선 순간 압도적인 느낌을 받게 된다. 창 역시 사람의 눈높이보다 훨씬 높게 위치한다. 눈높이에 맞게 창이 있으면 사람들은 대개 창밖으로 시선을 돌리기 쉽지만 눈높이에 창이 없으면 실내에서 가장 밝은 곳에 정신을 집중하게 된다. 창이 높은 곳에 위치하니 햇빛은 항상 천장 위에서만 머문다. 까마득히 높은 천장과 그 위에서 쏟아지는 빛, 그것은 천장이라기보다는 천상(天上)이라는 느낌을 주고, 빛을 받아 색색으로 빛나는 스테인드글라스는 그 느낌을 더욱 극대화한다.

스테인드글라스는 '착색된 유리'라는 뜻으로, 금속 화합물을 녹여 붙이거나 •안료를 구워 붙여 색을 입힌 유리 조각을 접합해서 만든다. 중세의 유리는 불투명하고 울퉁불퉁했을 뿐만 아니라 푸르스름하고 뿌연 빛을 띠었다. 또 유리는 가공하기 어렵고 가격도 비쌌기 때문에 성당에서는 큰 통유리 대신 작은 유리 조각들을 색색으로 물들여 모자이크 기법으로 성경의 장면을 그려 놓았다. 이것이 성당의 스테인드글라스이다. 중세의 농민들이 문맹이었고, 성경은 라틴어로만 기록되어 있었기 때문에 성경의 각 장면들을 스테인드글라스로 보여 준 것이다.

• **요철**: 오목함과 볼록함.
• **안료**: 색채가 있고 물이나 그 밖의 용제에 녹지 않는 미세한 분말. 첨가제와 함께 물이나 기름으로 이겨 도료나 화장품 따위를 만들거나 플라스틱 따위에 넣는 착색제로도 쓴다.

01 윗글에 대한 설명으로 가장 적절한 것은?

① 동양과 서양의 각 문화가 종교 건축물에 끼친 영향과 의의를 설명하고 있다.
② 동서양의 종교 건축물에서 성스러움을 드러내는 원리와 방식을 설명하고 있다.
③ 동양과 서양의 종교 건축에 나타나는 공통점을 문화적 관점에서 설명하고 있다.
④ 동양의 건축과 그에 대립하는 서양의 건축을 구체적 사례를 통해 설명하고 있다.
⑤ 동양의 종교 건축이 서양으로 전파되는 역사적 과정을 순차적으로 설명하고 있다.

02 윗글의 내용과 일치하지 <u>않는</u> 것은?

① 불교의 본존불과 천주교 신부의 연단은 같은 방향에 위치한다.
② 스테인드글라스는 중세의 열악한 유리 세공 기술에서 유래한다.
③ 속세에서부터 대웅전에 도착하려면 세 개의 관문을 지나야 한다.
④ 햇빛이 비치는 시간이 짧을수록 신자의 종교적 감동은 배가된다.
⑤ 대웅전을 동향으로 놓는 것은 신성성을 부각하기 위한 방법이다.

⎧ 물먹는 문제 ⎫

03 ㉠, ㉡에 대한 이해로 적절하지 <u>않은</u> 것은?

① ㉠과 ㉡은 시각적 장치를 사용하여 종교적 안식을 느끼게 한다.
② ㉠과 ㉡은 건물이 향하는 방향을 통해 신성한 분위기를 연출한다.
③ ㉠과 ㉡은 햇빛의 명암을 이용하여 신의 존재를 인식하게 만든다.
④ ㉠과 달리 ㉡은 건축물의 내부 구조를 통해 사람들의 감정을 자극한다.
⑤ ㉡과 달리 ㉠은 자연적인 지형을 활용하여 신도의 신앙심을 유발한다.

04 윗글과 〈보기〉에 대한 반응으로 적절하지 않은 것은?

┌─ 보기 ├─

　동양의 전통적인 도성(都城)은 하늘은 둥글고 땅은 네모나다는 천원지방(天圓地方)의 원리에 따라 정확히 동서남북을 지시하는 사각형으로 만들어졌다. 특히 황제나 왕은 천자로 인식되었기 때문에 해가 동쪽에서 떠서 서쪽으로 지기까지 하루 종일 태양을 마주할 수 있도록 남쪽을 바라보고, 신하와 백성은 북쪽을 바라보았다. 이것을 '제왕남면(帝王南面)의 법칙'이라 한다.

① 사찰과 성당, 도성은 빛을 이용하여 대상의 권위를 이끌어 낸다는 점에서 공통적이군.
② 사찰과 성당, 도성의 건축 구조는 천원지방의 원리가 담겨 있다는 점에서 공통적이군.
③ 본존불과 십자가, 도성의 제왕은 태양과 마주 보는 위치에 있다는 점에서 공통적이군.
④ 불교와 천주교, 동양의 정치 체제는 어느 한 대상을 신성시한다는 점에서 공통적이군.
⑤ 불교와 천주교의 신자, 동양의 백성은 어느 한 대상을 바라보는 위치에 선다는 점에서 공통적이군.

스피드 지문 복습

주제

동양의 종교 □□□의 구조

문단별 중심 내용

1문단 종교 건축에 □□을 이용하는 방식
2문단 불교의 □과 □을 잇는 건축 방식과 대웅전 설계의 특징
3문단 성스러운 분위기를 만드는 □□의 구조
4문단 성당에 □□□□□□□가 사용된 유래

글자 수 2100~2200자

어휘 수준 ★★★★☆

권장 시간 7분

나의 시간 --------------------------

지문 키워드

#판테온 #로마 #로툰다 #돔

[01-05] 다음 글을 읽고 물음에 답하시오.

　로마의 건축 유적 가운데 아직도 원형을 거의 그대로 유지하고 있는 판테온(Pantheon)은 '모든'을 의미하는 'pan'과 '신(神)'을 의미하는 'theon'을 결합한 말이다. 외부로부터 광범위하게 종교를 받아들인 당시의 로마인이 신봉하던 다신교(多神教)의 신전으로 축조된 것이 바로 판테온이다. 이 신전은 로마 시내의 가장 오래된 길 가운데 하나인 옛 마차 경주로의 서쪽에서 멀지 않은 지점에 위치해 있다. 애초에 기원전 27년 로마의 정치가 아그리파가 남쪽을 향해 세웠던 직사각형의 건물이었으나 두 번의 화재로 손상된 것을 118년부터 128년 사이에 하드리아누스 황제가 북쪽으로 입구를 내고 옛 사원이 있던 곳에는 현관을, 앞마당이었던 곳에는 천장을 돔으로 한 원형 건물인 로툰다(rotunda)를 지어 현재와 같은 모습으로 완성하였다. 그 후 2,000년 가까이 원래의 모습을 거의 그대로 보여 주고 있는 것은 비잔틴 제국의 황제가 교황에게 기증한 609년부터 기독교의 교회로 사용되고 있기 때문이다.

　판테온은 거대한 돔으로 이루어진 원형 건물과 기둥으로 된 커다란 입구 현관의 두 부분으로 구성되어 있다. 입구 현관은 본래 *열주랑으로 된 외부 마당의 일부분이었으나 새롭게 건축되면서 전형적인 로마식 건축이 도입되어 직사각형의 입구 공간은 외부와 내부를 이어 주는 전이 공간으로 ⓐ바뀌었다. 외부 공간과 맞닥뜨리는 전면에는 그리스의 파르테논 신전과 같이 8개의 열주식(列柱式) 원통 기둥이 삼각형의 *페디먼트를 받치고, 그 뒤로 2열에 걸쳐 각 4개의 기둥이 현관의 지붕을 이고 있는 구조를 이룬다. 입구를 지나면 로툰다가 나온다. 로툰다는 커다란 원통과 돔으로 구성된다. 아랫부분인 원통의 외부는 3개 층으로, 내부는 2개의 층으로 되어 있고, 그 위로 돔이 올려져 있다. 원통형 벽에는 모두 일곱 개의 반원형 *감실(龕室)이 있고 이들 앞에는 두 개의 기둥이 서 있다. 감실에는 로마의 황제, 르네상스의 천재 화가 라파엘로 같은 유명 예술가들의 무덤이 안치되어 있다.

　이 건물의 내부 구조를 자세히 살펴보면, 바닥으로부터 돔의 꼭대기까지의 높이는 43m이며, 이는 돔 내부 공간의 지름과도 일치한다. 원통형과 반구형 돔의 높이는 1:1의 균형을 유지함으로써 모두가 같은 가치를 가진 장소가 되고, 수평축과 수직축의 통합이라는 기하학적 조화를 이끌어 낸다. 건축학적으로 이것은 원통의 크기에 비해 지나치게 두꺼운 6m의 벽으로 되어 있기에 가능했다. 돔의 무게를 지탱하기 위해 원통 건물의 벽에는 벽돌 아치와 기둥들이 ⓑ박혀 있다. 입구에 부착된 한 쌍의 문은 높이가 7m이며 세계에서 가장 오래된 청동제 문이다. 돔의 두께는 원통형과 연결된 부분은 6m로 시작하여 위로 올라갈수록 얇아진다. 돔의 안쪽 표면은 사각형으로 움푹 ⓒ팬 구조가 보이는데 이는 표현에 변화와 문양을 주려는 미적 이유도 있지만 돔의 무게를 줄일 수 있는 방법이기도 하다. 돔의 정상에는 직경이 8m가량 되는 둥근 구멍이 뚫려 있어 이곳으로 빛이 들어와 성스러운 분위기를 만든다. 이 바로 아래의 바닥에는 빗물이 들어온 후 곧 빠져나갈 수 있도록 하수구가 설치되어 있고, 물이 쉽게 중심으로 모이도록 약간 오목하게 되어 있다. 청동 문이 ⓓ닫히면 돔의 중앙에 뚫린 구멍으로밖에 빛이 들어올 수 없다. 입구에서 시작하여 로툰다로 이어지는 수평축은 돔의 구멍을 통해 수직축으로 바뀌고, 이로써 수평의 세속은 수직의 신성으로 전환된다. 즉 로마인들은 신에게 봉헌된 공간에서 스스로를 신성과 합치시켰던 것이다.

사람들에게 위압감을 주는 엄청난 석재 덩어리의 이집트 건축이나 골격미를 중시하는 그리스 건축에 비해 ㉠판테온 신전은 건축 자재로 둘러싸인 '공간'을 가장 중요한 요소로 삼은 건축이라는 점에서 건축사상 획기적인 전환점을 이루었다. 이러한 공간을 구축하기 위해 로마인들은 그들이 고안해 낸 공법, 즉 ㉡천장 구조의 무게를 지탱해야 하는 기둥의 수를 최대한 줄이며 시원한 공간을 만들 수 있는 아치(arch), 돔(dome), °궁륭(穹窿) 천장의 건축법, 그리고 한번 굳으면 영원히 견고한 콘크리트 공법을 사용하였다. 로마 시대의 콘크리트는 현재 우리가 사용하는 것과는 조금 다른데, 화산재와 모르타르를 물과 혼합하여 돌, 벽돌 등의 부스러기에 부어 ⓔ굳히는 것이다. 이때 콘크리트에 들어간 모든 자재 및 물의 최적정 비율을 생각한 것도, 콘크리트가 그대로 노출되어 있지 않고 대리석이나 석회로 내부 벽의 표면을 아름답게 마감한 것도 로마인의 지혜이자 뛰어난 미적 감각이라 할 수 있다.

• **열주랑**: 건축에서, 줄지어 늘어선 기둥이 있는 회랑(回廊).
• **페디먼트(pediment)**: 주로 서양 고대 건축물에서 정면 상부에 있는 박공 부분.
• **감실**: 종교에서, 신위나 불상·초상 또는 성체 등을 모셔둔 곳.
• **궁륭**: 활이나 무지개같이 한가운데가 높고 길게 굽은 형상. 또는 그렇게 만든 천장이나 지붕.

01 윗글의 내용과 일치하는 것은?

① 로마인들은 견고한 콘크리트를 사용하여 미적 감각을 표현했다.
② 로마인들의 개종으로 인해 판테온의 원형이 현재까지 보존되었다.
③ 로마의 정치가 아그리파는 건물 안에 유명 예술가의 무덤을 만들었다.
④ 아그리파가 세운 판테온의 입구는 건물의 외부에 존재하는 공간이었다.
⑤ 원통 건물의 기둥의 수와 바닥으로부터 꼭대기까지의 높이는 기하학적 조화를 유도한다.

02 ㉠에 대한 이해로 적절하지 <u>않은</u> 것은?

① 로툰다에서는 수평과 상하의 공간이 모두 동일한 가치를 갖는다.
② 돔의 중앙에 뚫린 구멍을 통과한 빛으로 인해 성스러운 공간이 된다.
③ 건물 내부의 층수를 외부보다 적게 하여 내부 공간의 가치를 강조한다.
④ 세속을 상징하는 수평적 공간과 신을 상징하는 수직적 공간을 합일한다.
⑤ 공간의 가치를 위해 여러 가지 방법을 사용하여 기둥의 수를 줄여 로툰다를 시원한 공간으로 만들었다.

03 로마인들이 ㉡을 위해 사용한 방법을 모두 골라 바르게 묶은 것은?

┤ 보기 ├
㉮ 돔의 내부 표면을 깎아 문양을 만들었다.
㉯ 건물의 크기에 비해 두꺼운 벽을 만들었다.
㉰ 화산재를 사용한 콘크리트로 돔을 만들었다.
㉱ 원통 건물의 벽에 벽돌 아치와 기둥들을 박았다.

① ㉮, ㉯   ② ㉮, ㉰   ③ ㉯, ㉰, ㉱
④ ㉮, ㉯, ㉱   ⑤ ㉮, ㉯, ㉰, ㉱

04 〈보기〉를 참고할 때 ⓐ~ⓔ의 쓰임이 <u>다른</u> 것은?

┤ 보기 ├
　사동은 주체가 다른 대상으로 하여금 어떤 동작을 하게 만드는 것이고, 피동은 주체가 다른 대상에 의해 동작을 당하는 것이다.

① ⓐ   ② ⓑ   ③ ⓒ   ④ ⓓ   ⑤ ⓔ

• 정답과 해설 • 52쪽

불타는 문제

05 윗글을 바탕으로 〈보기〉를 이해한 내용으로 적절하지 <u>않은</u> 것은?

┤ 보기 ├

(가) 평면도   (나) 단면도

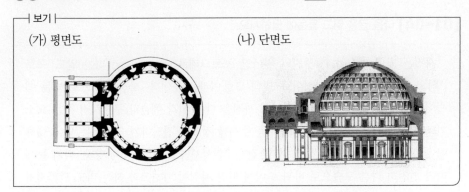

① (가)와 (나)의 좌측 기둥 위에 삼각형의 페디먼트와 지붕이 올려져 있겠군.

② (나)의 로툰다 안에 있는 반원형 공간에는 로마 황제의 무덤이 안치되어 있겠군.

③ (나)의 로툰다는 내부 공간을 구획하는 벽이 존재하지 않는 넓은 빈 공간이겠군.

④ (가)의 반구형 돔에 해당하는 원의 지름은 (나)의 로툰다의 전체 높이와 동일하겠군.

⑤ (나)의 입구 현관과 로툰다 사이의 사각형 공간은 내부와 외부를 잇는 전이 공간이겠군.

스피드 지문 복습

주제

로마 시대의 건축물 판테온의 ☐☐☐와 ☐☐

문단별 중심 내용

1문단 ☐☐☐의 건립 과정

2문단 판테온의 전체 ☐☐

3문단 판테온의 ☐☐☐☐

4문단 판테온의 건축사적 의의 및 건축에 대한 ☐☐☐☐의 지혜와 ☐☐☐☐

[01-04] 다음 글을 읽고 물음에 답하시오.

글자 수 2000~2100자

어휘 수준 ★★★☆☆

권장 시간 5분 30초

나의 시간 ---------------------

지문 키워드

#사진 #사진 촬영 기법

사진은 빛의 예술이다. 사진의 원어인 '포토그래프(photograph)'라는 말도 '포토[빛]'와 '그래프[그림]'의 합성어로 '빛의 그림'이라는 뜻이다. 사진은 빛으로 빚는 예술이기 때문에 빛은 사진의 특질이자 사진을 다른 시각 예술과 구별시켜 주는 요소가 된다. 따라서 사진작가의 의도, 곧 주제를 정확히 전달하기 위해서는 빛에 대해 잘 알고 이를 적절히 이용해야 한다. 같은 °피사체라도 빛의 종류, 방향, 밝기 등에 따라 완전히 다른 모습으로 바뀌고 이에 따라 사진이 말하고자 하는 바도 달라지기 때문이다.

그러면 사진 촬영에서 빛을 어떻게 이용해야 할까? 촬영의 테크닉과 직접적인 관련이 있는 빛의 방향을 중심으로 살펴보기로 하자. 우선 ⓐ'정면광'으로 사진을 찍는 방법이 있는데, 이는 피사체가 정면으로 빛을 받고 있는 상태 곧 빛을 등지고 사진을 찍는 것으로 가장 보편적인 채광 방법이다. 이 방법은 색채를 비롯한 모든 형태가 자연스럽게 재현되어 일상적 시각에 부담을 주지 않지만, 빛을 정면에서 비추기 때문에 사진이 평면적이 되어 입체감이 살지 않고 사진의 깊이가 떨어질 수 있다. 그래서 창조적인 영상을 추구하는 작가들은 정면광의 평범함과 무미건조함으로 인해 이를 선호하지 않는다. 정면광이 언제나 무미건조한 것은 아니다. 하지만 정면광은 사물의 전반적인 형태와 자연성을 살려 주기 때문에 일상생활 사진이나 풍경 사진에, 또는 정보 전달력이 뛰어나다는 이유로 다큐멘터리 사진에 활용된다.

다음은 피사체의 좌우 측면에서 들어오는 빛 곧 ⓑ'측면광'을 이용하는 방법이다. 측면광은 빛이 옆에서 들어와 작은 굴곡까지도 그림자를 만들어 입체감을 살려 주기 때문에 질감 묘사뿐만 아니라 분위기 묘사나 인물의 심리적 표현에도 효과적이다. 또한 측면광은 정면광과 달리 주된 피사체를 배경과 분리시킬 수 있어서 피사체를 부각할 수 있으며, 역광에 비해 이용하기가 편리하고 자기주장이 약해 상대적으로 부드러운 효과를 주어 시각적 부담을 주지 않는다. 이러한 특성으로 인해 측면광은 창조적 사진에서 가장 많이 쓰이고 있다. 그다음은 일반인들이 기피하는 '후면광' 곧 역광을 이용하는 방법이다. 이는 촬영자가 피사체 뒤쪽의 광원을 향하기 때문에 자칫하면 빛이 렌즈에 직접 닿아 화면이 뿌옇게 나오거나 °고스트 이미지를 만들어 명쾌한 사진이 나오지 않을 수 있다. 그런데 역광이 들어올 때 육안으로 사물을 관찰해 보면 정면광보다 사물의 윤곽이 살아나 더 아름답게 보일 때가 많다. 곧 후면광은 사물의 윤곽을 돋보이게 하는 마력이 있어 이 광선에 조금만 익숙해지면 가장 극적이고 아름다운 사진을 얻을 수 있다.

이 외에 피사체 위에서 쏟아져 내리는 빛 곧 '하향광'을 이용하여 찍거나, 반대로 피사체의 아래쪽에서 위를 향해 비추는 빛 곧 '상향광'을 이용하여 찍는 방법도 있다. 우리가 일상에서 사용하는 빛은 위에서 비추는 태양광이기 때문에 하향광일 경우가 많

• 정답과 해설 • 55쪽

다. 그런데 머리 위에서 바로 내리쬐는 직하광은 짙은 그림자를 만들어 부자연스러운 느낌을 주기 때문에 이용이 쉽지 않다. 하지만 직하광이 내리쬐는 한낮 시간만 피하면 자연스럽게 측면광이 되므로 효과적인 사진을 찍을 수 있다. 상향광은 자연계에서는 찾아보기 힘든 빛으로 흔히 인공광에 의한 조명으로 만들어진다. 이는 신비감을 주기도 하지만 부자연스러운 느낌을 주고 불쾌감과 공포감을 일으키기 때문에 *괴기 영화 등 특별한 경우가 아니면 쓰이지 않으며 다양하게 이용하기도 어렵다.

앞에서 살펴본 것처럼 사진은 빛의 방향에 따라 그 분위기와 효과가 판이하게 달라진다. 그러나 중요한 것은 이에 관한 지식을 습득하는 것이 아니라 빛을 적절하게 이용할 줄 아는 능력을 지니는 것이다. 어떤 광선이 어떤 성격을 가지고 어떤 효과를 나타내느냐를 아는 것보다 그들 광선을 자기 목적에 맞게 사용하는 일이 더 중요하다는 것이다. 이때 광선을 목적에 맞게 사용한다는 것은 빛을 창의적으로 이용할 수 있다는 뜻을 포함한다. 따라서 사진작가가 되려면 사진의 재질인 빛을 정복해야 한다. 빛을 효과적으로 다루지 못하면 피사체 역시 다룰 수 없고 성공적인 사진도 찍을 수 없다.

- **피사체**: 사진을 찍는 대상이 되는 물체.
- **고스트 이미지(ghost image)**: 렌즈에 직사광이 비치어 피사체 주변에 만들어지는 조리개 모양의 얼룩무늬를 일컫는 말.
- **괴기**: 괴상하고 기이함.

01 윗글에 대한 설명으로 가장 적절한 것은?

① 사진 촬영 기법의 변화 양상을 통시적 방식으로 서술하였다.
② 사진 촬영의 다양한 기법들을 하나의 기준에 따라 분류하였다.
③ 사진에 대한 기존의 관점을 반박하며 그 개념을 새롭게 규정하였다.
④ 사진에 대한 정의를 바탕으로 현대 사회에서의 사진의 의의를 설명하였다.
⑤ 사진 촬영 기법에 대한 서로 다른 견해들을 제시하고 절충 방안을 모색하였다.

02 윗글의 내용과 일치하지 않는 것은?

① 사진작가가 빛에 대해 잘 모르면 자신의 의도를 드러내기 어렵다.
② 같은 피사체라도 빛에 따라서 완전히 다른 모습으로 바뀔 수 있다.
③ 정오 무렵보다는 그 전후에 찍은 사진이 더 자연스러운 느낌을 준다.
④ 창조적인 작품을 제작하려면 정면광과 측면광을 적절히 활용해야 한다.
⑤ 자연계의 빛으로는 부자연스럽거나 공포적인 분위기를 조성하기 어렵다.

03 ⓐ와 ⓑ에 대한 이해로 적절하지 않은 것은?

① ⓐ는 정보 전달력이 뛰어나 다큐멘터리 사진에 활용된다.
② ⓐ에 비해 ⓑ는 분위기를 묘사하거나 인물의 심리 표현하는 데에 효과적이다.
③ ⓑ에 비해 ⓐ는 평범하고 무미건조하여 사진의 깊이가 떨어진다.
④ ⓑ에 비해 ⓐ는 색채와 질감을 자연스럽게 재현하여 입체적인 느낌을 준다.
⑤ ⓑ는 배경과 피사체를 분리해 피사체를 부각할 수 있어서 창조적인 사진에 활용된다.

물먹는 문제

04 윗글을 참고하여 〈보기〉를 감상한 내용으로 가장 적절한 것은?

┤ 보기 ├

① 머리 위에서 내리쬐는 직하광으로 인해 짙은 그림자가 만들어져 부자연스러운 느낌을
  주는군.
② 광원이 피사체 뒤쪽에 있기 때문에 사물의 윤곽이 돋보여 아름답고 극적인 사진이 되
  고 있군.
③ 촬영자가 빛을 등지고 있어 입체감은 떨어지지만 사물의 전반적인 형태와 자연성을 살
  리고 있군.
④ 인공광에 의한 조명을 이용하여 괴기 영화를 보는 것 같은 불쾌감과 공포감을 불러일
  으키고 있군.
⑤ 피사체의 좌우 측면에서 빛이 들어오게 하여 피사체를 부각하고 분위기를 효과적으로
  묘사하고 있군.

스피드 지문 복습

주제

☐의 방향에 따른 다양한 사진 촬영 기법

문단별 중심 내용

1문단 사진의 개념과 사진에서의 ☐의 중요성
2문단 ☐☐☐을 이용하는 사진 촬영의 기법
3문단 ☐☐☐과 ☐☐☐을 이용하는 사진 촬영의 기법
4문단 ☐☐☐과 ☐☐☐을 이용하는 사진 촬영의 기법
5문단 빛을 적절히 이용할 줄 아는 ☐☐의 중요성

[01-05] 다음 글을 읽고 물음에 답하시오.

글자 수 2500~2600자

어휘 수준 ★★★★☆

권장 시간 7분 30초

나의 시간 -------------------------

지문 키워드

#조명 #산란 #역제곱 법칙

㉠동일한 인물을 찍은 사진이라도 스튜디오마다 결과가 다른 이유는 무엇일까? 그 이유는 조명 때문이다. 조명은 사진가의 독창성을 드러내는 척도라고 할 만큼 사진의 구성에서 흥미진진하며 중요한 분야이다. 조명을 제대로 이해하기 위해서는 빛의 질과 방향, °콘트라스트, 비균질성, °색온도 등을 먼저 이해해야 한다.

빛의 질을 가장 잘 판단할 수 있는 방법은 그림자를 살펴보는 것이다. 딱딱한 빛의 그림자는 진하고 선명하게, 부드러운 빛의 그림자는 희미하고 엷게 만들어진다. 빛의 질은 광원의 크기와 광원과 피사체 사이의 거리에 따라 달라진다. 가장 딱딱한 빛은 작고 직접적인 광원으로부터 나온다. 즉 꼬마전구, 작은 플래시, 손전등, 성냥불, 태양이나 달 등의 직사광선이 그것이다. 이런 광원들은 그 강도나 색에서 많은 차이가 있지만 직접 조명으로 사용하면 다 선명한 그림자를 만들어 낸다. 부드러운 빛은 크고 산란된 광원에서 나온다. °서리유리나 흐린 하늘이 그 좋은 예이다. 또 램프나 플래시를 커다란 무광의 흰 반사판에 반사시키거나 형광등 다발도 빛을 부드럽게 할 수 있는 방법이다. 어떤 딱딱한 광원도 그 앞에 °트레이싱 페이퍼 같은 산란성 있는 재료를 대면 빛을 부드럽게 만들 수 있다. 빛을 무광의 반사판, 즉 흰색 카드나 안쪽이 흰 우산, 혹은 주변의 천장이나 벽에 반사시키는 것으로도 비슷한 효과를 얻을 수 있다.

빛의 방향은 피사체나 주변 사물의 그림자가 어디로 떨어지느냐를 보고 판별할 수 있다. 빛의 방향은 사물의 질감과 형태에 영향을 준다. 우리는 빛이 머리 위에서 내려올 때 이를 자연스럽게 받아들인다. 이와 달리, 조명을 아래에서 위로 비춘다면 드라마틱하고 섬뜩한 느낌이나, 심지어 무서운 분위기가 만들어진다. 카메라 부근에서 정면으로 °조사된 조명은 그림자가 거의 없고 표면의 질감이 부족하여 입체감이 없다. 유광의 표면은 평면적으로 보이고, 그 표면에서 반사된 빛이 카메라 렌즈로 되돌아온다. 이는 카메라에 장착된 플래시를 통해 생기는 효과와 동일하다. 상부나 측면으로부터 조사되는 조명은 피사체가 카메라 쪽으로 향하고 있는 부분의 질감을 강조하고 입체감을 살려 준다. 후면으로부터의 백라이팅은 굵은 가장자리 선을 만들고 피사체를 강하게 보이게 한다. 그러나 피사체의 디테일은 그림자에 묻히고 평편하게 보인다. 조명의 방향을 조절해서 사진을 찍을 때에는 부드럽거나 딱딱한 조명을 다 사용할 수 있으나 딱딱한 조명이 보다 짙은 그림자와 뚜렷한 이미지를 만들어 낸다.

조명의 콘트라스트는 피사체의 가장 밝은 부분과 가장 어두운 부분의 밝기 차이의 비율로 나타낸다. 필름은 사람의 눈이 식별하는 것처럼 광범위한 밝기 차이를 모두 담아낼 수 없다. 즉 사람의 육안으로는 관찰할 수 있지만 사진의 경우 밝은 부분을 기준으로 노출을 했을 때 어두운 부분은 거의 형체가 없이 검게 나타난다. 반대로 그늘 부분을 기준으로 노출을 하게 되면 밝은 부분이 날아가 버린다. 이러한 현상은 딱딱한 측면 조명이나 상부 조명일 때 심해진다. 이 때문에 어두운 부분의 디테일을 살리기 위해 반대 방향에서 보조적인 조명을 사용하는 경우가 있다. 그러나 이것이 또 다른 그림자를 만들어 내므로 피사체를 부자연스럽고 기이한 형태로 보이게 할 수 있다. 이럴 때에는 그림자 부분에 무광의 반사판을 사용하면 된다. 조명에서 발산되는 빛의 일부가 반사판에 반사되어 그늘 부분을 부드럽고 자연스럽게 만들어 준다. 이를 섀도 필링이라고 한다. 비교적 피사체가 작거나 인물 사진인 경우 흰색 카드나 신문지, 천, 혹은 근처의 밝은 벽을 반사판 대용으로 쓸 수 있다. ⓒ태양의 직사광선을 받는 큰 피사체의 경우 이러한 효과를 얻기 위해서는 하늘의 구름이 빛의 일부를 반사하거나 태양광이 산란되기를 기다려야 한다. 비교적 근거리의 피사체의 경우 플래시를 보조광으로 사용할 수 있다. 이때 조명을 되도록이면 산란시키는 것이 좋고 주광원의 조명 효과를 압도하지 않도록 주의해야 한다.

스포트라이트나 플래시와 같은 딱딱한 조명을 너무 가까운 거리에서 쓸 때 종종 비균질성이 문제가 된다. 피사체와 광원 사이의 거리를 두 배로 늘리면 피사체에 대한 조명도는 거리의 제곱에 반비례하여 줄어든다. 이것을 ⓒ역제곱 법칙이라고 한다. 역으로, 1제곱미터 넓이의 정사각형 방석을 촬영할 때 1미터 떨어진 거리에 조명을 설치하면 조명에서 가장 가까운 부분은 가장 먼 부분보다 4배 더 강한 빛을 받게 된다. 이렇게 균형이 맞지 않는 조명 차를 극복하려면 조명을 더 멀리 떼어 놓기만 해도 된다. 이 외에도 산란 재료를 조명 앞에 대거나 피사체에서 반사율이 높은 부분은 광원에서 멀리 놓고, 반사율이 낮은 부분은 광원에 가까이 놓는 방법도 있다.

사진에 사용되는 대부분의 백색광은 여러 가지 색이 혼합된 것이다. 빛은 연속적인 스펙트럼으로 구성되어 있으며 대부분의 빛은 색온도를 지닌다. 색온도를 나타내는 켈빈도[K]가 높을수록 빛은 청색을 띠며, 켈빈도가 낮을수록 빛은 적색을 띤다. 촛불은 1900K, 가정용 백열등은 2800K, 스튜디오용 텅스텐램프는 3200K, 정오의 주광은 5500K, 플래시나 주광색 형광등은 11000~18000K 정도의 색온도를 가지고 있다.

• **콘트라스트**: 회화에서, 어떤 요소의 특질을 강조하기 위하여 그와 상반되는 형태·색채·톤을 나란히 배치하는 일.
• **색온도**: 발광체의 온도를 나타내는 방법의 하나. 또는 그런 수치. 직접 측정하기가 불가능한 아주 높은 온도의 물체나 별 따위의 온도를 그 빛깔에서 추정하여 측정할 때 쓴다.
• **서리유리**: 한 면을 서리가 낀 것처럼 만든 젖빛이 나는 반투명 유리.
• **트레이싱 페이퍼**: 도면, 그림 따위를 투사하는 데 쓰는 반투명의 얇은 종이.
• **조사되다**: 광선이나 방사선 따위가 쬐어지다.

01 윗글의 내용에 대한 이해로 적절하지 않은 것은?

① 조명의 위치가 바뀌면 사진의 느낌도 달라지겠군.
② 사진을 찍을 때, 어떤 조명을 사용하느냐에 따라 사진이 띠는 색이 다르겠군.
③ 산란성 있는 재료를 광원 앞에 대면 어떤 광원이든지 더욱 부드럽게 만들 수 있겠군.
④ 자기 그릇 사진을 찍을 때에 정면에서 플래시로 조명을 비추어 주면 자기 그릇의 입체감을 살릴 수 있겠군.
⑤ 손목시계 사진을 찍을 때 유리 부분은 광원과 멀리 두고, 가죽끈 부분은 광원에 가까이 놓으면 균형이 맞지 않는 조명 차를 극복할 수 있겠군.

02 윗글을 읽고 ㉠에 대해 추론한 내용으로 적절한 것은?

① 딱딱한 측면 조명을 사용하여 찍은 사진에서는 밝은 부분뿐만 아니라 그늘진 부분까지 디테일이 살아있겠군.

② 주 조명과 반대 방향으로 보조적인 조명을 비추어 찍은 사진은 인물의 모습이 훨씬 더 자연스럽게 느껴지겠군.

③ 조명을 위에서 아래로 비추어 찍은 사진에서는 인물의 가장자리 선이 굵게 드러나고 인물이 강하게 보이겠군.

④ 크고 간접적인 광원에서 나오는 빛을 사용하여 찍은 사진에서는 눈과 코 주위의 그림자가 선명하게 나타났겠군.

⑤ 일정한 거리에서 플래시를 사용하여 사진을 찍더라도 산란 재료를 덧대어서 찍으면 조명의 균형이 맞아 보이겠군.

불타는 문제

03 〈보기〉는 윗글을 바탕으로 ㉡을 촬영하기 위한 기법을 설명한 것이다. ⓐ~ⓔ 중에서 적절하지 **않은** 것은?

┤ 보기 ├

　㉡의 예로 빌딩을 촬영한다고 가정해 보자. 햇빛이 빌딩에 도달할 때까지 대기를 뚫고 지나가는 거리는 해가 비추는 각도에 따라 달라진다. 대낮에는 햇빛이 대기층의 두께와 ⓐ<u>유사한</u> 거리를 지나 빌딩에 도착한다. 그런데 대기권의 수직 두께를 100km라 가정하고 지구 반지름의 길이(6371km)를 고려해 °피타고라스의 정리에 따라 계산하면 지평선에 걸쳐 있는 태양의 빛이 대기권 안으로 지나치는 거리는 ⓑ<u>1100km 이상</u>이 된다. 광원인 해와 빌딩 사이에 거리가 멀어지면 빛의 밝기에 영향을 미칠 뿐 아니라 빌딩에 비치는 빛의 비균질성을 ⓒ<u>줄여 준다</u>. 빛이 공기 속의 분자와 많이 만날수록 빛이 산란 또는 흡수될 가능성이 ⓓ<u>적어진다</u>. 그러므로 빌딩을 촬영하기 위해서는 ⓔ<u>일출 때나 일몰 때</u> 촬영하는 것이 좋다.

● **피타고라스의 정리**: (높이)² = (빗변)² − (밑변)²

① ⓐ　　　　② ⓑ　　　　③ ⓒ　　　　④ ⓓ　　　　⑤ ⓔ

04 ㉢에 대한 이해로 적절하지 **않은** 것은?

① 광원과의 거리가 두 배로 늘어나면 조명도는 1/4로 줄어든다.

② 피사체의 조명도를 높이려면 광원과의 거리를 줄이든지 광원의 밝기를 높여야 한다.

③ 하나의 피사체 안에서는 광원과의 거리와 무관하게 조명도의 차이가 발생하지 않는다.

④ 피사체 A보다 피사체 B가 광원에서 세 배 멀리 떨어져 있을 때, B는 A보다 조명도가 1/9로 줄어든다.

⑤ 피사체가 광원에서 이미 멀리 떨어져 있고 여기서 다시 멀어지는 경우 조명도는 급격하게 떨어지지 않는다.

05 윗글의 내용을 바탕으로 〈보기〉를 이해한 것으로 적절하지 <u>않은</u> 것은?

┤ 보기 ├

테니스공 사진을 찍기 위해 스튜디오 안에 ㉮처럼 조명을 설치하여 사진을 찍은 후 ㉯처럼 조명과 테니스공 사이에 트레이싱 페이퍼를 놓고 사진을 찍어 보았다.

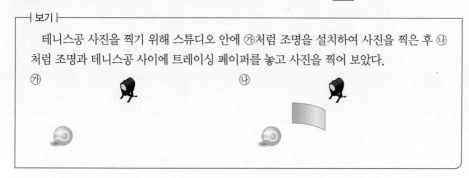

① ㉮처럼 사진을 찍으면 테니스공에 짙고 선명한 그림자가 생기겠군.

② ㉯에서 사용한 트레이싱 페이퍼는 빛을 산란시키는 역할을 하겠군.

③ ㉯처럼 찍은 사진은 ㉮처럼 찍은 사진에 비해 그림자가 희미하고 엷어졌겠군.

④ ㉮에서 균형이 맞지 않는 조명 차를 극복하기 위해서는 테니스공과 조명 사이의 거리를 줄여야겠군.

⑤ 야외에서 촬영하면서 ㉯처럼 찍은 사진과 유사한 효과를 얻으려면 엷은 구름이 햇빛의 일부를 가렸을 때 찍는 게 좋겠군.

스피드 지문 복습

주제

사진 ☐☐의 특성과 원리

문단별 중심 내용

1문단 사진에서 ☐☐의 중요성과 조명 이해에 필요한 요소

2문단 조명 방법에 따라 달라지는 빛의 ☐

3문단 빛의 ☐☐에 따라 달라지는 사진의 ☐☐과 ☐☐☐

4문단 ☐☐☐☐☐의 특성을 고려한 조명 방법

5문단 ☐☐☐☐의 특성과 ☐☐☐ 법칙

6문단 빛이 지닌 ☐☐☐와 그 특성

PART 2

실전 감각을 기르는
세미 모의고사

[01-05] 다음 글을 읽고 물음에 답하시오.

사진은 기계로 만들어진 이미지라는 이유로 한때 사람들에게 예술로 받아들여지지 않았다. 사진은 예술 작품에 숨겨져 있는 의미나 작가의 의도를 찾는 것을 중시하는 사람들의 기준에는 전혀 ⓐ맞지 않았던 것이다. 그러나 사진이 어떤 특별함을 지니고 있다는 것이 논의되면서 사진은 예술로서의 지위를 ⓑ얻게 되었다. 그렇다면 사진이 지닌 그 특별함이란 무엇일까? 이 특별함에 대해 처음으로 설명한 사람은 발터 베냐민(Walter Benjamin)이었다. 그가 ⓞ사진의 특별함으로 제시한 것은 인간의 눈으로는 볼 수 없는 현실의 모습이다. 사진은 주관을 배제하고 대상을 있는 그대로 재현하기 때문에, 보고 싶은 대로 보고자 하는 인간의 눈이 미처 볼 수 없었던 세상의 모습을 보여 준다는 것이다.

베냐민은 사진이 예술 작품이며 따라서 예술 작품의 기준 자체는 바뀔 수밖에 없다고 주장하였다. 그는 사진 같은 복제 기술이 등장한 이후 예술 작품에서 발생한 가장 큰 변화는 아우라의 소멸이라고 보았다. 그에 따르면, 아우라는 '공간과 시간으로 짜인 특이한 직물로서, 아무리 가까이 있더라도 멀리 떨어져 있는 어떤 것의 일회적인 현상'이다. 이러한 아우라의 소멸은 사진처럼 원본과 구별되지 않는 이미지를 대량으로 복제함으로써 하나라는 희소성이 주는 원본의 신비감이 없어진 것을 말한다. 과거에 예술 작품은 작가의 의도에 따라 다른 어떤 것으로도 대체할 수 없는 고유한 가치를 지닌 유일한 것이었기에 숭배의 대상이 되는 종교적 '제의 가치'를 지녔는데, 아우라의 소멸은 예술 작품에서 신비감이 없어짐으로써 제의 가치가 없어진 것을 의미한다.

예술 작품에서 아우라가 붕괴된 것은 베냐민에게 긍정적인 현상이었다. 전통적으로 예술 체험은 마치 종교적 체험처럼 엄숙한 것으로 ⓒ여겨졌다. 그는 이것이 일종의 허구이며 이데올로기라고 보았다. 그가 아우라의 붕괴를 긍정적인 현상으로 본 이유는 그것이 예술의 이데올로기적 기능의 파괴를 의미하기 때문이다. 그에 따르면 아우라가 붕괴된 예술 작품 안에 남겨진 것은 쇼윈도에 진열되어 있는 상품들처럼 오감을 충족시켜 주는 표면적인 것들에 불과하다. 그는 이러한 표면적인 것들을 예술 작품의 감각적인 표면적 가치, 즉 ⓛ'전시 가치'라고 ⓓ불렀다. 사진 같은 예술 작품은 더 이상 제의 가치를 지니지 못하고 전시 가치를 지니게 되었다는 것이다.

사진처럼 전시 가치를 지닌 예술 작품과 관련하여 베냐민은 '개선 능력'도 주목했다. 개선 능력은 변형 가능성을 의미한다. 과거의 예술 작품은 개선 능력을 지니는 것이 불가능했으며 가능하더라도 제한적이었다. 이와 달리 사진은 얼마든지 변형이 가능하다. 가령 한 인물이 어깨가 처진 채 의자에 앉아 있는 모습을 찍었다고 할 때, 그 모습은 일하는 장면과 결합되어 고단함에 지친 모습으로 쓰일 수도 있고 계획한 대로 일이 되지 않아 낙담하는 모습으로 쓰일 수도 있다. 이는 예술 작품이 예술가의 완벽한 이념과 두뇌 활동의 산물이라는 전통적인 예술관을 뒤흔들 만한 것이었다. 이러한 변형 가능성은, 의도란 처음부터 작품에 초월적으로 내재하는 것이 아니라 부재하는 것임을 나타낸다. 만약 그것이 존재한다면 단지 매 순간, 지금 여기서 ⓔ만들어질 뿐이다.

개선 능력은 진리에 대한 베냐민의 생각과 맞닿아 있다. 그는 진리란 총체적인 모습으로 표현될 수 있는 것이 아니라고 보았다. 만약 진리가 존재한다면 매우 단편적이고 순간적인 모습으로 드러날 수밖에 없을 것이다. 단편적인 파편은 변형 가능하며 그러한 점에서 무한한 상상의 조합이 가능하다. 이러한 그의 통찰은 오늘날 디지털 사진 합성에도 시사하는 바가 있다. 오늘날 디지털 사진 합성과 관련하여 근본적인 문제로 다뤄지고 있는 것은 그 결과가 현실적인가 아닌가의 문제가 아니라 개선 능력의 문제이다. 그가 의도한 것은 아니겠지만 그의 견해는 미래 사회에서 당면하게 될 문제에 대한 사고의 단초를 제공하고 있는 것이다.

01 윗글을 읽고 알 수 있는 내용으로 적절한 것은?

① 사람들은 사진의 도입 초기부터 사진에 담긴 작가의 의도에 주목했다.
② 베냐민은 사진과 같은 복제 기술의 등장이 예술의 개념에 변화를 초래했다고 보았다.
③ 베냐민에 따르면 예술 작품의 아우라는 한번 형성되면 지속적으로 유지되는 현상을 의미한다.
④ '개선 능력'에 관한 베냐민의 입장은 예술 작품을 예술가의 완벽한 산물로 보는 관점을 뒷받침한다.
⑤ 오늘날의 디지털 합성 사진은 베냐민이 제기한 예술 작품의 '개선 능력'을 부정하는 사례에 해당한다.

02 베냐민의 관점에서 ㉠을 이해할 때 가장 적절한 것은?

① 사진은 기계에 의해 만들어져 고정된 의미를 나타내는 이미지이다.
② 사진은 어떤 의도도 개입되어 있지 않은 현실 그대로의 모습을 보여 준다.
③ 사진은 작가가 형상화한 의미를 찾는 것이 수월한 예술 갈래이다.
④ 사진은 인간의 눈을 가리고 있는 선입견의 실상을 구체적으로 보여 준다.
⑤ 사진은 어떤 예술 갈래보다도 가공된 현실의 모습을 효과적으로 나타낸다.

03 윗글을 바탕으로 〈보기〉에 대해 보인 반응으로 적절하지 <u>않은</u> 것은?

┤보기├

베냐민은 외젠 아제(Eugène Atget)의 사진에 주목했다. 아제는 주로 프랑스 파리의 사람 없는 빈 골목을 촬영했다. 그의 사진은 대도시의 전혀 가공되지 않은 공간을 있는 그대로 보여 준다. 그런데 그의 사진에 드러난 대도시의 공간은 어떤 질서나 혼란을 넘어선 공허함을 드러내며 초현실적인 분위기를 띠고 있다. 이러한 아제의 사진은 대도시에 대한 베냐민의 관점에 부합하는 것이었기 때문에 베냐민은 아제의 사진이 대도시의 본질을 잘 보여 준다고 생각했다. 왜냐하면 베냐민에게 대도시란 과거의 전통과 의미를 파편화시켜 파국으로 몰고 가지만 동시에 그러한 의미를 파편으로 남겨 둠으로써 무한한 상상의 조합을 가능하게 하는 곳이었기 때문이다.

① 베냐민은 대도시의 골목을 찍은 아제의 작품은 변형이 가능하다고 생각했겠군.
② 베냐민은 아제의 사진에서 느껴지는 초현실적인 분위기가 주관을 배제하는 사진의 특성에서 기인한다고 여겼겠군.
③ 베냐민은 복제 기술이 등장하기 이전의 예술 작품들이 지녔던 아우라가 소멸된 사례에 아제의 사진이 해당한다고 보았겠군.
④ 베냐민은 아제의 사진이 나타내는 공허함이 아제의 사진에서만 볼 수 있는 특성으로 감상자들에게 독특한 경험을 제공한다고 생각했겠군.
⑤ 베냐민은 아제의 사진에 담긴 파리의 사람 없는 빈 골목은 대도시의 한 파편으로 볼 수 있으므로 무한한 상상의 조합이 가능하다고 여겼겠군.

04 ⓛ에 대한 설명으로 적절하지 <u>않은</u> 것은?

① '제의 가치'와 대립적 성격을 지니고 있다.
② 예술의 이데올로기적 기능이 파괴되었음을 나타낸다.
③ 감상자의 여러 감각을 통해 인식할 수 있는 속성을 지니고 있다.
④ 순간적인 모습으로 드러나는 진리를 총체적으로 인식할 수 있게 해 준다.
⑤ 대량으로 복제되어 원본과 구별되지 않는 특성을 지닌 작품들에서 드러난다.

05 ⓐ~ⓔ와 바꾸어 쓸 수 있는 말로 적절하지 <u>않은</u> 것은?

① ⓐ: 부합하지
② ⓑ: 획득하게
③ ⓒ: 간주되었다
④ ⓓ: 명명했다
⑤ ⓔ: 제작될

[06-11] 다음 글을 읽고 물음에 답하시오.

인간의 윤리가 파괴되고 사회의 질서가 전면적으로 붕괴되어 가던 전국 시대 말기, 사회의 혼란을 극복하기 위해 고뇌하고 그 것을 바탕으로 사상을 정립한 철학자가 있다. 그가 바로 순자이다. 순자는 이전의 철학 사상을 비판하면서 치밀한 논증을 통해 자신의 철학적 주장을 제시했다. 그는 인간과 자연의 관계에서 인간의 적극적이고 실천적인 의지를 중시하는 ㉠인간 본위의 자연관을 제시하고 인간의 본성을 개조해야 한다고 주장함으로써 전통적인 자연관과 인간관을 전면적으로 부정하고 자연과 인간을 바라보는 새로운 관점을 제시하였다.

순자가 활동했던 전국 시대 말기에도 많은 수의 사상가들이 인간과 자연은 불가분의 관계를 맺고 있으며 인간의 행위에 따라 자연계에도 그에 호응하는 변화가 일어난다는 신비주의적 자연관을 인정하고 있었다. 그러나 순자는 이러한 자연관이 자연을 감성적 차원에서 바라보는 것이기 때문에 현실 문제의 해결에 도움이 되지 않는다고 보고, 자연을 이용하고 제압하는 인간의 적극적인 노력이 필요하다고 주장했다. 이러한 주장은 하늘로 대표되는 자연을 물리적이고 기계적인 대상으로 ⓐ규정함으로써 인간 세상의 길흉화복이 하늘에 의해서 결정된다는 운명론적 사고를 깨뜨리는 데 일조했을 뿐만 아니라 인간의 주체적인 능력을 높이 평가함으로써 인본주의적 사고의 기틀을 확립하는 데 크게 기여하였다.

[A]
순자는 신비주의적 자연관뿐만 아니라 형이상학적 인간관도 비판하고 개개인의 자발적 노력에 막연히 의지하는 주관적 수양론을 ⓑ배격하였다. 그는 인간의 본성이 본래 선하다는 맹자의 입장에 대한 비판적 입장을 바탕으로 인간의 본성과 관련하여 '인간은 나면서부터 이익을 좋아한다.'라는 명제를 제시하였다. 그에 따르면 이러한 인간의 본성을 적절하게 통제하고 조절하지 못하거나 그런 상태를 그대로 ⓒ방치하는 것은 사회적 차원의 악이다. 이러한 입장은 인간이 자신의 본성대로 행동했을 때 사회적으로 어떤 결과를 야기하느냐를 기준으로 삼아 악을 규정한 것으로 욕망을 추구하는 동일한 행위가 사회적인 조건이나 환경에 따라 악이 될 수도 있고 악이 아닌 것이 될 수도 있다는 것이다. 그는 인간의 본성이 사회적으로 악하게 될 가능성이 크다고 보았고, 그에 따라 사회 구성원들의 행위를 구체적으로 통제할 수 있는 제도화된 사회 규범인 예로써 적절히 통제하고 인위적인 노력을 해야 인간의 본성이 개조되어 사회적 선을 실현할 수 있다고 주장했다.

순자는 인간이 사회적 존재라는 점에 주목하여 인간 사회를 유지시켜 주는 것이 상하의 신분 질서이고 그런 신분 질서를 유지하는 데 절대적으로 필요한 것이 예라고 보았다. 그 때문에 그는 예를 기준으로 한 가변적이며 차등적인 질서를 인정하였는데, 비록 왕공이나 사대부의 자손들이라도 예의를 지키지 못하면 서인으로 ⓓ강등시키고 비록 서인의 자손이라고 할지라도 예의를 지킬 줄 알면 경상이나 사대부로 승격시켜야 한다고 주장했다. 이러한 주장은 그가 혼란스러운 사회 질서를 바로잡고 사회적 선을 ⓔ실현하기 위한 방편으로 예를 매우 중시했음을 나타낸다.

순자는 사회적 선의 실현을 위한 요건으로 사회 구성원의 분업적인 역할도 중시했다. 그는 인간 사회의 안정적 유지를 해치는 일체의 행위를 부도덕한 것으로 규정짓고 그런 행위를 방지하기 위해서는 사회의 모든 구성원들이 자신에게 주어진 직분에 충실해야 한다며 분업적인 역할을 강조했다. 순자는 이 같은 분업적 질서를 유지하기 위해서는 강력한 사회적 통제가 필요하다고 강조했다. 분업적 질서는 생산을 위한 가장 효율적인 구조라고 강조하면서 그것을 유지하기 위한 사회적 장치가 예라는 문화적 행위라고 주장하였다. 이러한 순자의 주장은 전국 시대 말기의 혼란스러운 사회의 문제를 해결하기 위해 필요한 구체적인 방안으로서의 성격을 지니고 있는 것이다. 이것은 그가 현실에 대한 치열한 고민을 바탕으로 자신의 사상을 정립했음을 보여 준다.

06 윗글에 대한 이해로 적절하지 않은 것은?

① 순자는 사회의 안정적 질서를 해치는 일체의 행위를 부도덕한 것이라고 평가했다.
② 순자는 사회의 분업적 질서가 유지되어야 생산이 효율적으로 이루어진다고 강조했다.
③ 순자는 사회 질서를 안정시키고 사회적 선을 실현하기 위한 요건으로 예를 제시했다.
④ 순자는 인간의 본성에 따른 행동이 사회적으로 초래하는 결과에 주목해 악을 규정했다.
⑤ 순자는 개개인의 신분이 견고하게 유지되어야 예가 사회 규범으로 제 기능을 수행할 수 있다고 보았다.

07 윗글의 서술 방식으로 가장 적절한 것은?

① 순자가 활동했던 당대 사회 현실과의 관련성을 바탕으로 순자가 제시한 철학적 주장의 내용을 설명하고 있다.
② 순자의 철학적 주장과 관련 있는 여러 입장을 제시하며 해당 내용들과의 공통점과 차이점을 비교하고 있다.
③ 순자가 제시한 철학 개념들을 언급하고 그 개념을 바탕으로 순자의 철학적 주장이 지닌 현대적 의의를 분석하고 있다.
④ 순자의 철학적 주장이 성립하는 데 영향을 미친 요인들을 밝히며 순자의 철학적 주장이 변화한 과정을 제시하고 있다.
⑤ 순자가 비판의 대상으로 삼은 철학적 주장의 문제점을 살피고 이에 대한 대안으로서 순자의 주장이 지닌 장단점을 규명하고 있다.

08 〈보기〉의 ㄱ~ㄹ 중에서 순자의 견해에 부합하는 것을 모두 골라 바르게 짝지은 것은?

┤ 보기 ├

ㄱ. 구부러진 나무는 반드시 도지개를 대고 불에 쬐어 바로잡아야 곧게 되고, 무딘 칼은 숫돌로 갈아야 날카로워진다. 사람을 바로잡는 것도 이와 같다.
ㄴ. 쑥이 삼밭에서 자라나게 되면 받쳐 주지 않아도 저절로 곧게 자라게 되고, 깨끗한 모래도 진흙탕 속에 놓이게 되면 물들이지 않아도 저절로 더러워진다.
ㄷ. 사람이 자신에게 있는 본성을 확충시킬 줄 알면 세상을 잘 보존할 수 있을 것이요, 만약 이것을 확충시키지 못한다면 부모도 제대로 섬기지 못할 것이다.
ㄹ. 직분의 차별이 없게 되면 국가의 재용이 부족해지고, 주어진 권력이 가지런하면 통치가 이루어지지 않고 백성들이 차별 없이 가지런하면 부릴 수 없게 된다.

① ㄱ, ㄷ 　② ㄴ, ㄹ 　③ ㄱ, ㄴ, ㄹ
④ ㄱ, ㄷ, ㄹ 　⑤ ㄴ, ㄷ, ㄹ

09 ㉠에 대한 설명으로 적절하지 <u>않은</u> 것은?

① 인간의 행위에 대해 자연이 호응한다는 관점을 부정한다.
② 인간이 주체적인 능력을 가지고 있다는 사실을 주장의 전제로 삼는다.
③ 자연의 움직임을 주관하는 존재를 상정하고 그 능력을 절대시한다.
④ 자연을 인간이 자신들의 이익을 위해 이용할 수 있는 대상으로 여긴다.
⑤ 인간의 운명이 하늘에 의해 결정된다는 운명론적 사고를 극복하기 위한 관점을 제시한다.

10 [A]에 제시된 '순자'의 입장에 대한 비판적 의문으로 가장 적절한 것은?

① 인간 개개인의 자율성을 무시하고 타율에만 의존하여 본성을 개조하려 하면 근본적인 개선을 이루기 어렵지 않을까?
② 인간의 본성을 적절하게 통제하고 조절하지 못한 책임은 사회에 있는 것이므로 개인에게 그 책임을 물을 수 없지 않을까?
③ 인간이 태어날 때부터 이익을 좋아하는 존재라면 그러한 인간의 이기적인 속성을 제어할 수 있는 규범이 필요하지 않을까?
④ 신비주의적 자연관을 비판한 관점은 인간의 역할을 강조하므로 본성에 관한 맹자의 입장을 비판한 근거로는 부적절하지 않을까?
⑤ 인간의 본성은 그대로 두면 악으로 흐를 가능성이 크므로 개개인이 본성을 개조하려면 의식적으로 노력해야 하지 않을까?

11 ⓐ~ⓔ의 사전적 의미로 적절하지 <u>않은</u> 것은?

① ⓐ: 규칙이나 규정에 의하여 일정한 한도를 정하거나 정한 한도를 넘지 못하게 막음.
② ⓑ: 어떤 사상, 의견, 물건 따위를 물리침.
③ ⓒ: 내버려 둠.
④ ⓓ: 등급이나 계급 따위가 낮아짐. 또는 등급이나 계급 따위를 낮춤.
⑤ ⓔ: 꿈, 기대 따위를 실제로 이룸.

[12-15] 다음 글을 읽고 물음에 답하시오.

사회 운동은 흔히 집단적으로 모여 일정한 목표를 달성하기 위해 노력하는 행동을 일컫는다. 그리고 사회학에서는 사회 운동을 사회의 주요 부분을 변화시키거나 변화에 저항하는 상당수 사람들의 조직화된 노력이라고 말한다. 권위주의 사회에서 사회 운동은 민주주의 등장과 사회 변동의 원인이 되기도 했는데, 민주주의의 사회에서는 적극적인 민주주의에 필요한 기본 요소의 기능을 하고 있다. 사회 운동은 목적적·조직적 행동을 가리키는 반면, 집단 행동은 무차별적·혼돈적 행동을 가리킨다는 점에서 폭동, 유행의 추종, 대중적인 망상 등의 집단행동과 구별된다.

1960년대에 이르러 사회 운동은 노동 운동 중심으로 이루어졌던 이전과 달리 다양한 양상을 띠게 되었는데, 이를 「신사회 운동」이라고 한다. 신사회 운동은 1960년대에 서구의 전통적 노동 운동이 보수화, 개량화되었다는 주장과 함께 대두되었다. 신사회 운동이 등장하기 이전의 사회 운동은 계급과 같은 집단을 강조한 반면, 신사회 운동은 개인을 강조하는 경향이 강하다. 집단의 계급적 이익은 주로 물질적 이익에 관한 것인 반면, 개인적 이익은 다양한 탈물질적 요구를 포함한다. 신사회 운동에서는 집단에 의해 가려지고 제한되었던 개인의 다양하고 복잡한 이익이 추구되는 것이다. 여기에서 개인적 이익은 물질적 욕구뿐 아니라 개인의 삶의 영역에서 추구하고 싶은 정신적 욕구까지 포함한다.

신사회 운동의 발생은 탈산업 사회의 특징과 관련이 있다. 탈산업 사회와 관련지어 신사회 운동에 대해 논한 학자로 독일의 사회학자 ㉠위르겐 하버마스(Jurgen Habermas)가 있다. 그는 사회가 의사소통적 합리성에 의해 조정되고 규범적으로 통합되는 개인의 '생활 세계'와 합리적 목적성에 주도되고 화폐와 권력에 의해 이루어지는 '체계'로 구성된다고 보았다. 생활 세계와 체계는 각각 분리되어 있으면서 서로 영향을 주고받는다. 그에 따르면, 산업화 이후 국가에 의한 복지가 강화되고 확대되자 체계가 비대해지고 복잡해져 결국 체계가 생활 세계를 침범하게 된다. 그리하여 의사소통의 합리성이 합리적 목적성에 압도되어 일상생활의 영역이 파괴되고, 체계의 비대화가 지식 생산의 제도화를 초래하고 그것으로부터 대중이 배제되면서 문화적 빈곤 상태로 전락하게 된다. 이와 같이 체계가 생활 세계를 침범하는 현상을 하버마스는 '생활 세계의 식민화'라고 정의했다. 이러한 관점에서 그는 신사회 운동을 '탈산업 사회의 산물'이라 지적하고 '개인적 생활 세계를 침범하는 경향에 대한 저항'이라고 보았다.

미국의 정치학자 ㉡로널드 잉글하트(Ronald Inglehart)는 탈산업 사회에서 사회적 동력은 더 이상 물적 자본이 아니며 지식과 기술이라는 문화 자본으로 이동했다고 보았다. 이와 관련하여 그는 유·무형의 재화를 생산하는 서비스 산업이 제조업보다 비중이 커지고 있는 사실을 제시했다. 후기 자본주의 사회로 진입하면서 물질적 풍요가 확대되고 문화 자본이 등장해 사회적 동력이 되었다. 이러한 변화로 산업 사회에서는 물질적 욕구가 대표적 욕구였으나, 탈산업 사회에서는 환경, 인권, 삶의 질 등 탈물질주의적 가치에 대한 욕구가 증가하고 있다. 이러한 탈물질적 욕구는 기성 정당과 선거를 통해서도 해결되지 않기 때문에 신사회 운동을 발생시킨다.

시민 사회 내에서 다양하게 펼쳐지는 운동들로 파악되는 신사회 운동은 기존의 제도와 법률의 체계로는 보장을 받지 못하는 탈물질적인 가치들을 방어하고 활성화하고자 한다. 이는 기존의 제도와 법률 체계로는 자유, 정의, 연대와 같은 가치를 가족, 일터, 대인 관계에서 구체적으로 실현하기 어렵다고 판단하기 때문이다. 신사회 운동은 교육 수준이 높은 중간층이 주요 세력으로 이끌어 나가고 있으며 평등한 네트워크와 의사소통을 중요시한다. 그리고 신사회 운동은 개별 집단에 자율성과 자발성을 부여함으로써 특수한 집단이나 제도가 특권화되는 것을 방지하고 직접 민주주의의 토대를 확장하는 방향으로 나아가고 있다. 따라서 신사회 운동의 사회적 행위자들은 정당을 결성해 의회로 진출하는 것과 같은 전통적이고 직접적인 정치적 행위보다는 기존의 가치와 정체성에 도전하는 행위를 통해 사회 변동을 일으키려고 한다.

12 윗글의 내용과 일치하는 것은?

① 사회 운동은 민주주의의 태동과 사회 변동의 결과로 시작되었다.
② 사회 운동은 무차별적으로 이루어진다는 점에서 집단 행동과 구별된다.
③ 교육 수준이 높은 중간층이 신사회 운동의 주요 세력으로 해당 운동을 주도하고 있다.
④ 사회 운동에서 추구되었던 계급적 이익은 다양한 탈물질적 요구를 포함하고 있다.
⑤ 탈산업 사회에서는 제조업이 유·무형의 재화를 생산하는 서비스 산업보다 큰 비중을 유지하고 있다.

13 '신사회 운동'에 대한 설명으로 적절하지 않은 것은?

① 1960년대에 전통적인 노동 운동에 대한 비판이 대두되면서 등장했다.
② 직접 민주주의의 토대를 넓히는 데 기여하는 방향으로 전개되고 있다.
③ 개인을 강조하는 경향이 강하다는 점에서 산업 사회의 사회 운동과 구별된다.
④ 기존의 제도와 법률 체계로 보장을 받지 못하는 가치의 활성화를 목적으로 발생할 수 있다.
⑤ 선거를 통해 의회에 진출하는 행위로써 사회 발전을 이루려고 하는 경향을 나타낸다.

14 윗글을 바탕으로 〈보기〉에 대해 이해한 내용으로 적절하지 <u>않은</u> 것은?

┤ 보기 ├

　독일에서는 각 지역에서 '시민 주도 운동'이 활발하게 이루어지고 있다. 시민들은 자기 지역에서 생활하면서 당면하는 여러 문제를 해결하기 위한 사회 운동을 전개해 나가고 있다. 환경, 교육, 복지 등 당면한 문제들에 차이가 있어 지역별로 문제 해결을 위한 노력을 하고 있는 것이다. 가령 지역 주민의 복지를 위해 조세를 많이 거두는 지역의 경우 복지 혜택 수준을 낮추지 않으면서 조세를 낮추어 생활에 대한 만족도를 높이기 위한 운동을 하는 것이다. 각 지역의 '시민 주도 운동' 조직은 서로 연계되어 네트워크를 유지하고 있는데, 개별적으로 분절되어 있어 권한이 어느 한 조직에 집중되어 있지 않다. 이는 비공식적인 조직 방식을 통해 조직 내부의 민주주의를 강조하는 경향에서 비롯된 것이다.

① 각 지역의 조직이 개별적으로 분절되어 있는 것은 개별 집단에 자율성과 자발성을 부여함으로써 나타난 결과라고 할 수 있겠군.
② 각 지역의 '시민 주도 운동' 조직이 연계되어 있는 네트워크는 지역별 조직 간에 평등한 의사소통이 이루어지는 매개 역할을 할 수 있겠군.
③ 지역별로 당면해 있는 문제들이 각기 차이가 있는 것은 의사소통의 합리성이 합리적 목적성의 가치를 침해하는 양상이 다르기 때문이라고 할 수 있겠군.
④ 비공식적인 조직 방식을 통해 조직 내부의 민주주의를 강조하는 것은 특수한 집단이 특권화되는 것을 방지하려는 운동 방향과 관련이 있다고 할 수 있겠군.
⑤ 조세를 낮추어 생활에 대한 만족도를 높이려 한다는 것은 물질적 욕구뿐만이 아니라 정신적 욕구의 충족도 사회 운동의 목적이 됨을 보여 준다고 할 수 있겠군.

15 ㉠, ㉡에 대한 설명으로 적절한 것은?

① ㉠은 산업 사회에서 서로 분리되어 있던 생활 세계와 체계가 탈산업 사회에서 통합된 것을 중시한다.
② ㉡은 물적 자본이 문화 자본에 미치는 영향이 산업 사회보다 탈산업 사회에서 더욱 커지고 있다고 본다.
③ ㉠은 생활 세계의 식민화에 대한 저항으로, ㉡은 문화 자본의 권력화에 대한 저항으로 사회 운동이 강화되고 있다고 지적한다.
④ 탈산업 사회에서 ㉠은 국가가 대중의 문화적 빈곤 상태를, ㉡은 국가가 문화 자본으로부터 소외된 상태를 우선적으로 해결해야 한다고 주장한다.
⑤ ㉠, ㉡은 모두 산업 사회에서 탈산업 사회로 변화하면서 여러 사회 운동이 다양한 양상으로 이루어지게 되었음을 인정한다.

세미 모의고사 2회

[01-06] 다음 글을 읽고 물음에 답하시오.

지식인이란 누구인가. 지식인은 사전적으로 일정한 수준의 지식과 교양을 갖춘 사람, 어떤 사물이나 사건에 대해서 명료하게 인식해 깨달음을 얻은 사람으로 정의된다. 그러나 이러한 사전적 의미만으로는 지식인에 대해 제대로 이야기할 수 없다. 지식인이라면 어떤 행동을 실천해야 하는지를 논하고 그것을 기준으로 삼아야만 우리는 지식인에 대해 판단할 수 있다.

카를 만하임은 지식인을 어떠한 집단에도 매이지 않고 자유롭게 떠도는, 사회적 ⑦지위를 지닌 사람이라고 정의했다. 만하임이 지식인을 ㉠자유 부동하는 인간이라고 규정한 것은 지식인이 사회의 모든 갈등에서 중재자의 역할을 맡는 존재라는 점을 부각하기 위해서였다. 여기서 중재란 단순히 갈등을 봉합한다는 의미가 아니라 특정 집단에 속하지 않고 자유롭게 사고한다는 의미이다. 그러므로 무계급성은 지식인이 되기 위한 선결 조건이다. 왜냐하면 사회 구조와 사회 변화 과정에 대한 포괄적인 안목을 지닌 사람이 지식인이라고 한다면, 지식인은 사회의 총체적인 면을 정확하게 파악할 수 있는 능력을 지니고 있으며 이를 위해 누구의 간섭에서도 벗어나 있는 존재여야 하기 때문이다.

한편, 사르트르는 지식인을 자신과 무관한 일에 쓸데없이 참견하는 사람, 억압당하는 자의 편에 설 수밖에 없는 사람이라고 정의하였다. 그에게 지식인이란 자신의 전문 연구 분야에서 얻은 진리를 사회 전체로 확장하는, 즉 ㉡보편화하는 인간이다. 이때 그가 지향하는 보편성은 지배 계층과 그 자신이 속한 계급의 특수주의를 벗어나는 성향을 띤다. 그리하여 지식인은 자기 내부와 사회 속에, 그리고 진실에 대한 탐구와 지배자의 이데올로기 사이에 갈등이 존재하고 있다는 것을 깨닫게 된다. 지식인은 그 고유의 모순에 대항하여 자신과 모든 인간을 위해 그 모순을 초극해야 한다. 그래서 지식인은 대중에게서 영원히 되풀이되어 나타나는 이데올로기와 싸움으로써 그것이 낳는 사회의 불평등을 폭로하고, 지배 계급에 의해 주어진 자본으로서의 지식을 성찰하여 민중 문화를 고양하는 수단으로 사용해야 한다. 또한 사회적 혜택을 받지 못한 계층 안에서 실용 지식 전문가를 ⓐ길러 낼 수 있도록 도와야 하며, 진리의 보편성, 사상의 자유를 되찾아 인간의 미래를 전망해야 한다. 또한 인간이 궁극적으로 성취해야 할 목표를 제시하고 모든 권력에 대항해 대중이 추구하는 역사적 목표의 수호자가 되어야 한다.

한편, 프랑스의 사회학자 부르디외는 정치적 개입을 지식인의 의무로 간주한다. 그가 보기에 지식인은 보편적 가치가 침해당하는 상황에서 이를 수호하기 위해 정치적 장에 개입해야 한다. 지식인의 정치적 참여 때문에 예술과 학문의 자율성이 침해당한다고 보는 이들도 있지만 지식인들은 학문적 자율성을 유지하며 정치적 장에 개입할 수 있다. 부르디외는 이러한 지식인들을 ㉢자율적 인간이라는 말로 표현하면서 지식인은 우선 외부 권력으로부터 완전히 독립된 자율적인 지식인의 장을 확보하는 데 주력해야 한다고 강조한다. 이러한 생각은 만하임의 지식인 개념과 유사해 보이지만 부르디외는 만하임과 달리 지식인을 특정 계층으로 본다. 지식인은 사회 전체에서는 지배 계층일 수 있지만 지배 계층 내에서는 피지배 계층이다. 즉 지식인은 문화적 자산을 소유했다는 점에서 지배 계층에 속하지만 정치적, 경제적 지배를 받고 있다는 것이다. 그래서 부르디외는 지식인은 피지배 계층으로서 외부의 여러 세력으로부터 자율성을 지켜 내고 정치적 목소리를 낼 수 있어야 한다고 말한다.

만하임, 사르트르, 부르디외 이외에도 많은 학자들이 지식인에 대한 다양한 철학적 논의를 펼쳐 왔다. 지식인은 어떻게 행동해야 하는지에 대한 다양한 견해나 비판은 우리 사회에도 광범위하게 퍼져 있다. 이는 이성적 판단력과 실천력을 지닌 사람, 역사와 사회의 변혁 과정에 힘을 보태는 실천적 지식인에 대한 우리 사회의 기대와 관련이 있다. 지식인은 누구인가. 이 담론은 지식인의 존재 이유와 지식인에 대한 성찰을 이끌어 내는 중요한 담론이 아닐 수 없다.

01 윗글의 논지 전개 방식으로 가장 적절한 것은?

① 중심 화제의 개념을 정의하고 세부 유형을 다양하게 소개하고 있다.
② 중심 화제에 대한 상반되는 두 이론을 제시하고 절충 방안을 모색하고 있다.
③ 중심 화제에 대한 서로 다른 관점들을 제시하고 논의의 가치를 설명하고 있다.
④ 중심 화제에 대한 개념을 새롭게 규정하고 그 타당성을 사례를 통해 입증하고 있다.
⑤ 중심 화제에 대한 논의가 등장한 배경을 설명하고 논의의 변화 과정을 서술하고 있다.

02 윗글의 내용에 부합하지 <u>않는</u> 것은?

① 지식과 교양을 갖추었다고 해서 모두 다 지식인이라고 말할 수는 없다.
② 어떤 사람의 행동 양상을 파악해야 그 사람이 지식인인지 아닌지를 판단할 수 있다.
③ 지식인에 관한 다양한 견해나 비판은 지식인에 대한 우리 사회의 기대를 반영한 것이다.
④ 지식인은 사회의 현실적 기대나 요구로부터 벗어나 자유롭고 순수한 가치를 추구해야 한다.
⑤ 이성적 판단력과 월등한 지식을 바탕으로 실천적 행동을 하는 사람은 지식인이라고 부를 수 있다.

03 ㉠~㉢에 대한 설명으로 적절하지 <u>않은</u> 것은?

① ㉠은 사회에 대한 포괄적인 안목을 지니고 있다.
② ㉡은 지식을 민중 문화를 고양하는 수단으로 사용한다.
③ ㉢은 보편적 가치 수호를 위해 정치적 활동에 참여한다.
④ ㉠과 ㉢은 외부 권력이나 간섭으로부터 벗어나 있는 존재이다.
⑤ ㉡과 ㉢은 정치적 활동을 통해 침해당한 학문적 자유를 회복하고자 한다.

04 윗글에 나타난 '지식인'과 '계급'에 대한 논의를 적절하게 진술한 것은?

① 만하임은 지식인은 계급적으로 우월한 위치를 점하게 된다고 본다.
② 만하임은 계급과 관련된 사회 갈등을 나서서 봉합하는 일이 지식인의 본질이라고 본다.
③ 사르트르는 지식인은 계급을 지니지 않기 때문에 권력에 대항할 수 있는 것이라고 본다.
④ 사르트르는 지식인의 지식은 지배 계급에 의해 주어진 것이기 때문에 성찰이 필요하다고 본다.
⑤ 부르디외는 지식인은 지배 계층 내에 위치한 피지배 계층이기 때문에 심리적 모순을 극복할 수 없다고 본다.

05 문맥상 ⓐ와 바꿔 쓰기에 가장 적절한 것은?

① 성장(成長)할
② 양성(養成)할
③ 연마(研磨)할
④ 함양(涵養)할
⑤ 훈육(訓育)할

06 윗글을 바탕으로 〈보기〉를 이해한 내용으로 적절하지 않은 것은?

┌─ 보기 ┐

1894년 9월, 프랑스 정보국은 독일 대사관에서 빼낸 편지를 통해 프랑스의 군사 정보가 독일로 새어 나간다는 것을 확인하였다. 이 일로 프랑스의 장교인 드레퓌스가 문제의 편지와 필체가 유사하다는 이유로 간첩 혐의를 받아 체포되었다. 당시 프랑스 전역에는 반유대주의가 퍼져 있었기 때문에 유대인이었던 드레퓌스는 종신형 판결을 받았다. 1896년, 피카르 중령은 드레퓌스 관련 서류를 살펴본 후 진짜 범인이 에스테라지 소령임을 파악하고 자신의 조직을 수호해야 하는지 진실을 밝혀야 하는지 고민하다가 진실을 폭로했다. 그러나 당시 군대는 이를 인정하지 않고 자신들의 판단이 옳았다는 것을 증명하려고 하였다. 이를 지켜본 에밀 졸라는 1898년 「나는 고발한다」라는 글을 발표해 드레퓌스를 옹호하였고 이후 세계 도처에서 졸라를 지지하고 프랑스를 비판하는 문인들의 글이 발표되었다.

└────────────┘

① 만하임은 드레퓌스에게 종신형 판결을 내린 사람들에 대해, 외부적 상황에 영향을 받아 사건을 정확하게 파악하지 못하였으므로 지식인이 아니라고 말하겠군.

② 만하임은 드레퓌스에 대해, 되풀이되어 일어나는 사회의 불평등을 폭로하고 역사적 목표를 재건하는 계기를 마련하게 하였으므로 지식인으로 인정할 수 있다고 말하겠군.

③ 사르트르는 피카르에 대해, 자기가 속한 집단과 진실 사이에서의 갈등을 극복하고 사건의 범인을 밝혀냈으므로 지식인으로 인정할 수 있다고 말하겠군.

④ 사르트르는 에밀 졸라에 대해, 자신과 무관한 사건에 관계하여 약자라고 할 수 있는 드레퓌스를 돕고자 하였으므로 지식인으로 인정할 수 있다고 말하겠군.

⑤ 부르디외는 에밀 졸라에 대해, 지식이라는 문화적 자산을 활용하여 보편적 가치를 수호하기 위한 목소리를 냈으므로 지식인으로 인정할 수 있다고 말하겠군.

[07~11] 다음 글을 읽고 물음에 답하시오.

안전 보장이란 외부로부터의 무력 공격이나 침략에 대항하여 자국의 안위를 보장하는 것을 의미한다. 종래의 안전 보장은 세력의 균형을 유지하거나 군사 동맹을 ⓐ체결하는 등 자국의 안위를 보장하는 개별적 방식이었으나, 제1차 세계 대전에서 승리한 연합국을 중심으로 결성된 국제 연맹을 통해 ㉠국제 사회 전체의 입장에서 국제 평화와 안전을 도모하는 집단적 안전 보장 체제가 도입되었다.

집단적 안전 보장은 국제 사회 또는 일정한 국가가 상호 간에 불가침을 약속하고, 특정 국가가 이 약속을 위반하여 무력을 행사할 경우 공동으로 위법적인 무력의 행사를 방지, 억지함으로써 평화의 유지와 회복을 ⓑ도모하고 상호 간에 안전을 보장하는 체제이다. 제2차 세계 대전 후 탄생한 국제 연합(UN)은 국제 사회의 평화와 법질서를 유지하기 위해 집단적 안전 보장 체제를 더욱 강화시켰다.

UN이 ㉡집단적 안전 보장에 관한 조치를 취할 경우 안전 보장 이사회가 '평화에 대한 위협', '평화의 파괴' 및 '침략 행위'의 존재를 인정하여야 한다. 그러나 이에 대한 구체적인 정의나 인정 기준이 명시되어 있지 않기 때문에 안전 보장 이사회가 사안별로 평화에 대한 위협 여부를 임의적으로 판단하고 있다. UN은 안전 보장 이사회의 결정에 따라 강제 조치나 권고 조치, 잠정 조치 중 어느 하나의 조치를 취한다.

안전 보장 이사회는 사태의 성질에 따라 처음부터 군사적 강제 조치를 임의로 결정할 수 있다. 이러한 조치에는 UN 회원국의 육해공군에 의한 군사 행동이 포함되는데, 이를 위한 병력의 편성과 운용에 관한 원칙은 UN 헌장에서 ⓒ규정하고 있다. 강제 조치에 관한 안전 보장 이사회의 결정은 법적 구속력이 있으므로 회원국은 이에 따라야 할 의무를 지닌다. 안전 보장 이사회는 비군사적 강제 조치를 내릴 수도 있는데, 비군사적 강제 조치는 경제와 철도, 항해, 항공, 우편, 전신 등 교통 및 통신 관계의 전부나 일부를 중단하고 외교 관계를 단절하는 것을 말한다. 이러한 비군사적 강제 조치는 군사적 강제 조치와 마찬가지로 국가의 정치, 사회, 경제, 외교 등에 관해서 타국이 그 의사에 반하여 간섭하지 않는다는 국내 관할 사항 불간섭의 원칙을 적용받지 않는다.

안전 보장 이사회는 평화의 유지 및 회복을 위한 권고 조치를 내릴 수도 있다. 평화에 대한 위협이나 평화의 파괴 행위 등을 평화적으로 조정하기 위한 내용을 권고하는 것이다. 이때 군사 조치를 포함하여 잠정 조치를 권고할 수도 있다. 잠정 조치는 침략 행위의 존재를 사전에 인정할 필요가 없으며 단순히 사태 악화를 방지하기 위해 실시하는 것으로, 병력의 철수 및 이동, 비무장 지대의 설정 등이 잠정 조치에 포함된다. 안전 보장 이사회는 잠정 조치의 내용을 정하고 당사국에 이를 요청하는데, 여기서 요청이란 당사국에게 법적 의무를 ⓓ부과하는 것은 아니다. 하지만 이러한 요청에 따르지 않는 경우 안전 보장 이사회는 이에 대한 적절한 고려를 통해 사태를 판단하므로 이는 권고 이상의 의미가 있다고 볼 수 있다.

그러나 현실적으로 UN 헌장상의 집단적 안전 보장 체제는 한계를 가지고 있다. 안전 보장 이사회가 군사적 조치를 결정할 경우 UN 자체에 군사력이 없기에 회원국의 군사적 동원이 있어야 하는데, 현재는 회원국이 제공하여야 할 병력의 수와 종류를 미리 정해 두는 특별 협정이 강대국 간의 이견으로 인해 체결되어 있지 않은 상태이다. 또한 안전 보장 이사회의 상임 이사국들이 거부권을 ⓔ남용하여 만장일치의 동의를 얻을 수 없게 됨으로 인해 집단적 안전 보장 기능이 마비되는 경우도 있다. 비군사적 강제 조치의 경우에도 이를 행하는 회원국의 희생이나 부담이 수반되며, 특히 그 대상이 강대국일 경우에는 국가 간의 대립을 격화시키고 국제 긴장을 확대할 우려가 있다.

07 윗글을 통해 확인할 수 있는 것은?

① 안전 보장 이사회에 가입하기 위한 국가적 요건
② 안전 보장 이사회의 상임 이사국을 결정하는 방식
③ 집단적 안전 보장 체제 도입의 계기가 된 역사적 사건
④ 안전 보장 이사회의 강제 조치에 대한 국제 사회의 여론
⑤ 집단적 안전 보장 체제가 개별 국가의 주권과 충돌할 수밖에 없는 이유

08 〈보기〉를 참고하여 ㉠의 이유를 추론한 내용으로 가장 적절한 것은?

> ┤ 보기 ├
>
> 어느 한 국가가 자국의 안보 유지를 위해 군비를 확장하고 동맹을 강화하자 이 국가와 접경해 있는 국가 역시 군비를 확장하고 반대 동맹의 결속을 강화하였다. 이 때문에 국제 사회는 세계 대전을 치르게 되었다.

① 개별 국가는 동맹을 통해 결속된 집단에 대항할 군사력을 가지지 못하기 때문이다.
② 전쟁의 위험으로부터 국민의 안전을 보장할 수 없는 수준의 군사력을 가진 국가들이 많기 때문이다.
③ 국제 사회에서는 여러 국가의 이해관계가 복잡하게 얽혀 있어 자국의 안전을 확신할 수 없기 때문이다.
④ 개별 국가가 자국의 안전 보장을 위해 행하는 조치가 국제 사회의 위험 요인을 가중시킬 수 있기 때문이다.
⑤ 개별 국가가 군사력을 강화하더라도 강대국의 위력으로 인해 국제 사회에서 이를 제대로 발휘하기 어렵기 때문이다.

09 ㉡에 대한 설명으로 적절하지 않은 것은?

① 안전 보장 이사회의 결정에 따라 이루어진다.
② 사태 악화를 방지하기 위한 조치를 포함하고 있다.
③ 회원국의 병력 동원 의무를 수반하기 때문에 효력을 가진다.
④ 강제 조치의 경우 회원국은 이를 따라야 할 법적 의무를 지닌다.
⑤ 안전 보장 이사회가 평화에 대한 위협 여부를 인정한 다음 이루어진다.

10 윗글을 바탕으로 〈보기〉를 이해한 내용으로 적절하지 않은 것은?

┤ 보기 ├

안전 보장 이사회가 A 국가가 핵 실험을 진행한 것을 규탄하고 회원국과 A 국가와의 경제적 교류를 제한하는 조치를 내리기로 결정하였다.

① A 국가에 행해진 조치는 비군사적 강제 조치로, UN의 모든 회원국은 이 조치에 따라 A 국가와 경제적 교류를 하지 않게 되겠군.

② A 국가에 대한 제재 조치가 결정되었다는 것은 안전 보장 이사회의 상임 이사국 모두가 이 조치에 대해 찬성하였다는 것이겠군.

③ 안전 보장 이사회의 조치에 따라 A 국가와 경제적 교류를 할 수 없게 되면 경제적 손해를 감수해야 하는 국가가 발생할 수 있겠군.

④ 안전 보장 이사회가 A 국가와의 경제적 교류를 제한하는 조치를 내렸다면 A 국가 내부의 경제 제도나 정책에 대해서 간섭할 수 있겠군.

⑤ 향후에 A 국가와 같이 핵 실험을 진행한 국가가 있다면 안전 보장 이사회는 이 국가에 A 국가에 내린 조치와 똑같은 조치를 내리면 되겠군.

11 ⓐ~ⓔ의 사전적 의미로 적절하지 않은 것은?

① ⓐ: 계약이나 조약 따위를 공식적으로 맺다.

② ⓑ: 어떤 일을 이루기 위하여 대책과 방법을 세우다.

③ ⓒ: 일을 확실하게 정하다.

④ ⓓ: 일정한 책임이나 일을 부담하여 맡게 하다.

⑤ ⓔ: 권리나 권한 따위를 본래의 목적이나 범위를 벗어나 함부로 행사하다.

[12-15] 다음 글을 읽고 물음에 답하시오.

미니멀리즘이라는 용어는 '최소한'을 뜻하는 단어 미니멀(minimal)에서 나왔다. 어원에서 짐작할 수 있듯이 미니멀리즘은 장식적인 기교를 최소화하고 단순하고 간결한 형식을 추구하는 예술을 의미한다. 미니멀리즘은 미술에 국한되지 않고 음악, 건축, 패션 등의 여러 영역에 확대되었고, 금욕주의를 추구하는 문화에까지 영향을 미쳤다.

미니멀 아트는 조직적인 그룹을 결성하거나 공통적인 선언 또는 프로그램을 발표하면서 시작된 운동이 아니었다. 따라서 최소한의 형식을 탐구하는 작가와 작품을 지칭하기 위해 여러 용어가 사용되었다. 초기에는 ABC 아트, 즉물주의로 불리기도 했고 1960년대에는 기본 구조로 명명되기도 했다. 그러다 리처드 볼하임이라는 비평가가 뒤샹, 말레비치, 라인하르트 등의 작품을 미니멀 아트로 지칭한 후 주관적이고 본능적인 감성을 드러내는 표현을 극도로 억제하고 최소한의 기본 요소만으로 형태를 감축한 예술 작품을 미니멀 아트로 부르게 되었으며, ㉠그 작품의 상당수는 3차원적인 조각 작품이다.

미니멀 아트는 동시대에 전개되었던 팝 아트와 밀접한 관련이 있다. 팝 아트와 미니멀 아트는 동시대의 사회적 현상, 체제, 생산 방식, 생산물을 총체적으로 반영하여 미술의 전통과 관습을 전복했다. 또한 사물과 미술의 경계를 모호하게 한 동시에 장르의 혼용을 시도했다. 미니멀 아트는 현대 산업 사회의 대량 생산 체제를 도입해서 조수를 고용하고 기계를 사용하여 제작했는데, 이것은 워홀을 비롯한 팝 아티스트들의 작업 방식과 같다. 저드, 플래빈 등의 미니멀리스트들과 워홀, 존스 등의 팝 아티스트들은 아이디어와 지시 사항을 조수에게 주고 제작 과정을 감독할 뿐이었다. 그들은 작가가 직접 만든다는 개념을 완전히 무너뜨리며 현대 산업 사회의 대량 생산 체제를 적나라하게 보여 주었다. 또한 일상의 사물을 닮은 작품을 만들고 관객 역시 일상의 경험으로서 예술을 접하기를 원했다.

그러나 팝 아트는 일상의 장면을 구상 형식으로 보여 주고, 미니멀 아트는 추상 형식을 추구한다. 특히 미니멀 아트는 극단적으로 형태를 감축시켜 사물로 환원했다는 점에서 차별화된다. 그래서 미니멀 아트에서는 벽돌, 나무 토막, 미술관의 흰색 벽면, 아무것도 칠하지 않은 캔버스나 종이도 미술이 될 수 있다. 그들은 전통적으로 미술과 전혀 관련 없는 것으로 인식되어 온 산업 재료인 함석, 스테인리스, 아연, 강철, 합판, 벽돌, 형광등 등의 재료로 추상적 구조를 만들었다. 미니멀리스트들은 특히 조각 작품을 많이 창작하는데, 이는 작가들이 조각을 추구했다기보다 사물의 본질을 외적 형식으로 탐구하고자 한 결과라고 할 수 있다. 이 때문에 미니멀 아트는 회화와 조각의 경계를 해체하고 모호하게 한 점이 있다.

미니멀 아트의 대표 작가인 저드는 회화도 조각도 아닌 3차원의 작품을 완성했다. 저드의 작품 대부분은 제목이 「무제」인데, 「무제」는 초록색, 빨간색, 황토색 등으로 색깔만 다를 뿐 속이 텅 빈 사각형 상자가 하나의 단위 요소로 벽 위에 수직으로 부착되는 것은 동일하다. 이때 단위 요소들이 반복적으로 구성되며 전체성을 이룬다. 반복적 구성, 즉 '하나 다음에 하나'를 놓는 비관계적 구성을 통해 통일성이 만들어진다고 보는 것이다. 저드는 오로지 추상적 통일성으로만 미술품의 존재 가치가 성립된다고 믿었다. 저드가 보여 준 하나하나의 단위 요소가 모여 이루는 전체성, 관람객의 위치에 따라 회화와 조각을 넘나드는 장르의 탈경계는 미니멀 아트의 공통적인 특징을 말해 준다.

13 윗글의 내용과 일치하는 것은?

① 미니멀 아트는 팝 아트의 영향을 받아 탄생하였다.
② 미니멀 아트는 기술 발전이 예술을 위협하고 있다고 여겼다.
③ 미니멀 아트는 대상의 형태를 극단적으로 감축시켜 표현한다.
④ 미니멀 아트는 예술을 대중이 이해하기 쉽도록 변화시키고자 하였다.
⑤ 미니멀 아트는 특정 지역을 근거지로 한 예술가들의 조직적 활동에 의해 일어났다.

12 윗글에 대한 설명으로 적절하지 않은 것은?

① 미니멀리즘의 어원과 함께 미니멀리즘의 개념을 제시하고 있다.
② 미니멀 아트에 사용하는 재료를 열거하면서 미니멀 아트의 특징을 설명하고 있다.
③ 미니멀 아트가 전통 미술에서 차용하고자 한 것과 극복하고자 한 것에 대해 설명하고 있다.
④ 미니멀 아트 작가들과 팝 아트 작가들을 언급하면서 미니멀 아트와 팝 아트의 공통점을 제시하고 있다.
⑤ 미니멀 아트를 가리키던 다양한 용어를 제시하면서 미니멀 아트라는 명칭이 생겨난 이유를 밝히고 있다.

14 ㉠의 이유로 가장 적절한 것은?

① 전통적 미술에서는 도외시하였던 예술 분야이기 때문이다.
② 산업 사회의 대량 생산 체제를 통해 제작이 훨씬 쉬워졌기 때문이다.
③ 장식적인 기교 없이도 대상이 지닌 아름다움을 표현해 낼 수 있기 때문이다.
④ 사물의 본질을 보여 주는 외적 형식을 나타내기에 적합하다고 보았기 때문이다.
⑤ 예술가의 의도나 정서 등을 배제한 채 대상의 특징을 객관적으로 묘사해 낼 수 있기 때문이다.

15 윗글을 바탕으로 〈보기〉를 이해한 내용으로 적절하지 않은 것은?

┤ 보기 ├

앤디 워홀은 자신의 작업실을 공장(factory)이라고 부르면서 수많은 조수들을 두고 그들과 함께 작업을 했다. 워홀의 작품 가운데 「브릴로 박스」는 비누 세제의 포장 상자와 외관상 동일하지만 워홀은 이를 종이에 인쇄한 것이 아니라 합판에 실크 스크린으로 무늬를 입혀 여러 개를 제작했다. 한편, 도널드 저드는 초창기에는 회화 작업을 주로 하다가 입체감을 드러낼 수 있는 작품의 창작에 매진하였다. 「무제」라는 제목의 일련의 작품들은 일상 속에서 접하는 계단과 유사하다. 저드는 이 작품을 통해 관람객이 계단의 단위 요소인 계단 한 칸 한 칸을 인식하는 것이 아니라 계단 전체를 하나로 받아들이도록 유도한다.

① 워홀은 일상 용품의 형태로 실제 예술 작품을 만들어 관객이 예술을 일상적 경험과 관련지을 수 있도록 한 것이군.

② 워홀은 합판이라는 산업 재료를 활용하여 반복성을 구현해 냄으로써 팝 아트에 미니멀 아트의 특징을 접목하였다고 할 수 있겠군.

③ 저드는 관람객의 위치에 따라 평면적인 회화로도, 입체적인 조각으로도 보이는 작품을 창작하여 장르의 경계를 허무는 시도를 했다고 할 수 있겠군.

④ 저드는 우리 주변의 어떤 것도 예술이 될 수 있다는 점을 보여 줌으로써 추상 형식을 구상 형식으로 나타낼 수 있음을 확인시켜 주었다고 할 수 있겠군.

⑤ 저드는 계단과 유사한 형태의 작품을 만들어 하나하나의 요소가 가지는 개별적 특성이 아니라 단위 요소가 만들어 내는 전체성에 주목하였다고 할 수 있겠군.

[01-05] 다음 글을 읽고 물음에 답하시오.

　로크는 추리를 비롯한 감각, 지각, 기억, 상상 등을 포함한 지성 작용의 모든 대상을 관념이라고 부른다. 이 관념들은 예외 없이 경험에서 비롯되며 경험 이전의 마음은 관념이 전혀 없는, 모든 특성을 결여한 백지와 같다. 이 관념들이 바로 지식의 재료가 되는데 이 중에서 가장 기본적인 단위가 되는 것이 단순 관념이다. 단순 관념이란 그 자체가 비복합적이며 그 안에 단일한 현상 또는 심적인 개념만을 갖는 것으로서 서로 다른 관념들로 나눌 수 없는 관념이다. 하나의 관념이 그 안에서 어떠한 변화나 분할도 지각되지 않을 때 단순 관념이 된다는 의미이다.

　로크는 단순 관념을 몇 가지 종류로 나눈다. 첫째가 감각 관념으로, 물리적 대상들이 지닌, 감각되는 성질들이 그것이다. 이 관념들은 신체의 감각을 통해 마음으로 전달된다. 둘째는 내성 관념으로, 이는 마음이 그 내부에서 이루어지는 작용들을 성찰함으로써 얻을 수 있는 것들이다. 지각, 사유, 의심, 믿음, 추리, 앎, 의도를 비롯한 마음의 여러 작용들이 여기에 해당한다. 감각과 내성은 경험의 양식이고, 우리가 경험으로부터 얻은 관념은 모두 이 두 가지 원천으로부터 나온다. 그런데 이 두 종류에 해당하지 않는 단순 관념들이 있는데, 로크는 이것을 계기 관념이라고 불렀다. 즐거움이나 기쁨, 고통과 불쾌함, 힘, 존재 등의 관념들이 그 예이다. 이 관념들은 감각과 내성이라는 두 가지 통로를 거쳐 마음으로 전달된 후 감각과 내성의 관념들과 결합되지만 어느 한 편에 귀속시키기는 어려운 것들이다. ⓐ우리가 원하거나 원치 않거나 감각의 대상들은 개별적인 관념들을 우리의 마음에 강요하며, 마음은 그러한 단순 관념을 거부하거나 변경 혹은 지우지 못한다.

　우리의 관념에는 단순 관념만 있는 것이 아니다. 감각과 내성을 통해 받아들이는 관념들 중 상당수는 두 가지 이상의 단순 관념들로 이루어져 있는데 로크는 이러한 관념을 복합 관념이라고 부른다. 이러한 복합 관념은 대상의 성질들에 대응하는 단순 관념들이 결합하여 생겨나기 때문에 우리의 마음은 이 과정에서도 수동적이라고 할 수 있다. 그러나 우리의 마음은 이미 존재하는 단순 관념이나 복합 관념들을 결합해서 새로운 복합 관념을 능동적으로 만들어 낼 수도 있다.

　마음이 관념들에 작용해 새로운 관념을 만들어 내는 방식에는 몇 가지가 있다. 첫째로, 여러 관념들을 하나로 묶는 것인데 로크는 이를 합성 또는 혼합의 작용이라고 부른다. 이 작용의 결과로 실체의 관념, 양태라는 복합 관념이 생겨난다. 로크에 따르면, 우리는 단순 관념들이 그 자체로만 존립할 수는 없다고 생각하기 때문에, 이 단순 관념들을 담고 있는 어떤 대상을 상정한다. 이 대상이 바로 우리가 말하는 ⓑ실체이다. 그리고 실체를 상정한 결과로 생기는 실체의 관념은, 존재한다고 여기는 성질들을 담은 미지의 담지자로서 상정하는 것이다. 즉, 로크는 실체의 관념이란 우리가 구성해 내는 것이라고 말하고 있는 것이다.

　둘째로, 로크는 우리의 마음은 추상 작용을 함으로써 추상 관념을 산출해 내는 것이라고 말한다. 추상 작용은 두 가지로 나뉘는데, 하나는 마음이 한 복합 관념에서 하나의 구성 요소를 골라내고 동류의 요소들은 배제하여 단순 관념을 산출하는 것이다. 다른 하나는 한 복합 관념에서 출발하되 여러 가지 요소들을 제거해 나가면서 새로운 복합 관념을 산출하는 것이다. 전자를 통해 산출되는 관념으로는 감각 성질에 대한 관념이 있고, 후자를 통해 산출되는 관념으로는 물리적 실체에 대한 복합 관념이 있다. 결국 로크는 우리가 지닌 관념이나 지식은 경험에서 비롯하는 것이지 본래부터 있었던 것은 아무 것도 없다고 말하고 있는 것이다.

01 윗글에 나타난 로크의 견해에 대한 이해로 적절하지 **않은** 것은?

① 인간의 지성 작용은 관념을 대상으로 한다.
② 인간의 마음은 추상 관념을 산출해 낼 수 있다.
③ 인간의 기억과 상상은 경험을 바탕으로 나온 것이다.
④ 인간의 마음은 내부에서 이루어지는 작용들을 성찰할 수 있다.
⑤ 인간의 감정은 신체의 감각에 의해 마음으로 전달되는 관념에 해당한다.

02 ㉠의 의미를 파악한 진술로 가장 적절한 것은?

① 마음은 단순 관념들을 완전히 수동적으로 받아들인다.
② 마음은 단순 관념과 복합 관념을 각각 분리하여 수용한다.
③ 마음은 감각을 받아들이는 신체적 작용과 무관하게 작용한다.
④ 마음은 단순 관념들을 온전히 받아들일 능력을 가지고 있지 않다.
⑤ 마음은 지각의 결과와 사유의 결과가 충돌할 때 사유의 결과를 우선한다.

03 ㉡과 관련된 설명으로 적절하지 않은 것은?

① 단순 관념들을 담고 있는 어떤 대상이다.
② 실제로 존재하는 것이 아니라 상정된 것이다.
③ 실체의 관념은 여러 관념들을 하나로 묶는 작용을 통해 만들어진다.
④ 실체의 관념은 직접적인 경험으로부터 도출하는 것이 아니다.
⑤ 실체의 관념 대부분은 감각과 내성이라는 두 가지 통로를 거쳐 전달되는 계기 관념이다.

04 윗글에 나타난 로크의 시각에서 〈보기〉를 이해한 내용으로 적절하지 않은 것은?

┌─ 보기 ┐

소녀가 창밖의 나무를 보고 있다. 창밖의 나무는 20대의 청년같이 늠름하고 보기 좋다. 무성한 초록색 이파리와 갈색빛의 굵다란 나무 기둥은 자신감이 넘쳐 보인다. 그러다 소녀는 그 나무가 용감한 영웅으로 변신해 악당을 물리치는 상상을 해 본다.

└──────────┘

① 소녀가 확인한 이파리와 기둥의 색깔은 신체의 감각을 통해 전달된 관념이라고 할 수 있겠군.
② 늠름하다는 것은 심적인 개념만을 갖는 것으로서 다른 관념들로 나눌 수 없는 관념이라고 할 수 있겠군.
③ 소녀가 나무를 보기 좋다고 여기는 것은 감각 관념과 내성 관념 가운데 어느 한쪽에도 귀속시키기 어려운 관념이라고 할 수 있겠군.
④ 소녀가 창밖의 나무가 영웅으로 변신을 하는 상상을 한 것은 마음이 새로운 복합 관념을 만들어 낼 수 있음을 보여 주는 것이라고 할 수 있겠군.
⑤ 소녀가 나무를 용감함과 연결 지은 것은 나무에 대한 다양한 관념 중에 비슷한 요소들을 배제하여 복합 관념을 산출해 낸 것이라고 할 수 있겠군.

05 윗글의 로크가 〈보기〉의 '본유주의자들'에게 제기할 수 있는 의문으로 가장 적절한 것은?

┤보기├

본유주의자들은 인간의 지성에 마치 각인된 것처럼 어떤 본유적(本有的)인 원리들이 들어 있다고 주장한다. 그들은 본유적 원리로 실천적 원리와 사변적 원리를 꼽는다. 가령 '부모는 자신의 자녀를 보호하고 소중히 키워야 한다.'라는 것은 실천적 원리에 해당하고, '어떤 것이 존재하면서 동시에 존재하지 않는다는 것은 불가능하다.'라는 것은 사변적 원리에 해당한다.

① 사변적 원리에 대해 이해할 수 있는 사람은 매우 적지 않은가?

② 과학적으로 존재를 증명할 수 없는 본유적 원리를 어떻게 인정할 수 있겠는가?

③ 우리가 실천적 원리나 사변적 원리를 체득할 수 있는 기회는 별로 없지 않은가?

④ 갓 태어난 아이가 실천적 원리나 사변적 원리를 알고 있는 것은 불가능하지 않은가?

⑤ 실천적 원리를 알고 있는 사람이라고 할지라도 그것을 반드시 실천하는 것은 아니지 않은가?

[06~10] 다음 글을 읽고 물음에 답하시오.

상법에 따르면 모든 종류의 회사는 원칙적으로 자유로이 다른 회사와 합병할 수 있다. 합병이란 둘 이상의 회사가 경제적으로뿐만 아니라 법적으로도 하나의 회사로 통합되는 가장 견고한 기업 결합 방식이다.

합병은 상법에서 정한 절차에 따라 이루어지는데, 합병에는 흡수 합병과 신설 합병이라는 두 가지 유형이 있다. 흡수 합병은 둘 이상의 회사 중에서 한 회사만 존속하고 나머지 회사는 소멸하여 존속 회사에 흡수되는 것이다. 이때 존속 회사가 소멸 회사의 권리와 의무를 포괄적으로 승계하고 소멸 회사의 주주들이 가진 지위는 존속 회사로 이전되는 방법의 합병이다. 신설 합병은 모든 회사가 소멸하고 이들이 새로운 회사를 설립하여 소멸 회사의 권리와 의무를 포괄적으로 승계하고 소멸 회사의 주주들이 지닌 지위를 수용하는 방법의 합병이다.

회사가 합병을 하는 이유는 다양하지만 그 근본적 이유는 시장을 독점하고 좀 더 많은 이윤을 확보하려는 경제적 목적에 있다. 다수의 회사가 존재하는 시장에서 합병이 이루어지고 이 때문에 회사의 수가 줄어들면 남은 회사들은 종전보다 더 많은 이윤을 얻게 될 수밖에 없다. 합병과 같은 경제적 목적을 가진 회사의 행위를 기업 결합이라고 하는데, 기업 결합에는 주식 취득, 영업 양도, 임원 겸임 등 다양한 유형이 있으며 그 대표적 유형이 바로 합병이다.

합병은 원칙적으로 자유롭게 이루어질 수 있는 것이지만 실제로 합병은 동일한 종류의 회사 간에 이루어지며, 주식회사 간에 이루어지는 것이 일반적이다. 합병을 하는 회사가 주식회사일 경우 존속 회사 또는 신설 회사가 주식회사일 경우가 많은데, 이때 주식회사가 법원의 인가를 받지 않으면 합병의 효력이 없다. 또한 금융 관계법에 따라 은행과 보험 회사 등은 합병을 하기 위해서 주무 관청의 인가를 받아야 한다. 독점 규제법에 따라 일정한 거래 분야에서는 경쟁을 실질적으로 제한하는 합병은 할 수 없도록 되어 있다. 자본 시장법에 따라 상장한 법인이 다른 법인과 합병을 하려는 경우에는 합병가액의 산정 방법을 정해 놓고 이를 적용하며, 일정한 외부 평가 기관의 평가를 받게 한다.

주식회사의 합병에서 합병 당사 회사는 상법에서 정한 사항을 기재한 합병 계약서를 작성하여 합병 계약을 체결해야 한다. 합병 계약서에는 존속하는 회사나 신설되는 회사의 자본금과 준비금의 총액, 합병 당시에 발행하는 주식의 총수와 종류, 합병의 승인 결의를 할 주주 총회의 기일, 합병을 할 날짜 등의 사항을 기재한다. 주식회사는 합병 계약서를 작성하여 합병 결의를 위한 주주 총회 기일의 2주 전부터 합병을 한 날 이후 6개월이 경과하는 날까지 본점에 이를 비치하여야 한다. 주주 및 회사 채권자는 영업 시간 내에는 언제든지 합병 계약서 열람을 청구할 수 있다.

합병은 이사회의 합병 결의로 시작되지만, 합병을 위해서는 ㉠주주 총회의 승인 결의가 있어야 한다. 합병 당사 회사는 주주 총회의 특별 결의로써 합병 계약서를 승인하여야 하므로, 합병 계약서의 승인을 위한 주주 총회 기일을 소집 통지서와 공고문에 기재하여 주주에게 알려야 한다. 합병 결의에 대해 반대하는 주주가 있다면 이 주주는 주주 총회 전에 회사에 서면으로 그 결의에 반대하는 의사를 통보하고 주주 총회의 결의일로부터 20일 이내에 자신이 소유한 주식의 종류와 수를 기재하여 해당 서류를 회사에 제출함으로써 ㉡자기가 소유하고 있는 주식의 매수를 회사에 청구할 수 있다.

합병의 효력은 존속 회사의 본점 소재지에 변경 등기를 한 때 또는 신설 회사의 본점 소재지에 설립 등기를 한 때에 발생한다. 그러나 법으로 정해 놓은 합병 절차를 거치지 않은 경우에는 합병의 효력이 인정되지 않는다. 합병 제한 규정을 위반하거나 합병 계약서의 기재 요건에 흠결이 있는 경우, 합병 결의에 하자가 있거나 합병 비율이 불공정한 경우 등은 합병이 무효화된다. 하지만 합병은 회사라는 단체의 행위이고 수많은 이해 관계자가 관련되어 있기 때문에 모든 이해 관계자에게 개별적인 무효 주장을 허용하면 합병이라는 단체법적 관계에 불안을 초래할 수 있다. 따라서 상법에서는 합병이라는 단체법적 법률 관계의 획일적 확정을 위해서 소를 통해서만 승패를 ⓐ다툴 수 있도록 하고 있다.

06 윗글을 통해 답할 수 있는 질문이 <u>아닌</u> 것은?

① 합병의 효력은 언제부터 발생하는가?
② 기업 결합의 유형에는 어떤 것들이 있는가?
③ 합병의 효력이 인정되는 않는 경우는 어떤 경우인가?
④ 회사를 합병하기 위해 필요한 최소한의 자본금은 얼마인가?
⑤ 금융 기관이 합병을 하기 위해서는 어디에서 인가를 받아야 하는가?

07 ㉠, ㉡의 공통적 이유로 가장 적절한 것은?

① 합병의 이해 관계자인 주주를 보호하기 위해
② 절차적 복잡성을 더해 합병을 어렵게 하기 위해
③ 이사회의 독단적 결정에 따른 합병을 막기 위해
④ 주식을 매수함으로써 회사가 자본금을 회수하도록 하기 위해
⑤ 규모가 큰 회사가 규모가 작은 회사를 흡수하는 것을 제한하기 위해

08 다음은 회사를 신설 합병하기 위한 준비 사항을 메모한 것이다. 그 내용이 적절하지 <u>않은</u> 것은?

• 이사회의 합병 결의가 있은 후에 합병 계약서를 작성함.
• 합병 계약서에 신설 회사의 자본금과 준비금의 총액, 합병 당시 발행하는 주식의 총수와 종류 등을 기재하도록 함. ·················· ①
• 합병의 승인 결의를 할 주주 총회 기일을 기재하여 주주에게 소집 통지를 함. ·················· ②
• 주주 총회 기일의 2주 전부터 합병 계약서를 회사의 본점에 비치하도록 함.·················· ③
• 주주 총회에서 합병 계약서를 승인한 직후 소멸 회사의 주식을 매도하고 새로운 주식을 발행함.········· ④
• 신설 회사에 대한 법원의 인가를 받고 신설 회사의 본점 소재지에 설립 등기를 함. ·················· ⑤

09 윗글을 바탕으로 〈보기〉를 이해한 내용이 적절하지 **않은** 것은?

┤ 보기 ├

A 사와 B 사가 인수 합병을 결의하였다. A 사는 국내 할인점 운영 가맹점으로, 외국계 할인점 운영 가맹점 B 사를 8,250억 원에 인수함으로써 점포의 수가 76개에서 95개가 되어 국내의 할인점 운영 가맹점 업계 1위로 도약하게 된다. A 사의 사장 김○○ 씨는 "B 사를 별도 법인으로 남겨 자회사 형태로 운영하고 고용을 100% 승계하는 한편, 급여와 복리 후생 제도를 A 사 수준으로 맞춰 갈 것"이라고 밝혔다.

① A 사는 존속 회사가 되고 B 사는 흡수 회사가 되어 흡수 합병이 이루어지는 것이겠군.
② B 사가 A 사에 합병된다고 하더라도 B 사 주주의 지위는 이전과 같이 유지되겠군.
③ A 사는 시장에서 우위를 확보하고 경제적 이윤을 늘리기 위해 기업 결합을 시도한 것이겠군.
④ A 사가 독점 규제법에 따라 B 사와의 합병에 제한을 받는다면 합병 금액을 다시 산정해야 하겠군.
⑤ B 사의 주주 중 한 명이 A 사와 합병 계약이 무효라고 주장하더라도 이것이 받아들여질 가능성은 높지 않겠군.

10 ⓐ와 문맥적 의미가 가장 유사한 것은?

① 아이들이 앞을 <u>다투어</u> 손을 들었다.
② 한국은 브라질과 우승을 <u>다투고</u> 있다.
③ 환자를 이송하는 것은 분초를 <u>다투는</u> 일이다.
④ 큰아이는 장난감 때문에 동생과 자주 <u>다툰다</u>.
⑤ 철수는 일분일초를 <u>다투면서</u> 공부에 전념했다.

[11~15] 다음 글을 읽고 물음에 답하시오.

니체는 예술에 관한 자신의 생각을 전통적인 의미의 예술에 대비하여 '미래 예술'이라고 스스로 칭한다. 그리고 그는 미래 예술에서 ㉮"은둔자 같은 예술가와 자신의 작품을 전시하는 예술가는 사라지게 될 것이다."라고 잘라 말한다. 더 나아가 세계 자체를 "스스로 잉태하는 예술 작품"이라고 ⓐ간주함으로써 예술과 삶, 그리고 세계가 밀착된 관계임을 밝힌다. 니체의 이러한 예술론은 근본적으로 예술 생산자와 수용자, 예술 생산자와 생산품 간의 분리에 기초한 근대 예술에 대한 대항으로, 반(反)운동의 성격을 띤다. 니체의 예술론이 다다이즘을 비롯해 20세기 초부터 예술계에 불어닥친 반근대, 반부르주아지를 기치로 내세운 ㉠아방가르드 운동의 토양이 된 것은 우연이 아니다.

무용은 니체 철학에서 각별한 의미를 가지는 분야이다. 니체 철학의 정점을 보여 주는『자라투스트라는 이렇게 말했다』에서 니체는 무용에 관한 내용을 두 개의 장(章)을 할애하여 기술하고 있다. 그에게 있어 무용은 몸의 도취를 가장 잘 표현할 수 있는 수단이고 예술의 존재론적 의미를 가장 잘 보여 주는 예술이다. 니체의 예술론은 20세기 무용에 중요한 지침을 제공하는데, 그것은 형식화된 발레에 대한 반동으로서 인간의 자유와 본능적 움직임을 담은 춤에 대한 지향이라고 설명할 수 있다.

19세기 말까지 무용은 주로 발레를 ⓑ지칭하는 것이었다. 발레는 여성의 신체적인 아름다움과 기교를 춤의 중심에 두었으며 코르셋과 토슈즈로 여성의 신체적인 매력을 두드러지게 하고 우아한 동작으로 성적 매력을 고취함으로써 ㉡부르주아지의 욕구를 충족하는 기호물로 간주될 때가 많았다. 발레에 반기를 든 최초의 무용가는 이사도라 덩컨(Isadora Duncan)이다. 덩컨은 코르셋과 토슈즈에서 몸을 해방시키고 무용을 음악에서 독립시켰다. 그녀는 맨발에 그리스풍의 튜닉을 걸치고, 때로는 나체 상태로, 그리스 신전이든 바닷가든 장소에 구애받지 않고 춤을 추었다. 또한 걷기, 달리기, 건너뛰기, 수직으로 뛰기 등 발레에서 생각할 수 없는 일상의 동작을 춤의 요소로 ⓒ수용하여 신체의 힘에서 비롯된 단순미를 춤에서 중요한 기준으로 제시하였다. 그녀가 무용을 통해 이루고자 한 것은 ⓒ춤의 본래 의미를 회복하는 것이었는데, 본능에 충실한 춤을 목표로 그것을 구현하기 위해 춤추는 사람의 자유와 즉흥성을 강조하였다. 그녀는 이러한 춤에 대한 그녀의 생각이 니체의 철학에서 영감을 받은 것임을 고백하면서, "무용은 동작을 통해서 인간의 영혼을 표현하는 예술일 뿐만 아니라 더욱 자유로운 삶, 더욱 조화롭고 더욱 자연스러운 삶의 완전한 개념"이라고 하였다.

ⓔ덩컨이 무용계에 가져온 새로운 변화 이후, 무용의 주도권은 발레에서 신무용으로 넘어가게 된다. ⓜ덩컨이 가졌던 문제의식을 더욱 심화하는 시도들이 다양하게 펼쳐진 것인데, 그 대표적인 것이 독일의 표현주의 무용이다. 독일 표현주의의 뿌리에는 무용학의 아버지라고 불리는 루돌프 폰 라반(Rudolf von Laban)이 있다. 루돌프 폰 라반은 인간의 모든 움직임을 분석하고 체계화하였다. 그 결과가 '라바노테이션'이라고 불리는 신체 움직임 표기법이다. 또한 그는 '움직임의 합창'이라는 무용 개념을 제시하였는데 '움직임의 합창'이란 우주의 춤에 인간이 참여한다는 의미이다. 그 핵심은 일체를 무용으로 표현할 수 있다는 데에 있는데, 이는 춤이 사물에 대한 최상의 비유이고 춤을 통해서 비로소 인간은 세계의 심연으로 내려갈 수 있다는 니체의 사유와 일치한다.

라반의 제자 마리 비그만(Mary wigman)은 라반의 신체 움직임에 대한 철저한 연구를 비판적으로 연구한 무용가이다. 그녀는 움직임을 중심으로 하는 라반의 무용에는 동의하지만, 스승의 냉철한 움직임에 대한 분석과 그것을 기초로 엄격하게 ⓓ조직된 무용에는 회의적이었다. 그녀는 무용의 동작은 내면의 깊은 자기표현이 실려야 한다고 생각했다. 비그만의 무용은 전적으로 움직임 중심으로 전개되며 음악 등 무용에서 비본질적 요소는 철저하게 배제된다. 음악에서 해방됨으로써 춤추는 사람이 자신의 몸과 몸의 리듬에 집중할 수 있고 자신의 의도를 ⓔ포장하거나 왜곡하지 않고 관객에게 전달할 수 있다는 것이다. 비그만의 무용은 대체로 어둡고 우울하며 무용수가 혐오스럽게 몸을 뒤트는 등 관객에게 불쾌감을 주는 경우가 많았

다. 낯설고 불편한 동작을 통해 인간의 심층적 내면과 문명의 이면에 있는 야만적이고 원시적인 힘을 전달하고자 했던 것이다. 이러한 비그만의 무용은 니체의 예술론을 근간으로 내용과 형식 두 가지 면에서 무용의 확장을 이끌었다는 평가를 받고 있다.

11 윗글에 대한 설명으로 가장 적절한 것은?

① 니체가 재정의한 예술 개념에 대해 밝히고 이 개념이 적용된 다양한 분야에 대해 설명하고 있다.
② 니체의 예술론에 대해 설명하고 니체의 예술론이 무용의 변화에 미친 영향에 대해 서술하고 있다.
③ 니체의 예술론에 대한 서로 다른 평가를 제시하고 이를 뒷받침하는 무용가들의 견해를 밝히고 있다.
④ 니체가 근대 예술에 제기한 비판에 대해 설명하고 이 비판에 대한 무용가들의 다양한 평가를 제시하고 있다.
⑤ 니체의 철학에서 무용이 가지는 위상에 대해 설명하고 예술 전반에서 무용이 어떻게 영역을 확장해 왔는지 서술하고 있다.

12 니체가 말한 ㉮의 의미로 가장 적절한 것은?

① 예술가는 예술의 순수성을 훼손시켜서는 안 된다.
② 예술가는 대중이나 사회와 유리되어서는 안 된다.
③ 예술가는 대중의 기호나 유행을 좇으려고 하면 안 된다.
④ 예술가는 자신의 작품 경향이 변화하는 것을 두려워해서는 안 된다.
⑤ 예술가는 감각에만 의존하여 기술을 연마하는 것을 게을리 하면 안 된다.

13 윗글을 바탕으로 〈보기〉를 이해한 내용이 적절하지 <u>않은</u> 것은?

┤보기├

　　마리 비그만(Mary wigman)의 「마녀의 춤」에서는 무용수가 어두컴컴한 조명 아래에서 머리부터 발끝까지 어두운 색의 옷을 덮고 무시무시한 가면을 쓴 채 악마에게 홀린 듯 황홀경의 상태에서 온몸을 비튼다. 여기에 북과 심벌즈의 두드림이 덧붙어 무대는 고대 원시 부족의 제의를 연상시킨다. 이 작품은 인간의 악한 감정과 동물적인 본능을 날카롭게 보여 주었다는 평가를 받고 있다.

① 니체는 황홀경의 상태에서 무용수가 춤을 추는 것은 몸의 도취를 잘 보여 준다는 점에서 예술의 존재론적 의미를 잘 보여 주는 것이라고 말하겠군.

② 덩컨은 무용수가 조명과 의상, 가면 등을 통해 작가의 의도를 그대로 재현해 낸 것은 작품의 완성도를 높인다는 점에서 긍정적이라고 말하겠군.

③ 라반은 무용수의 신체적 움직임은 '움직임의 합창'으로서 인간의 심연을 보여 주고자 하였다는 점에서 의미가 있다고 평가했겠군.

④ 비그만은 무용수가 신체적 움직임에 집중하는 것을 방해하지 않는 수준에서 북과 심벌즈의 두드림이 이루어져야 한다고 생각했겠군.

⑤ 비그만은 무용수가 몸을 비트는 동작이 관객에게 불쾌감을 줄지라도 야만적이고 원시적인 힘을 표현해 낼 수 있다는 점에서 필요한 것이라고 생각했겠군.

14 ㉠~㉤을 이해한 내용으로 적절하지 <u>않은</u> 것은?

① ㉠: 근대 예술에 대한 대항을 드러낸 니체의 예술론이 아방가르드 운동의 철학적 근간이 됨.

② ㉡: 발레는 계층에 상관없이 다수의 대중들이 향유할 수 있는 예술 장르가 아니었음.

③ ㉢: 춤은 춤추는 사람이 형식에 구애받지 않고 자유롭게 자신의 본능이나 감정을 표현하는 것임.

④ ㉣: 인간의 자유와 본능적 움직임을 담은 것을 보여 주는 양식으로 무용의 변화를 시도함.

⑤ ㉤: 무용에서 신체의 움직임에 대한 분석이 체계화되지 못하여 무용의 예술성을 제대로 인정받지 못함.

15 ⓐ~ⓔ를 바꿔 쓰기에 적절하지 <u>않은</u> 것은?

① ⓐ: 내세움으로써

② ⓑ: 가리키는

③ ⓒ: 받아들여

④ ⓓ: 짜인

⑤ ⓔ: 꾸며 내거나

MEMO

MEMO

시인 박성우와 소품 아티스트 허선재의 감성 컬래버

위로와 응원이 필요한 이들에게
선물하는 마법 같은 순간들!

15,000원

뭐든 되는 상상

지친 하루를 반짝이게 바꿔 줄
일상 예술 프로젝트

상상한다는 것은 은근살짝 쥐어지는 두 주먹에 가슴 뛰고 설레는 힘이 들어가는 것.

망했다고 말하던 내가 이제부터 시작이라고 말하는 것.

뭐든 안 된다고 말하던 내가 뭐든 해낼 수 있다고 말하는 것.

그러니 그대여 부디, 기분이 수직 상승 할 때까지 사사건건 속속들이 상큼한 상상!

— 상상쟁이 박성우 · 허선재

1833-7247 | www.changbiedu.com | textbook@changbi.com

창비
교육

어떤 수능에도 끄떡없다!

겁먹지 마
불수능

국어 영역 독서 **인문·사회·예술**

겁먹지 마 불수능

권태주
김철회
박종찬
이민희
지범식
황택준

정답과 해설

국어 영역 독서
인문·사회·예술

창비교육

PART 1

인문·사회·예술 영역별 파헤치기

DAY 1   인문·철학   본책 14~21쪽

방심하지 마, 물수능	01 ⑤	02 ④	03 ④	04 ①	
겁먹지 마, 불수능	01 ①	02 ⑤	03 ③	04 ④	05 ④

DAY 2   인문·역사   본책 22~31쪽

방심하지 마, 물수능	01 ③	02 ⑤	03 ①	04 ⑤	
겁먹지 마, 불수능	01 ④	02 ⑤	03 ⑤	04 ③	05 ③

DAY 3   인문·고전   본책 32~39쪽

방심하지 마, 물수능	01 ④	02 ③	03 ①	04 ④	
겁먹지 마, 불수능	01 ⑤	02 ⑤	03 ③	04 ④	05 ⑤

DAY 4   인문·논증   본책 40~47쪽

방심하지 마, 물수능	01 ②	02 ⑤	03 ④	04 ④	
겁먹지 마, 불수능	01 ⑤	02 ②	03 ②	04 ⑤	05 ①

DAY 5   사회·법   본책 48~55쪽

방심하지 마, 물수능	01 ④	02 ③	03 ③	04 ③	
겁먹지 마, 불수능	01 ④	02 ③	03 ④	04 ②	05 ④

DAY 6   사회·문화   본책 56~63쪽

방심하지 마, 물수능	01 ②	02 ①	03 ②	04 ③	
겁먹지 마, 불수능	01 ①	02 ④	03 ⑤	04 ④	05 ⑤

DAY 7   사회·경제   본책 64~71쪽

방심하지 마, 물수능	01 ④	02 ③	03 ⑤	04 ①	
겁먹지 마, 불수능	01 ⑤	02 ④	03 ②	04 ④	05 ④

DAY 8   사회·정치   본책 72~79쪽

방심하지 마, 물수능	01 ⑤	02 ②	03 ④	04 ②	
겁먹지 마, 불수능	01 ②	02 ①	03 ①	04 ②	05 ⑤

DAY 9   예술·음악   본책 80~87쪽

방심하지 마, 물수능	01 ②	02 ①	03 ②	04 ①	
겁먹지 마, 불수능	01 ④	02 ①	03 ①	04 ③	05 ⑤

DAY 10   예술·미술   본책 88~95쪽

방심하지 마, 물수능	01 ⑤	02 ③	03 ⑤	04 ①	
겁먹지 마, 불수능	01 ④	02 ①	03 ②	04 ③	05 ②

DAY 11   예술·건축   본책 96~103쪽

방심하지 마, 물수능	01 ②	02 ①	03 ③	04 ②	
겁먹지 마, 불수능	01 ④	02 ③	03 ④	04 ⑤	05 ⑤

DAY 12   예술·사진   본책 104~111쪽

방심하지 마, 물수능	01 ②	02 ④	03 ④	04 ②	
겁먹지 마, 불수능	01 ④	02 ⑤	03 ④	04 ③	05 ④

PART 2

실전 감각을 길러 주는 세미 모의고사

세미 모의고사 1회   본책 114~120쪽

01 ②	02 ②	03 ④	04 ④	05 ⑤	06 ⑤	07 ①	08 ③
09 ③	10 ①	11 ①	12 ③	13 ⑤	14 ③	15 ⑤	

세미 모의고사 2회   본책 121~127쪽

01 ③	02 ④	03 ⑤	04 ④	05 ②	06 ②	07 ③	08 ④
09 ③	10 ⑤	11 ②	12 ②	13 ④	14 ④	15 ④	

세미 모의고사 3회   본책 128~134쪽

01 ⑤	02 ①	03 ⑤	04 ⑤	05 ④	06 ④	07 ①	08 ④
09 ④	10 ②	11 ②	12 ②	13 ②	14 ⑤	15 ①	

DAY 1 인문·철학

방심하지 마, 물수능 본문 14~17쪽

01 ⑤ **02** ④ **03** ④ **04** ①

스피드 지문 복습 정답

안재훈, 「주희의 이기론」, 『지혜를 얻는 철학 여행』

주제

'이'와 '기'의 이원적 원리를 바탕으로 한 주희의 이기론

문단별 중심 내용

1문단 '이'와 '기'의 상호 관계를 통해 수립된 주희의 이기론

2문단 주희 철학에서의 '이'와 '기'의 속성

3문단 사물에서 소멸되지 않는 원리로서 '기'에 우선하는 '이'

4문단 인간에게서 본연지성으로 실현된 '이'와 기질지성으로 실현된 '기'

5문단 성리학의 주요한 특징이 되는 인격 수양

● 지문 구조도

주희의 성리학(이기론)	
이(理)와 기(氣)의 이원적인 원리로 우주를 설명한 철학	

이	기
• 기를 받아서 특정한 사물을 이루게 하는 원리 (=태극)	• 만물의 형체를 이루는 근원적인 재료(=음양)
• 형체를 초월한 도	• 형체에 내려와 있는 구체적인 도구
• 시공 초월, 고정불변	• 시공 속에서 생성·변화
• 세계의 참모습	• 세계의 현실적인 모습

↓ 인간에게 실현 ↓

본연지성	기질지성
• 누구에게나 차이가 없음.	• 사람에 따라 큰 차이가 있음.
• 지극히 선함.	• 맑고 바르면 성현, 흐리고 곧지 못하면 악인이 됨.

↓ 인간의 마음에 실현 ↓

도심	인심
천리(天理)로서 순수하고 지극히 선함.	• 선할 수도 악할 수도 있음.
	• 인욕(천리에 위배되는 인심)이 일어날 수 있음.

↓

천리를 잘 간직하고 인욕을 막는 방법
• 거경(居敬): 항상 마음을 바르게 하여 사사로운 욕망에 사로잡히지 않도록 함.
• 격물치지(格物致知): 사물을 연구하여 궁극적 이치에 관해 깨침.

● 배경지식

성리학의 집대성자 주희

성리학의 집대성자 주희(1130~1200)는 중국 송나라의 유학자로, 유교의 저서들 중에서 『대학』, 『논어』, 『맹자』, 『중용』의 사서(四書)를 경전화시킴으로써 그 지위를 격상시켰다. 또한 주희는 사서에 주(註)를 달았는데, 이는 나중에 성리학자들의 필독서가 되었다. 이와 같이 주희는 성리학의 중심 텍스트를 선정하고 거기에 새로운 해석학적 틀을 제공함으로써 기존의 유학을 새롭게 재탄생시켰다. 성리학의 특징은 인간이 우주의 보편타당한 법칙을 부여받았다고 보아 인간성을 본질적으로 신뢰하였다는 점이다. 성리학에서는 자신이 지닌 지나치거나 부족한 기질을 교정하면 선한 본성을 온전하게 발휘할 수 있다고 보았다.

01 핵심 내용 파악 답 ⑤

정답 해설

4문단의 "'이'가 깃들어 있는 인간의 성품이 본연지성 곧 본성이다."와 "주희는 각자의 기질지성을 변화시키면 성현이 될 수 있다고 말한다."를 통해, 주희는 본연지성(본성)이 아닌 기질지성의 변화를 통해 성현이 될 수 있다고 말했음을 알 수 있다. 또한 5문단에서 거경과 격물치지는 천리를 잘 간직하고 인욕을 막는 방법이라고 하였다.

오답 해설

① 1문단에서 '이'라는 철학적 개념은 도가 사상에서 주장하는 '도(道)'에서 원용되었고, 정호가 도가의 도에 해당하는 개념으로 '이'를 사용했다고 한 데서 알 수 있다.

② 1문단에서 장재가 구체적인 사물들은 '기'가 모여서 응집된 것이고, 사물이 소멸하는 것은 '기'의 분산에 따른 것이라고 말했다고 한 데서 알 수 있다.

③ 1문단에서 주희가 '이'와 '기'의 개념을 더욱 가다듬는 한편 상호 간의 관계를 통해 세계관과 윤리관 등 종합적인 철학을 수립했다고 한 데서 알 수 있다.

④ 1문단에서 장재는 '기'만으로는 왜 다양한 사물들이 이 세상에 생겨났는가를 설명하지 못했다고 하였고, 정호는 구체적인 사물들을 그러한 모습으로 만들게 하는 것이 원리이고 그 원리에 해당하는 것이 '이'라고 보았다고 하였다. 즉 정호는 장재가 밝히지 못한 사물의 생성 원리를 '이'를 통해 설명하였다.

02 세부 내용 추론 답 ④

정답 해설

2문단에서 만물은 '이'의 원리에 따라 '기'가 응결된 것이라고 하였고, 4문단에서 '이'가 인간에게서 실현된 것이 본성 즉 본연지성이고, '기'로 이루어진 성품이 기질지성이라고 하였다. 이것으로 볼 때, 인간은 선천적으로 본연지성과 기질지성을 갖고 태어난다고 할 수 있다. 다만 2문단에서 '이'는 시간과 공간을 초월하여 고정불변한 것이나 '기'는 시간과 공간 속에서 생성·변화하다고 했으므로, 본연지성과 달리 기질지성에는 후천적 변화의 가능성이 열려 있을 뿐이다.

오답 해설

① 4문단의 "모든 인간에게는 본연지성과 기질지성이 있

다."에서 확인할 수 있다.

② 4문단의 "본연지성은 누구에게나 차이가 없는 것으로 지극히 선하지만 기질지성은 사람에 따라 큰 차이가 난다."에서 확인할 수 있다.

③ 4문단의 "만일 기질지성이 맑고 바르면 그 사람의 본연지성은 그대로 드러나서"에서 확인할 수 있다.

⑤ 4문단의 "'이'가 깃들어 있는 인간의 성품이 본연지성(本然之性) 곧 본성이다.", "인간에게도 '기'로 이루어진 성품이 있는데 그것을 기질지성(氣質之性)이라고 한다."를 통해 확인할 수 있다.

03 세부 내용 파악 답 ④

정답 해설

ㄱ. 3문단의 "구체적인 사물 속에서 이 둘은 서로 떨어져 있지는 않으나 그렇다고 해서 섞이는 것도 아니다."를 통해 알 수 있다.

ㄴ. 3문단의 "사물의 형체를 이루게 하려면 그 원리가 앞서 있어야 하므로 '이'는 '기'에 우선한다."를 통해 알 수 있다.

ㄹ. 2문단의 "'이'는 시간과 공간을 초월하여 고정불변한 것이나 '기'는 시간과 공간 속에서 생성·변화한다."를 통해 알 수 있다.

오답 해설

ㄷ. 2문단에서 '기'가 만물의 형체를 이루는 근원적인 재료라고 한 것과, '이'는 '기'를 받아서 특정한 사물을 이루게 하는 원리라고 한 것을 통해 '이'는 '기'가 없으면 사물의 형체를 이룰 수 없음을 짐작할 수 있다.

물먹는 문제

04 외적 준거에 따른 내용 이해 답 ①

정답 해설

2문단에서 시간과 공간을 초월하여 고정불변하는 이는 세계의 참모습이고, 시간과 공간 속에서 생성·변화하는 기는 세계의 현실적인 모습을 구성한다고 하였다. 즉 이는 고정불변, 기는 생성·변화라는 속성을 지니므로 세계의 현실적인 모습이 불완전한 것 또한 기의 속성으로 볼 수 있다. 〈보기〉에 언급된 '건도'와 '곤도'는 음양의 이기(二氣)에서 나온 것이므로 기의 속성을 지닌다고 볼 수 있으므로, 이들의 교감에 의해 생겨난 만물 즉 세계는 기 자체의 속성상 불완전한

모습을 띠게 될 뿐 건도와 곤도의 교감이 불완전하기 때문에 세계의 현실적인 모습이 불완전한 것은 아니다.

오답 해설

② 〈보기〉에서 만물의 근본을 소급하면 결국 태극으로 돌아간다고 하였는데, 2문단에서 현실적인 모습의 배후에 있는 참모습은 '이'이며, 태극은 '이'에 해당한다고 하였다.

③ 2문단에서 태극은 '이'에 해당한다고 하였고 3문단에서 '이'는 생겨나는 것이 아니라 원래 존재하며 소멸되지도 않는다고 하였는데, 이는 〈보기〉에서 알 수 있듯 태극 즉 '이'가 우주 만물의 근원이기 때문이다.

④ 4문단에서 '기'로 이루어진 성품인 기질지성의 상태에 따라 성현이 되기도 하고 악인이 되기도 한다고 하였다. 〈보기〉에서 사람의 선악을 나누는 음양 역시 '기'에 해당한다고 하였으므로, 기질지성은 음양과 유사한 성격을 지닌 것으로 볼 수 있다. 따라서 '기'인 음양에 따라 인간의 마음이 선과 악으로 나뉘듯 기질지성의 상태에 따라 성현도 되고 악인도 되는 것이라고 볼 수 있다.

⑤ 4문단에서 '이'에는 인의예지의 덕이 모두 갖추어져 있으며 이렇게 '이'가 깃들어 있는 인간의 성품이 곧 본성(본연지성)이라고 하였다. 〈보기〉에서 인간의 마음은 가장 영묘하고 그 본성의 온전함을 잃지 않으므로 인식하는 힘과 도덕성을 갖추고 있다고 하였다. 이로 볼 때 인간이 인식하는 힘과 도덕성을 갖춘 까닭은 '이'가 깃들어 있는 본성을 갖고 있기 때문으로 볼 수 있다.

물 잠그는 TIP

물먹는 유형 | 지문과 〈보기〉의 유사성 파악 실패형

제시된 지문에서는 주돈이의 『태극도설』 역시 이기론의 측면에서 살펴보고 있어요. 그리고 〈보기〉에서는 본격적으로 『태극도설』의 이론을 설명하고 있지요. 이럴 경우 '이'와 '기'에 대한 명확한 개념을 확립해 둔 상태에서 문제에 접근해야 해요. 그렇지 않으면 ①번처럼 '기'와 관련한 이야기이긴 하지만 명확한 인과 관계를 규명할 수 없는 '그럴싸한' 선택지에 고개를 끄덕거리게 될 수 있어요.

해결 TIP

문제 해결을 위한 추론의 근거는 모두 글 안에 있어요. 즉, 추론은 글에 언급된 내용을 바탕으로 이루어져야 하며 언급되지 않은 내용으로 말만 그럴싸하게 포장한 것은 추론이 아니라 억측일 뿐이라는 점을 명심하세요.

겁먹지 마, 불수능

본문 18~21쪽

01 ① **02** ⑤ **03** ③ **04** ④ **05** ④

스피드 지문 복습 정답

엄정식, 「비트겐슈타인의 언어관」, 『철학이란 무엇인가』

주제

언어를 세계를 묘사하는 그림이자 삶의 형식의 한 부분으로 본 비트겐슈타인의 언어관

문단별 중심 내용

1문단 명제들과 실제로 존재하는 사실들의 대응 관계를 밝혀 주는 '그림 이론'

2문단 명제가 사실의 논리적 그림이라는 입장의 근거와 그 문제점

3문단 '그림 이론'이 지닌 논리적 구조에 대한 입증의 한계

4문단 세계와 삶에 대한 비트겐슈타인의 관점

5문단 특정한 맥락에서 일정한 규칙에 따라 쓰인다는 점에서 게임과 유사한 언어

6문단 비트겐슈타인이 제시한 언어 이해의 방법

7문단 언어가 삶의 형식의 한 부분임을 뚜렷이 나타내는 '언어 게임' 개념

● **지문 구조도**

비트겐슈타인의 언어관	
그림 이론	• 언어는 세계를 묘사하는 그림의 역할을 함. • 일상 언어의 심층적인 논리적 구조를 드러낸 명제들, 즉 원자 명제가 '사실의 논리적 그림'이 됨. • 근거: 분해된 원자 명제들은 가장 단순한 사실을 표현함. → 명제들의 논리적 가능성을 배열하면 존재할 수 있는 '사태'들이 나타남. → '사태'가 실제로 존재할 때 '사실'이 됨. → 논리와 세계의 동형성에 의해 세계를 그림. • 세계의 구조를 제대로 그려 낼 만큼 정밀하게 명제의 논리적 구조를 분석해 낼 수 있는지, 명제와 세계를 어떻게 연결할지에 대한 문제가 발생함.
	• 언어의 기능은 사태를 지칭하는 것이 전부가 아니며, 단어의 의미 파악을 위해서는 그것이

언어 게임	어떤 맥락에서 어떻게 사용되는지를 살펴야 한다는 인식에서 출발함. • 언어와 그것이 얽혀 있는 행동들로 구성된 것 전체를 가리키며 언어의 본질을 규명하는 이론이 아닌, 그 특징을 해명하기 위해 설정된 개념적 장치임. • 언어 이해를 위해서는 언어의 실제 사용 양상을 관찰하고 기술해야 할 뿐만 아니라, 직접 '언어 게임'에 참여해야 함. • 언어 행위가 일종의 사회적 행위임을 드러내고, 동시에 언어가 삶의 형식의 한 부분이라는 사실을 뚜렷하게 나타냄.

▲ 언어관의 토대

비트겐슈타인의 세계관
세계는 언어를 통해 인식됨. → 존재는 언어와 함께 있고 삶은 언어 현상임.

● 배경지식

비트겐슈타인의 『논리 철학 논고』

비트겐슈타인이 놀랍게 생각한 점은 사람들이 그 전에 한 번도 들어본 적이 없는 문장들을 이해한다는 사실이었다. 그에게 떠오른 해결책은 무언가를 말하는 명제는 '실재(實在)의 그림'이어야 하고, 그 의미를 보여 주며, 또한 세계의 어떤 상황을 보여 준다는 것이었다.

이러한 고민의 연장선상에서 비트겐슈타인은 자신의 저서 『논리 철학 논고』에서 '어떻게 언어가 가능한가?', '어떻게 어떤 사람이 일련의 단어를 입 밖에 냄으로써 무언가를 말할 수 있는가?', '어떻게 다른 사람이 그를 이해할 수 있는가?' 등에 대한 물음을 던졌다. 이러한 물음 끝에 그는 아무것도 말할 수 없는 어떤 영역이 존재한다는 매우 형이상학적인 주장을 펼친다.

01 개괄적 내용의 파악   답 ①

정답 해설

이 글은 비트겐슈타인의 언어에 대한 관점을 그가 제시한 대표적인 두 가지 이론인 '그림 이론'과 '언어 게임' 이론을 통해 살펴보고 있다.

오답 해설

② 비트겐슈타인의 언어관에 대해 설명하고 있을 뿐, 이를

둘러싼 논쟁에 대해 설명하고 있지 않다.

③ 비트겐슈타인의 '그림 이론'에 대해 설명하고 있지만 이 이론의 성립 배경에 대해 설명하고 있지 않다. 또한 '그림 이론'은 지문의 1~3문단에서만 언급하고 있으므로 이는 글의 전체 내용을 아우르는 표제로 적절하지 않다.

④ 비트겐슈타인이 개발한 논리적 분석 장치라 할 수 있는 '그림 이론'에 대해 설명한 글이지만 그 의의는 제시되어 있지 않다.

⑤ 비트겐슈타인이 주창한 '언어 게임'의 개념과 특성에 대해 설명하고 있지만, '언어 게임'은 지문의 5~7문단에서만 설명하고 있으므로 이는 글 전체를 아우르는 표제로 적절하지 않다. 또한 '언어 게임'을 앞의 '그림 이론'과 비교하고 있지도 않다.

02 세부 내용 파악   답 ⑤

정답 해설

4문단에 따르면, 비트겐슈타인은 언어 이외의 다른 매개를 통해 인식될 수 있는 그 자체로서의 세계는 있을 수 없으며, 그러한 것이 있다고 하더라도 세계는 있는 그대로 우리에게 주어지는 것이 아니라 언어에 의해 걸러진 다음에야 비로소 우리 앞에 나타난다고 보았다. 이는 비트겐슈타인이 언어를 거치지 않은 있는 그대로의 세계는 존재하거나 인식되는 것이 불가능하다고 보았음을 의미한다.

오답 해설

① 2문단의 "명제의 논리적 구조가 세계의 구조를 그려 낸다고 하는데"를 통해 비트겐슈타인이 명제를 통해 세계의 구조를 그려 내는 것이 가능하다고 보고 있음을 알 수 있다.

② 3문단의 "논리적 분석만이 세계를 있는 그대로 드러낼 수 있는~그냥 제시되거나 주장되었을 뿐이라는 사실이 드러난다."는 글쓴이가 비트겐슈타인의 '그림 이론'이 지닌 문제점을 지적한 것이다. 이를 통해 비트겐슈타인이 논리적 분석만이 세계를 있는 그대로 드러내는 유일무이한 방법이라고 생각함을 알 수 있다.

③ 5문단의 "언어의 기능이~함축한다고 할 수 있다."를 통해 비트겐슈타인이 사태를 지칭하는 것이 언어 기능의 전부가 아니라고 보았음을 알 수 있다. 따라서 비트겐슈타인은 언어가 사태를 지칭하는 것에 그친다면 언어로서 제 기능을 다하지 못했다고 생각했을 것으로 짐작할 수 있다.

④ 1문단에서 비트겐슈타인은 명제들과 실제로 존재하는 사

실들의 대응 관계를 밝히기 위해서 '그림 이론'을 내놓았
는데, 이 이론에서는 일상 언어의 심층적인 논리적 구조
를 드러내는 것이 중요하다고 하였다.

03 핵심 내용 파악   답 ③

정답 해설

6문단의 "비트겐슈타인은 언어와 그것이~지나지 않는다고
말한다."를 통해, '언어 게임'은 언어의 본질을 규명하는 이
론이 아니라 그 특징을 해명하기 위해 설정된 개념적 장치에
불과함을 알 수 있다.

오답 해설

① 1문단에서 명제는 사실적인 그림이 아니라 '논리의 그림'
의 역할을 한다고 했으므로, 언어로 이루어진 명제가 사
실적인 그림의 역할을 한다는 진술은 적절하지 않다.

② 1문단에서 비트겐슈타인이 명제들과 실제로 존재하는 사
실들의 대응 관계를 밝히기 위해 '그림 이론'을 내놓았다
고 설명하고 있을 뿐, 이 글을 통해 '그림 이론'이 명제들
을 연결하는 논리적 연결사의 함수를 규명하는 근거로 작
용하였는지는 알 수 없다.

④ 5문단에서 언어는 일정한 규칙이 있어 언어 게임과 유사
한 것이라고 했을 뿐, 언어 게임이 언어의 사용 규칙을
밝히기 위해 등장하였는지는 이 글을 통해 알 수 없다.

⑤ 3문단에서 언어를 통하여 언어를 진술하는 것은 무의미
하다는 비트겐슈타인의 견해를 언급하고 있으므로 '그림
이론'이 언어를 통하여 언어를 진술한다고 볼 수 없다.

04 다른 상황에의 적용   답 ④

정답 해설

6문단에서 언어와 그것이 얽혀 있는 모든 행동들로 구성된 것
전체가 '언어 게임'이라고 했으므로, 임에게 '이시라'라고 말하
지 않음(행동)으로써 임을 보내고 나서 슬퍼하고 있는 화자는
이미 임과의 '언어 게임'에 참여하고 있다고 볼 수 있다.

오답 해설

① 5문단에서 어떤 단어의 의미를 알려면 어떤 맥락에서 사
용되었는지 살펴보아야 한다고 하였다. 이를 참고하여 작
품 전체를 살펴보았을 때 '내 일'은 임에게 있으라고 말하
지 않아 임이 떠나간 사건을 지시함을 알 수 있다.

② '이시랴 ㅎ더면 가랴마ᄂᆞᆫ'은 〈보기〉의 화자가 임에게 '있
으라고 했으면 가지 않았을 것'이라는 뜻으로, 이를 통해
화자가 임에게 언어로 자신의 뜻을 전달하지 않았음을 알
수 있다. 4문단에 제시된, 세계는 있는 그대로 우리에게
주어지는 것이 아니라 언어에 의해 걸러진 다음에야 우리
앞에 나타난다는 비트겐슈타인의 견해에 따르면, 이 상황
은 화자가 임이 자신의 마음을 볼 수 있게 하는 언어라는
매개를 제시하지 않아 '화자의 마음'이라는 타자의 세계를
인식하지 못한 임이 떠나간 상황으로 볼 수 있다.

③ 1, 2문단에 따르면, 명제의 논리적 구조는 '논리의 그림',
즉 가장 단순한 사실을 그려 내므로 "가십시오."를 구성
하는 명제의 논리적 구조가 그려 낸 그림은 화자로부터
떠나가라는 명령일 것이다. 임이 떠나지 않기를 바라는
화자의 마음이라는 맥락을 고려하지 않고 임은 떠났으므
로, 임은 명제의 논리적 구조가 그려 낸 그림 그대로 "가
십시오."를 받아들였다고 할 수 있다.

⑤ 〈보기〉를 읽고 독자가 화자의 애틋한 심정을 느꼈다는
것은, 독자가 〈보기〉의 작자가 화자를 통해 전달하고자
한 정서에 공감했음을 의미한다. 이는 독자와 작자 사이
에 맥락에 따라 언어의 의미를 파악하는 규칙이 공유되고
있기 때문에 가능한 것이므로 이들 사이에는 '언어 게임'
이 형성되었다고 볼 수 있다.

불타는 문제

05 글의 논지 이해   답 ④

정답 해설

언어로 표현할 수 있는 사유의 대상은 무엇이든 어디엔가 존
재한다는 플라톤의 생각은 뒤집어 보면 언어로 표현할 수 없
는 사유의 대상은 어디에도 존재하지 않음을 의미한다. 즉 플
라톤은 인간이 인식하는 세계는 모두 언어를 통해 표현된다
고 본 것이다. 이는 언어와 독립하여 존재하는 세계란 있을
수 없다는, 즉 인간은 언어를 통하지 않고서는 세계를 인식할
수 없다는 비트겐슈타인의 생각과 유사하다고 볼 수 있다.

오답 해설

① 세계는 언어에 의해 걸러진 후 우리에게 인식된다는 비트
겐슈타인의 생각이 언어의 의사소통 기능을 부정하는 것
은 아니므로, 언어를 의사 전달 수단으로 보는 전통적인
철학자들의 생각과 비트겐슈타인의 생각이 상반된다고
보기는 어렵다.

② 단어의 의미가 맥락에 따라 달라진다 하더라도 결국 단어가 특정한 맥락에서는 일정한 의미를 지닌다는 것이므로, 하나의 문장이나 발언이 일정한 사유를 담고 있다는 전통적인 철학자들의 생각과 비트겐슈타인의 생각이 상반된다고 보기 어렵다.

③ 언어를 통해 언어를 진술하는 것이 무의미하다는 것은 언어의 기능에 대한 서술이 아니므로, 단어가 사유의 대상을 지칭한다는 것과 언어의 기능 면에서 비교하기 어렵다.

⑤ 언어가 별들을 보는 망원경 렌즈와 같다는 것은 망원경 렌즈로 별들을 관찰하듯 인간의 세계 인식 또한 반드시 언어를 통해서 이루어짐을 의미한다. 이때의 세계는 플라톤이 말하는 인간의 감각적 인식을 넘어서는 이데아의 세계가 아니므로, 이데아의 세계에 존재하는 대상을 언어로 표현할 수 있다는 플라톤의 생각과 비트겐슈타인의 생각에서 유사성을 찾을 수 없다.

불 끄는 TIP

불나는 유형 | 글의 논지 이해 부족형

지문에서 무엇을 이야기하는지 정확히 이해하지 못했다면 새로운 제시문인 〈보기〉의 내용도 당연히 제대로 이해하기 힘들겠지요. 이런 경우 ①부터 ⑤에 언급된 내용이 모두 답처럼 느껴져 글에 내용과는 다르게 자신의 주관대로 답을 고르기 쉽습니다.

해결 TIP

주어진 시간 안에 글의 내용, 더 나아가 논지를 파악하는 것이 중요합니다. 글의 내용을 파악해야 글에 전제되어 있는 내용의 추론도 가능해지는 법입니다. 평소 문제를 풀 때 따로 시간을 두고 지문을 요약하는 연습을 꾸준히 하세요. 요약은 글의 내용을 정확히 파악하는 첫걸음입니다.

DAY 2 　 인문·역사

방심하지 마, 물수능 　 본문 22~25쪽

01 ③ **02** ⑤ **03** ① **04** ⑤

스피드 지문 복습 정답

동서역사문화연구회, 「팍스 로마나」, 『교양 세계사』

주제

팍스 로마나 시기의 양면적 사회 현상

문단별 중심 내용

1문단 경제적 번영을 누린 '팍스 로마나' 시대
2문단 풍요로운 삶을 살았던 '팍스 로마나'의 도시민들
3문단 로마 속주 농민들의 희생으로 이루어진 '팍스 로마나'

● 지문 구조도

팍스 로마나
• 로마 제국 안팎의 평화를 기반으로 무역이 활성화되고 경제적으로 번영을 이룬 시기 • 경제적 번영이 문화적 발전의 토대가 되어 '세계 역사상 최고의 행복과 번영을 누린 시기'로 평가됨.

명	암
• 로마는 백만 명 이상의 시민들이 거주하는 대도시로 성장하고 속주에서도 교역 발전이 도시의 성장을 이끎. • 로마시의 빈민들은 하루하루의 식량과 식료품을 무상으로 배급받음. • 로마 시민들은 생존을 위한 치열한 일상에서 해방되어 있었고 지루함을 달랠 수 있는 볼거리까지 제공받음.	• 라티푼디움의 확대로 인한 중소 자영농의 감소, 소작농에 대한 지주들의 강도 높은 착취, 생산량의 1/3 이상에 달하게 된 황실 재정의 조세 요구가 속주 농민들의 삶을 짓누름. • 곤궁에서 벗어나기 위해 속주의 많은 농민들이 일자리를 찾아 번영하는 속주 도시들로 떠나거나 군대에 자원함.

●배경지식

팍스 로마나와 아우구스투스

팍스 로마나(Pax Romana)는 고대 지중해 세계가 로마 제국의 통치 아래 서기 1~2세기 동안 누린 평화를 의미한다. 옥타비아누스가 기원전 31년에 악티움 전투에서 승리하여 내전을 종식한 때부터 서기 3세기에 제국이 총체적인 위기에 빠지기 전까지 로마 제국은 상대적으로 평화로운 시기, 최소한의 군사적 팽창의 시기를 경험했다. 팍스 로마나는 아우구스투스에 의해 확립되었기 때문에 아우구스투스의 평화(Pax Augusta)로 불리기도 한다. 로마인들이 팍스 로마나 이전 수 세기 동안 끊임없는 전쟁으로 거침없이 영토를 팽창해 온 역사를 고려하면, 팍스 로마나가 확립된 것은 '기적'으로 말해지기도 했다.

01 내용 전개 방식 파악 답 ③

정답 해설

이 글은 로마의 경제적 번영을 바탕으로 시민들이 풍요로운 삶을 살았던 팍스 로마나 시기의 형성 배경과 당시 시민들의 삶의 모습을 구체적으로 설명하고 있다. 그러면서 이러한 번영이 막중한 조세 부담과 지주들의 착취에 시달려야 했던 속주 농민들의 희생과 비참한 삶을 기반으로 했음을 밝힘으로써 당시 사회에서 나타난 양면적 사회 현상을 드러내고 있다.

오답 해설

① 팍스 로마나 시기에 나타난 사회 현상에 대해 설명하고 있을 뿐, 그 시기가 가지는 현대적 의의를 재조명하고 있지 않다.

② 팍스 로마나 시기에 나타난 양면적인 현상을 설명하고 있을 뿐, 그 시기에 대한 서로 다른 두 견해를 비교하고 있지 않다.

④ 속주 농민에 대한 착취와 그들의 비참한 생활 위에 팍스 로마나가 세워졌다고 했으므로, 팍스 로마나 시기의 형성 배경에 대해서 설명하고 있다고 볼 수 있지만 그 시기가 후대에 끼친 영향을 설명하고 있지는 않다.

⑤ 1문단에서 팍스 로마나의 의미와 특징을 간략히 설명하고 있으나, 그 시기에 대한 통념을 비판하거나 당대의 역사적 의의를 새롭게 규정하고 있지는 않다.

02 핵심 내용 파악 답 ⑤

정답 해설

1문단에서 당시 무역 활동이 아라비아와 인도, 중국에까지 확대되었고 이렇게 활발한 무역 활동이 문화적 발전의 물질적 토대를 제공했다고 설명하고 있지만, 이 시기에 아라비아와 인도, 중국에까지 로마의 발전된 문화가 전파되었는지는 이 글을 통해 확인할 수 없다.

오답 해설

① 1문단의 "지중해는 로마의 호수가 되어~이들 사이에 유례가 없는 무역 활동이 전개되었다."를 통해 해상과 내륙을 통한 활발한 무역 활동이 전개되었음을 알 수 있으며, "활발한 무역 활동과 그에 따른 경제적 번영은 로마의 문화적 발전의 물질적 토대를 제공했다."를 통해 이 무역 활동이 팍스 로마나 시기의 토대가 되었음을 알 수 있다.

② 3문단에서 이 시기에 라티푼디움의 확대로 중소 자영농이 감소하고 황실 재정의 조세 요구가 지속적으로 증대하여 생산량의 1/3 이상에 달하게 되었다고 하였다.

③ 3문단의 "로마 시민과 속주 도시민의 상층부가 누린 '로마의 평화'는 로마 제국 대부분을 차지하는 속주 농민에 대한 착취와 그들의 비참한 생활 위에 세워진 기념비였던 것이다."에 제시되어 있다.

④ 2문단의 "중앙 광장, 공공건물들, 회의장~팍스 로마나 시기 도시민들의 삶이 얼마나 풍요로웠는지 엿볼 수 있다."와 이에 이어지는 도시민들의 생활에 대한 설명을 통해 로마 제국 도시민들이 누린 행복과 번영을 확인할 수 있다.

03 세부 내용 파악 답 ①

정답 해설

3문단의 "로마 시민과 속주 도시민의 상층부가 누린 ~ 그들의 비참한 생활 위에 세워진 기념비였던 것이다."를 통해 과 ⓛ 모두 속주 농민에 대한 착취를 토대로 풍요로운 삶을 영위하였음을 알 수 있다.

오답 해설

② 하루하루의 식량과 식료품을 무상으로 배급받는 특권을 누린 것은 로마의 빈민들이다.

③ 3문단에서 로마 시민과 속주 도시민의 상층부가 '로마의

평화'를 누렸다고 하였으므로 ⓒ 역시 생존을 위한 치열한 일상에서 해방되어 있었다고 미루어 짐작할 수 있다.

④ 시간이 갈수록 생활 여건이 악화된 것은 ⓒ이 아니라 속주의 농민들이다.

⑤ 황실 재정을 확충하기 위한 인두세와 토지세의 부담을 진 것은 속주의 농민들이다.

물먹는 문제

04 외적 준거에 따른 이해 답 ⑤

정답 해설

3문단을 통해 황실 재정의 조세 요구로 속주 농민들의 삶이 짓눌렸고, 이에 따라 많은 속주 농민들이 빈궁에서 벗어나기 위해 도시로 떠났음을 알 수 있다. 따라서 새로운 도시가 곳곳에 건설된 것이 '속주의 많은 농민들'이 '도시들로 일자리를 찾아 떠'난 원인이 되었다고 보기는 어렵다.

오답 해설

① 로마 제국의 지배를 받는 식민지 민중들이 로마 제국의 평화 유지를 위해 폭압적 통치에 시달렸다고 한 〈보기〉의 내용을 통해 유추할 수 있다.

② 수도 로마와 각 지역을 연결하는 도로가 거미줄처럼 만들어지고 이에 따라 상업 활동이 활발해졌다고 한 〈보기〉의 내용을 통해서 짐작할 수 있다.

③ 〈보기〉에서 로마가 인도를 비롯한 동남아시아 나라들과도 무역을 하였고, 동남아시아의 향신료와 중국의 비단 등이 대량으로 수입되어 귀족들의 사치품으로 이용되었다고 한 데서 알 수 있다.

④ 로마 제국이 역사상 유례없는 태평성대를 구가하였던 시기에 속주의 반란이나 국경 지역에서의 교전, 정복 전쟁 등으로 인해 군사적인 충돌도 끊임없이 일어났다고 한 〈보기〉의 내용을 통해서 알 수 있다.

물 잠그는 TIP

물먹는 유형 | 외적 준거에 따른 이해 부족형

이와 같은 문제에 제시되는 외적 준거로는 지문의 내용을 보충하는 내용, 지문의 내용을 비판하는 내용, 지문의 내용을 새로운 관점에서 살펴보는 내용 등이 있습니다. 〈보기〉의 유형은 출제자가 무엇을 묻고자 하는가에 따라 달라지므로 〈보기〉를 읽을 때 출제자의 의도를 짐작해 볼 필요가

있습니다. 출제자의 의도를 파악하지 못하거나 오해하면 〈보기〉에 제시된 내용을 제대로 이해하지 못할 수 있고, 〈보기〉의 내용이 까다로울 경우 그 확률은 더욱 커지기 마련이지요.

해결 TIP

이 문제의 경우 지문에 제시된 내용을 추가적으로 설명하는 내용이 〈보기〉에 실려 있습니다. 그러므로 〈보기〉와 지문을 상호 비교해 보고 동일하거나 유사한 어휘 혹은 풀어서 설명된 부분을 찾아 연결하며 〈보기〉의 내용을 이해하는 것이 필요해요.

겁먹지 마, 불수능 본문 26~31쪽

01 ④ 02 ③ 03 ⑤ 04 ③ 05 ③

스피드 지문 복습 정답

이병철, 「무엇이 역사가 아닌가」, 『역사의 시작은 미래다』

주제

역사와 역사가 아닌 것의 구 분을 통한 역사의 정 의

문단별 중심 내용

1문단 역사와 역사가 아닌 것의 구 분을 통한 역사의 정 의 시도
2문단 역사적 주제를 다룬 문 학 작 품과 역사의 구분
3문단 역사적 장면을 담은 사 진과 역사의 구분
4문단 고 증에 기반을 둔 전 기와 역사의 구분
5문단 역 사 가의 지속적인 검 증을 통해 구 성되는 역사

● 지문 구조도

'무엇이 역사가 아닌가?'

역사가 아닌 것을 구분·배제함으로써 역사의 정의에 대한 범위를 좁혀 가고자 함.

↓

역사	역사적 주제를 다룬 문학
많은 사람들의 공인과 역사적 근거라는 엄정한 조건을 갖추어야 함.	상상력을 통한 재구성이 무한대로 허용됨. → 역사가 아님.

역사	역사적 장면을 담은 사진
관련된 다른 많은 사진들과 글로 기록된 관련 정보와 설명이 보태져야 함.	촬영자의 주관성에서 자유롭지 못하며, 한 장일 경우 전달할 수 있는 역사적 진실의 양이 많지 않음. → 역사가 아님.

역사	고증에 기반을 둔 전기
많은 양의 자료라는 필요조건과 역사가에 의한 철저한 검증이라는 충분조건이 갖추어져야 함.	허구라 할 수는 없으나 역사가의 검증 과정을 거치지 않음. → 역사가 아님.

↓

역사가의 지속적인 검증을 통해 구성되는 역사

• 역사가들의 검증 과정
① 비교 분석을 통해 정보들의 진실성을 판단함.
② 다른 역사가의 검증을 통해 비로소 역사로 구성됨.
③ 구성된 역사도 계속하여 논의, 비판, 보완됨.

01 세부 내용 파악
 ④

정답 해설

4문단에서 그날 있었던 일을 쓰는 일기조차도 어렴풋한 기억이나 부주의에 의해, 심지어는 의도적으로 얼마든지 잘못 쓸 수 있다고 하였으며 어떤 기록이든 그런 가능성을 배제할 수 없다고 하였다.

오답 해설

① 5문단에서 역사가들은 어떤 자료와 정보가 역사적으로 진실한지 살피는 일을 하는 사람으로, 한 역사가의 판단은 다른 역사가들의 검증을 통해 비로소 역사로서 구성된다고 하였다. 이로 볼 때 조사된 정보는 여러 역사가의 검증을 통해 비로소 역사로 구성된다고 할 수 있다.

② 3문단에서 사진은 기록자가 글로는 놓칠 수 있는 많은 사실 정보를 전달해 주지만, 단 한 장이라면 그것이 말해 줄 수 있는 역사적 진실의 양은 그렇게 많지 않다고 하면서 다른 많은 사진들과 기록, 설명이 보태져야만 역사의 한 장면으로서 온전해질 수 있다고 하였다.

③ 4문단에서 많은 증인과 다양한 자료는 역사의 필요조건이지만 이 정보는 검증이라는 충분조건을 갖추어야 역사가

될 수 있다고 하였다. 그리고 5문단에서 그러한 검증 과정을 수행하는 사람들이 역사가라고 하였으므로, 역사의 '충분조건'은 '역사가들에 의한 검증'이라고 할 수 있다.

⑤ 3문단에서 어떤 일이 허구가 아닌 사실로 입증되기 위해서는 자료들이 서로 다른 내용을 전하거나 때로는 모순을 일으킨다 해도 관련 자료가 많을수록 좋다고 하였다.

02 개념의 정의 방식 파악
 ③

정답 해설

1문단에서는 '역사란 무엇이 아닌가?'와 같은 질문을 던짐으로써 역사의 구성 요소가 아닌 것들을 부정하는 방식으로 역사를 정의하고 있다. 이는 ㄹ에서 설명하고 있는 방식으로, ㄹ과 같은 방식의 정의를 '부정을 통한 정의'라 한다. 2문단에서는 문학 작품과 역사를, 3문단에서는 사진과 역사를, 4문단에서는 많은 분량의 자료를 포함한 전기와 역사를 비교·대조하고 있다. 이는 ㄷ에서 설명하고 있는 '비교와 대조를 통한 정의'에 해당한다.

오답 해설

ㄱ. 해당 분야의 전문가가 쓴 책이나 기사를 인용하여 정의하는 것은 '권위를 통한 정의'에 해당한다. 이 글에서는 역사를 정의하기 위해 전문가의 말을 인용하지 않았다.

ㄴ. 대상을 구체적으로 관찰하고 측정할 수 있는 실체로 특정하여 설명하는 것은 '조작적 정의'에 해당한다. 이 글에서는 역사를 관찰하고 측정할 수 있는 실체로 특정하고 있지 않다.

ㅁ. 공인된 정의가 매우 추상적이어서 그 의미를 명확하게 설명해 주지 못하는 경우에는 보통 사람들이 사용하는 용법에 맞게 정의를 하는데 이것을 '일반적 의미를 통한 정의'라고 한다. 그러나 이 글에서 이와 같은 방식은 사용되고 있지 않다.

03 구체적 사례에의 적용
 ⑤

정답 해설

'이완'은 작품의 배경이 되는 시기인 효종 대에 실존했던 인물로, 이 작품에는 그가 실제로 취했던 태도가 일정 부분 반영되어 있다고 추측할 수 있다. 그러나 이 작품은 역사가 아니라 작가가 자신의 상상력을 통해 재구성한 문학이므로, '이완'이 보여 주는 태도 역시 작가의 상상력을 통한 창작의

산물로 보아야 한다. 따라서 작품에 나타난 '이완'의 태도가 실제 '이완'이 취했던 태도와 일치한다고 보기는 어렵다.

① 2문단에서 역사가 문학으로 기록될 수 있지만, 그렇게 기록된 문학이 곧 역사인 것은 아니라고 하였다. 〈보기〉는 문학 작품이므로 〈보기〉의 내용이 검증된 사실, 즉 역사라면 역사가 문학으로 기록된 것이라 할 수 있다.

② 〈보기〉에서는 조선 후기의 경제 상황이 작가인 박지원의 시각과 판단에 의해 그려지고 있다. 이것은 작가의 주관적인 견해가 반영된 것이지만 당시의 경제 상황을 역사적 근거를 통해 객관적으로 파악한 역사가 또한 박지원과 동일한 판단을 내릴 수 있다. 5문단에 언급되었듯 역사에 정답이란 없으며 하나의 사건에도 여러 가지 견해와 해석이 공존하므로, 작가와 동일한 역사가의 견해 또한 존재할 수 있는 것이다.

③, ④ 〈보기〉는 박지원이 효종 대를 배경으로 창작한 문학 작품으로, 병자호란이라는 역사적 사건이 발생한 이후의 조선 사회의 사회·경제적 현실을 자신의 입장과 시각으로 재구성해 허구적 인물인 '허생'을 통해 전달하고 있다는 점에서 역사적 주제를 다룬 문학 작품으로 볼 수 있다.

04 자료 활용의 적절성 파악　　답 ③

〈보기〉의 그림에서 피해자는 왼쪽 사람이고 가해자는 오른쪽 사람이다. 그런데 사진 촬영자는 자신의 주관에 따라 촬영 장면의 범위를 좁힘으로써 사건의 정황을 왜곡하고 있다. 이는 사진도 찍는 사람에 의해 구도가 정해지고 장면의 범위가 선택되므로 주관성에서 자유롭지 못하다고 한 3문단의 내용과 일맥상통한다.

① 2문단에서는 역사에서 사건과 직접 관련된 특정 시점이 드러나야 한다고 하였고, 〈보기〉의 그림에 드러난 상황이나 카메라 속 장면에서는 특정 시점이 드러나지 않으므로 제시된 해설문의 내용은 적절하지 않다.

② 〈보기〉의 그림에 나타난 카메라 속의 사진은 촬영자의 장면 촬영 범위가 의도적으로 왜곡되어 가해자와 피해자가 전도되어 나타나 있으므로, 사진이 객관적 사실을 중요시한다는 설명과는 어울리지 않는다.

④ 〈보기〉의 그림 속 사진 촬영자는 촬영 범위를 조작하여 사실을 왜곡하고 있으므로, 사진이 사실 정보를 전달해 준다는 설명은 그림의 해설문으로 적절하지 않다.

⑤ 4문단에서 많은 양의 자료는 역사의 필요조건이고 자료에 대한 검증은 역사의 충분조건이라 하였다. 3문단에 언급된 것처럼 단 한 장의 사진이 말해 줄 수 있는 역사적 진실의 양은 그렇게 많지 않으며, 〈보기〉의 그림은 사실이 왜곡되고 있는 상황을 보여 주고 있다는 점에서 역사가에 의해 검증되어 역사로 인정받는 것이 거의 불가능하므로, 제시된 해설문은 이 글의 내용과 〈보기〉의 내용 모두와 동떨어져 있다.

05 외적 준거에 따른 이해　　답 ③

〈보기〉에서 홉스봄은 한 명의 개인이 사태에 대한 객관적 조망을 갖기 어려움을 인정하면서, 개인이 처했던 입장에 따라 체험을 구술하는 데 사용하는 용어가 달라진다는 점을 언급하였다. ③에 제시된 것처럼 역사적 논쟁이 엄정성을 갖출 수 있게 역사적인 체험을 서술하는 용어의 통일이 선행되어야 함을 주장하지는 않았다.

① 3문단에서 글쓴이는 자료들이 서로 다른 내용을 전하거나 때로 모순을 일으키는 경우에 대해 언급하였다. 그 이유를 헤겔은 개인의 체험이 지닌 단편성과 즉자성 때문이라고 보았고 홉스봄은 지역, 사람, 위치, 입장에 따른 체험의 편차 때문이라고 보았다.

② 5문단에서 글쓴이는 하나의 사건에 대해 여러 가지 견해와 해석이 공존하며 계속하여 이견이 등장한다고 하였지만, 그 이유에 대해서는 밝히지 않았다. 그러므로 〈보기〉에서 홉스봄이 주장한 입장 연관성을 바탕으로 그 이유를 추론할 수 있다. 역사가들도 지역과 사람, 위치나 입장에 따라 체험의 내용이나 체험을 구술하는 용어에 차이가 생기므로 이견이 생겨난다고 볼 수 있는 것이다.

④ 4문단에서 글쓴이는 개인의 기록이 지닌 부정확성과 주관성에 대해 지적했다. 〈보기〉의 헤겔과 홉스봄 또한 개인의 체험이 지닌 단편성, 즉자성, 당파성 등을 지적했다. 그러므로 윗글의 글쓴이와 헤겔, 홉스봄은 모두 개인의 체험 및 기록 역량에 대해 회의를 느끼고 있다고 볼 수 있다.

⑤ 5문단에서 글쓴이는 역사는 역사가에 의해 객관적이고 철처하게 검증되어야 한다고 하였다. 이와 관련하여 〈보기〉의 헤겔은 역사가 넓은(거시적인) 구조적 연관성의 맥락에서 조망해야 한다고 했고, 홉스봄은 체험의 편차와 당파성으로 인해 객관적 조망이 어려움을 밝혔다.

불 끄는 TIP

불나는 유형 | 어려운 어휘가 난관인 유형

지문은 쉬운데 〈보기〉가 어려운 문제가 있습니다. 엄밀하게 말하자면 〈보기〉에 사용된 어휘가 너무 어려워서 이해가 안 되는 문제가 있지요. 이 문제도 그런 문제입니다. 특히 '즉자적'이나 '조망', '편차', '입장 연성성', '당파성'이라는 단어가 모두 문제 풀이에 사용되는 어려운 어휘들이기에 자칫 〈보기〉를 읽는 것조차 포기해 버리기 쉽습니다.

해결 TIP

모르는 단어는 문맥으로 그 의미를 파악할 수 있어요. 〈보기〉에 제시된 '당파성'이 그러한 예이지요. 문제는 문맥을 통해서 파악하기 힘든 '즉자적'과 같은 단어의 경우예요. 이런 어휘로 문제를 낼 때에는 대부분 수능 기출문제나 EBS 연계 교재에서 한 번 이상 나온 어휘들을 사용해요. 그러므로 평소 기출문제를 풀거나 EBS 연계 교재를 익힐 때 낯선 단어들을 정리할 필요가 있답니다.

방심하지 마, 물수능   본문 32~35쪽

01 ④   **02** ③   **03** ①   **04** ④

스피드 지문 복습 정답

마키아벨리, 「정치사상의 핵심인 외양」, 『군주론』

주제

통치자의 외 양을 강조한 마키아벨리의 「군주론」

문단별 중심 내용

1문단 마키아벨리 정치사상의 핵심인 외 양

2문단 정치를 외 양의 영역으로 파악한 마키아벨리

3문단 적 으로부터 정치적 행위자를 보호하기 위해 필요한 외양의 조작

4문단 대 중 의 지지를 확보하기 위해 필요한 외양의 조작

5문단 외양상 악 덕 과 외양상 미 덕 이 전도되는 정치 상황의 아이로니컬한 속성

● **지문 구조도**

마키아벨리가 본 정치
변화무상한 생성과 현상의 영역 → 철학적 진리나 종교적 진리가 적용되는 본질의 영역이 아닌 외양의 영역에 속함.

정치 상황에서의 외양의 효용성
• 기만과 폭력이 횡행하는 정치 상황에서 통치자가 국내외의 적으로부터 자신의 국가와 권력을 보호하는 데 적절한 위장과 기만을 통한 외양의 조작이 필요함. • 통치자가 정치 상황의 필연적 논리에 의해 통상의 윤리로부터 일탈해야 할 경우, 비난의 화살을 피하고 인민대중의 환심과 지지를 유지하고 획득하기 위해 능숙한 가장과 위선을 활용한 외양의 조작이 필요함.

외양상 미덕과 악덕의 전도
정치 상황의 아이로니컬한 속성 때문에 정치 영역에서는 빈번하게 외양상 미덕과 외양상 악덕이 전도됨. 예 • 통치자의 관후함(외양상 미덕) → 국고 탕진 → 인민들의 세금 부담 증대(악덕으로 전환)

- 통치자의 잔인함(외양상 악덕) → 소수의 사람에게 가하는 해를 통해 다수의 행동 제지 → 기강 확립(미덕으로 전환)

● 배경지식

『군주론』의 주요 내용

『군주론』은 26개의 장으로 구성되어 있는데, 『군주론』에서 마키아벨리가 논의한 내용은 크게 다음의 5가지로 요약할 수 있다. 첫째, 성공적인 혹은 훌륭한 군주는 국가와 시민의 이익을 위해서 행동할 경우라면 그 방법이 도덕적으로 비난받는 것일지라도 마땅히 행해야 한다. 둘째, 성공적인 군주는 강하면서 동시에 교활해야 한다. 셋째, 군주는 종교에 의해 결정을 방해받도록 방치해서는 안 된다. 넷째, 군주는 강력한 군대를 창설하고 유지해야만 한다. 다섯째, 군주는 다른 인간들과 마찬가지로 운명의 변화를 맞이하기 마련이므로 왕국을 유지하기 위해 적절한 시기에 위기를 대비해야만 한다.

01 핵심 내용 파악
답 ④

정답 해설

이 글은 마키아벨리가 『군주론』에서 강조한 '외양'의 함의를 정치적 행위자의 보호와 대중의 지지 확보라는 효용을 중심으로 설명하고 있다.

오답 해설

① 이 글은 마키아벨리의 정치사상에서 강조되고 있는 외양의 속성과 효용성에 대해 설명하고 있을 뿐, 마키아벨리의 정치사상이 갖는 한계를 언급하고 있지 않다.

② 이 글은 마키아벨리의 정치사상이 변화해 온 양상을 언급하고 있지 않다.

③ 이 글은 마키아벨리의 정치적 견해가 후대에 미친 영향에 대해 언급하고 있지 않다.

⑤ 이 글은 2문단에서 플라톤과 같은 그리스 사상가나 중세의 정치사상가들이 정치 영역에서 구현하고자 했던 것을 언급하고 있을 뿐, 마키아벨리가 강조한 외양에 대해 정치사상가들이 비판한 내용은 언급하고 있지 않다.

02 세부 내용 파악
답 ③

정답 해설

5문단에서 마키아벨리는 잔인함이라도 절약해서 사용하면 기강을 바로잡아서 자비스러움보다도 더 관대한 결과를 가져오기 때문에 덕이 되며, 잔인함은 단지 소수의 사람에게만 해를 가하는 것으로 보았다고 하였다. 따라서 공동체의 이익을 위해 통치자는 다수에게 적절한 잔인함을 사용해야 한다는 것은 마키아벨리의 견해로 볼 수 없다.

오답 해설

① 5문단에서 통치자의 관후함이 국고를 탕진하게 되고 이는 궁극적으로 인민의 세금 부담으로 이어지기 때문에 악덕으로 전환된다는 마키아벨리의 견해를 언급하고 있다. 이는 곧 마키아벨리가 통치자의 선한 의도가 선한 결과를 이끌지 않을 수도 있다고 보았음을 의미한다.

② 4문단에서 마키아벨리는 통치자가 권력의 유지에 필수적인 대중의 지지를 확보하기 위해서 능숙한 가장과 위선이 필요하다고 인식했다고 하였다. 이를 통해 마키아벨리가 통치자는 외양의 조작을 통해서라도 대중의 지지를 얻어야 한다고 생각했음을 알 수 있다.

④ 2문단에서 마키아벨리의 경우 정치는 변화무상한 생성과 현상의 영역이기 때문에 철학적 진리나 종교적 진리의 적용을 거부한다고 언급하고 있다. 이를 통해 마키아벨리가 종교적 진리를 불안정하고 유동적인 정치 상황에 적용하는 것은 부적절하다는 견해를 지녔음을 알 수 있다.

⑤ 4문단의 "정상적인 정치적 상황에서 통치자는 기존의 도덕과 규범을 준수해야 하고 이 경우에는 위선과 가장을 필요로 하지 않을 것"이라는 언급을 통해, 마키아벨리도 정상적인 정치 상황에서 통치자의 정치 행위는 통상의 윤리와 일치해야 한다고 생각했음을 알 수 있다.

물먹는 문제

03 외적 준거에 따른 이해
답 ①

정답 해설

2문단에서 플라톤과 같은 그리스 사상가나 중세의 정치사상가들이 정치 영역에서 철학적 진리나 종교적 진리를 구현하고자 하였다고 언급하고 있을 뿐 이 글에서는 플라톤이 인간을 선한 존재로 본다고 판단할 근거를 찾을 수 없고, 따라서 그가 〈보기〉에 제시된 '책임의 윤리'보다 '확신의 윤리'를 실천했다고 보기 어렵다.

② 5문단에서는 통치자의 초기의 자비로움이 악덕이 되는 반면에 잔인함이라도 절약해서 사용하면 자비스러움보다도 더 관대한 결과를 가져오기 때문에 덕이 된다는 마키아벨리의 견해를 언급하고 있다. 이는 동기의 선함보다 결과의 선함을 더 중요시하는 '책임의 윤리'에 가깝다고 할 수 있다.

③ 3문단에서는 마키아벨리가 기만과 폭력이 횡행하는 정치 상황에서 정치적인 행위자가 자신을 정치적인 적으로부터 보호하기 위한 보호색으로서 능숙한 가장과 위선을 필요로 한다는 의미에서 외양의 중요성을 강조한다고 언급하였다. 이는 '이상주의자'보다 '현실주의자'의 생각에 가깝다고 할 수 있다.

④ 1문단에서는 마키아벨리가 통치자는 성실함, 자비, 인간애 및 신실함을 가지고 있는 것으로 보여야 한다고 생각했음이 드러난다. 또한 4문단의 "정상적인 정치적 상황에서~인민대중의 환심과 지지를 유지하고 획득할 수 있다는 것"을 통해 마키아벨리는 불안정한 정치 상황 때문에 외양을 강조한 것이지 정상적인 정치 상황에서는 통상적인 윤리를 추구했으며, 불안정한 정치 상황에서도 통상적인 윤리를 염두에 두고 있었다는 것을 알 수 있다. 그러므로 통치자가 정치와 통상적인 윤리 간의 긴장과 갈등 관계를 외양의 조작을 통해서라도 해소해야 한다는 마키아벨리는 결국 〈보기〉의 '이상주의자'의 태도를 긍정한다고 볼 수 있다.

⑤ 5문단에서 마키아벨리가 말한 통치자의 자비로움과 〈보기〉에서 한비가 말한 인의는 모두 통치자 개인의 윤리, 즉 사적인 윤리에 해당한다. 따라서 통치자의 자비로움이 악덕이 된다는 마키아벨리의 생각과 유가의 도덕 정치가 나라를 망친다는 한비의 주장 모두 사적인 윤리가 정치에 유해한 결과를 초래할 수 있다는 견해를 담고 있다고 볼 수 있다.

물 잠그는 **TIP**

물먹는 유형 | 세부 내용 파악 부주의형

외적 준거에 따라 내용을 이해하는 문제에서는 글의 세부적인 내용을 활용하는 경우가 다소 있기 때문에, 세부적인 내용을 제대로 파악하지 않을 경우 실수가 생기기 마련이에요. ①의 경우도 플라톤과 관련된 설명을 꼼꼼히 파악하지 않은 경우 매력적인 오답이 될 수 있어요.

해결 TIP

지문과 〈보기〉의 내용을 피상적이고 도식적으로 이해할 경우, 왠지 서로 통할 것 같은 대상과 개념을 큰 고민 없이 짝으로 묶어 버릴 수 있어요. 출제자는 바로 이 점을 노리고 있다는 것을 잊어서는 안 됩니다. 이러한 함정에 빠지지 않으려면 반드시 지문의 세부 내용과 〈보기〉의 내용, 그리고 선지의 내용을 직접 비교하고 꼼꼼히 따져야 해요.

04 세부 내용 추론　　답 ④

정답 해설

ㄱ. 3문단에 언급되었듯, 마키아벨리는 정치 상황에 기만과 폭력이 횡행하며 대부분의 정치적인 상황이 불안정하고 유동적이라고 보았다. 이를 통해 마키아벨리의 정치사상에서는 대부분의 정치를 철학적 진리나 종교적 진리와 같은 본질적 가치가 적용되지 않는 '변화무상한 생성과 현상의 영역'(ⓐ), 즉 '외양의 영역'(ⓛ)에 속한다고 보았다.

ㄴ. 2문단에서 마키아벨리는 정치가 '본질의 영역'(ⓘ)이 아니라 '외양의 영역'(ⓛ)에 속하는 것으로 파악하며, 마키아벨리에게는 군주나 정치적 행위자들이 권력을 통해서 추구하는 것은 '영혼의 완성'(ⓑ)이나 진리의 실현이 아니라 '영광과 명예'(ⓒ)였는데, 이 역시 외양의 속성에 불과하다고 언급하고 있다.

ㄷ. 3문단에서 마키아벨리는 대부분의 정치적인 상황이 불안정하고 유동적이기 때문에 정치적 행위자가 한결같이 일관되게 '기존의 도덕률'(ⓓ)을 채택하게 되면, 그의 행위는 적에게 쉽게 노출되고 간파되어 정치적으로 파멸을 초래할 위험이 커지며, 이는 개인의 파멸에 그치지 않고 정치 공동체의 사활에 관련된 결과를 초래하는 것이 통상적인 정치적 상황이라고 보았다고 언급하였다. 그리고 기존의 도덕과 규범을 준수해야 할 경우에는 위선과 가장을 필요로 하지 않을 것이라 한 4문단의 내용을 통해 '기존의 도덕률'은 '본질의 영역'(ⓘ)에 속함을 알 수 있다.

오답 해설

ㄹ. 4문단에서 통치자는 통상의 윤리로부터 일탈하여 '정치 상황의 필연적 논리'(ⓔ)에 따라서 행동해야 할 경우가 많은데, 그 경우에도 권력의 유지에 필수적인 대중의 지지를 확보하기 위해서 능숙한 가장과 위선이 필요하다고 언급하고 있다. 또한 통치자는 필연의 요구에 의해서 '독자적인 정치 윤리'(ⓕ)에 따라서 반도덕적으로 간주되는 행

위를 취해야 될 경우가 있는데, 마키아벨리는 이 경우에도 정치와 통상적인 윤리 간의 긴장과 갈등 관계를 가급적 외양의 조작을 통해서 해소해야 된다는 점을 강조하고 있다고 하였다. 그러므로 ⓔ는 ㉠에 속하지만, ⓕ는 ㉡에 속한다는 설명은 적절하지 않다. 마키아벨리의 주장에 비추어 보면 ⓔ와 ⓕ 모두 ㉡에 속한다.

겁먹지 마, 불수능

본문 36~39쪽

01 ⑤   **02** ⑤   **03** ③   **04** ④   **05** ⑤

스피드 지문 복습 정답

「루소의 『사회 계약론』」

주제

『사회 계약론』에 나타난 루소의 **사 회 계 약** 개념

문단별 중심 내용

1문단 **사 회 계 약**의 바탕이 되는 자유
2문단 인간을 시민 상태로 이행하게 하는 '**완 성 가 능 성**'과 이성의 역할
3문단 고립적인 자연인을 시민으로 변모하게 하는 **사 회 계 약**
4문단 국가의 주권자를 **인 민**으로 보는 루소
5문단 루소의 사회 계약에서 절대 권력인 **주 권**이 지닌 한계
6문단 **입 법 권**과 **집 행 권**의 행사 주체를 구분하고 있는 루소
7문단 루소의 **정 부** 형태 구분
8문단 루소가 가장 합법적인 정부 형태로 본 **공 화 정**

● 지문 구조도

루소의 사회 계약 과정과 특징
자유 의지와 이성을 바탕으로 한 완성 가능성을 토대로 특수 의지(사적인 이익 추구)를 포기하고 일반 의지(공동의 이익 추구)를 따르기로 함.

↓

사회 계약
일정한 영토 안에 있는 모든 사람들이 일반 의지에 따르기로 하고, 자연 상태에서 갖고 있는 개인의 인신과 소유물, 이에 대한 권리를 공적 인격인 정치체에 양도하기로 협약을 맺고 정치체에 소속되는 시민이 됨.

↓

국가의 설립	
그 자체의 존속을 위해 시민에게 필요한 모든 것을 의무로서 부과할 수 있는 절대 권력인 주권을 가짐.	
주권	• 절대적인 권력으로 양도 불가성과 분할 불능성을 특징으로 함. • 인민 전체가 주권자로, 개인의 인신과 소유물의 보호 및 공동선의 추구, 모든 성원들에 대한 보편적 적용이라는 한계 내에서만 작동됨. • 정부의 법 집행이 한계를 넘을 때 인민의 저항권을 인정함.
권력 분립	• 입법권과 집행권의 구분: 주권은 입법권에만 한정되고 법률 집행 권한은 정부를 선정하여 위임해야 함. • 권력 분립의 수직성: 집행권이 입법권에 종속적임.
정치 형태	• 법률의 집행권을 담당한 행정관의 수를 기준으로 민주정(주권자 모두), 귀족정(소수), 군주정(한 사람)으로 구분함. • 공동선을 추구하는 법에 의해 통치되는 정부를 공화정이라 보고, 이를 가장 합법적인 정부 형태라고 옹호함.

● 배경지식

루소의 『사회 계약론』

루소는 부자가 빈자를 지배하고 억압하는 타락의 역사를 멈추고 불평등과 억압이 없는 사회를 건설하기 위해서는 진정한 사회 계약을 맺어야 한다고 피력했다. 진정한 사회 계약의 목적은 공동의 힘으로 사회 구성원의 신체와 재산을 지켜 주고 막아 주는 정치 공동체를 설립하는 것이었다. 루소는 그러한 정치 공동체를 설립하기 위해 개인이 자신의 모든 권리를 조금도 남김없이 공동체에 양도함으로써 전체의 의사인 일반 의지가 확립된다고 보았다. 게다가 일반 의지는 오류를 범하지 않기 때

문에, 인간이 일반 의지의 표현인 법을 실행하고 준수한다면 도덕적 자유와 평등을 누리게 된다고 주장했다. 또한 루소는 비록 유능한 입법자에 의해 법이 제정된다 할지라도 개인, 사회단체, 정부 그리고 통치자가 일반 의지의 표현인 법을 준수하지 않고 공동체에 해가 되는 사적인 특수 이익을 추구할 수도 있음을 인정했다. 루소는 그 세 주체 중에서도 정부와 통치자가 공동체의 이익을 저해하여 공동체가 와해될 것을 가장 우려했다. 따라서 루소에게는 어떻게 하면 통치자와 그의 정부가 인민을 위해서 헌신하도록 할 것인가가 가장 중요한 과제였다.

01 세부 내용 파악

정답 해설

3문단에서 루소는 자연 상태에서 가지고 있는 개인의 인신과 소유물, 이에 대한 권리를 공적 인격인 정치체에 양도하기로 협약을 맺음으로써 고립적인 자연인이 정치체에 소속되는 시민이 되는 것을 사회 계약으로 보았다고 했다. 그런데 2문단에 제시된 것처럼, 루소는 인간이 '완성 가능성'을 지니고 있어 동물적 존재인 자연 상태에서 벗어나 사회적 존재인 시민 상태로 격상될 수 있다고 했으므로, 고립적인 자연인이 정치체에 소속될 수 있는 것은 '완성 가능성'이 있기 때문이라고 보았을 것이다.

오답 해설

① 8문단에서 루소는 공화정을 공동선을 추구하는 법에 의해 통치되는 정부라고 했으며, 귀족정이나 군주정도 일반 의지에 기반을 둔 법에 따라 통치된다면 공화정으로 볼 수 있다고 하였다. 따라서 법에 의한 통치 여부로는 공화정과 군주정을 구분할 수 없다.

② 6문단에서 루소는 법률의 집행 행위는 특수한 상황에 적용하는 특수한 행위에 불과하다고 생각했다고 하였다.

③ 2문단에 이성이 특수 의지와 일반 의지를 구분하고 일반 의지를 따르는 것이 참된 이익을 가져온다는 사실을 깨닫게 하여 일반 의지를 따르게 함으로써 어리석은 동물적 존재인 인간을 지성적인 존재가 되게 한다는 루소의 주장에 대한 언급이 있을 뿐, 루소가 인간의 자연 상태가 평등한 상태에서 불평등한 상태로 변화하게 되었다고 보았는지는 이 글을 통해 알 수 없다.

④ 4문단에서 루소가 사회 계약을 기반으로 형성된 국가는 절대 권력인 주권을 갖는다고 주장했다고 하였으므로, 국

가는 주권을 갖고 있지 않다는 내용은 루소의 견해로 볼 수 없다.

02 세부 내용 추론

정답 해설

1문단에 따르면 특수 의지(㉠)는 개인의 이익을 추구하는 것, 일반 의지(㉡)는 공동의 이익을 추구하는 것을 의미한다. 시민 상태는 인간이 특수 의지를 포기하고 일반 의지를 따르는 상태이지만, 이는 3문단에 언급된 것처럼 일반 의지를 따르기로 하고 특수 의지를 통해 추구하던 개인의 인신과 소유물, 이에 대한 권리를 공적 인격인 정치체에 양도하는 것일 뿐 특수 의지 자체가 사라지는 것으로는 볼 수 없다. 이는 5문단에 언급된, 정부가 한계를 넘어 법을 집행할 경우 인민이 저항할 수 있다고 본 것을 통해서도 알 수 있는데, 여기서 저항은 인민들이 정당성을 상실한 일반 의지를 따르지 않는 것이므로 이와 같은 상황에서 개인은 포기했던 특수 의지를 다시 따르게 될 수 있다.

오답 해설

① 5문단에서 루소는 주권이 일반적인 협약의 한계, 곧 특수한 개인이나 집단에 편파적으로 적용되지 말아야 하고 일반 의지에 따라 모든 구성원들에게 보편적으로 적용되어야 한다는 한계를 갖는다고 보았다고 하였다. ㉠(특수 의지)은 일반 의지와 대립되는 개념이므로, 이를 통해 어떤 특수한 개인이나 집단에 대해 편파적인 것인 것은 ㉠과 관련이 있다고 볼 수 있다.

② 3문단에서 루소는 일정한 영토 안에 있는 모든 사람들이 일반 의지에 따라 자연 상태에서 갖고 있는 개인의 인신과 소유물 그리고 이에 대한 권리를 공적 인격, 즉 도덕적이고 집합적인 단체인 정치체에 양도하기로 협약을 맺었다고 주장했다고 하였으므로, ㉡(일반 의지)이 인간이 자연 상태에서 가지고 있는 권리를 공적 인격에게 양도하도록 이끈다는 설명은 적절하다.

③ 2문단에서 루소는 이성이 특수 의지와 일반 의지를 구분하고 일반 의지를 따르는 것이 참된 이익을 가져온다는 사실을 깨닫게 하여 일반 의지를 따르게 한다고 주장했다고 했으므로, 인간의 이성은 ㉠(특수 의지)과 ㉡(일반 의지)을 구분하고 ㉡을 따르게 한다는 설명은 적절하다.

④ 1문단에서 루소는 개인의 이익을 추구하는 특수 의지를 포기하고 공동의 이익을 추구하는 일반 의지를 따름으로

써 성립하는 사회 계약의 바탕이 바로 자유라고 주장했다고 하였다. 이는 자유에 의해 특수 의지 또는 일반 의지를 선택할 수 있음을 의미하므로, 인간은 자신에게 주어진 자유에 따라 ㉠(특수 의지) 혹은 ㉡(일반 의지)을 선택할 수 있다는 설명은 적절하다.

03 세부 내용 파악   답 ③

정답 해설

6문단에 제시되어 있듯, 루소는 주권이 '양도 불가성'과 '분할 불능성'을 갖는데 주권은 입법권에만 한정되기 때문에 주권자인 인민은 정부를 선정하여 법률 집행 권한을 위임해야 한다고 하였다. 즉 인민이 정부에게 위임하는 것은 주권이 아니라 집행권이므로 루소가 인민이 정부를 선정하여 ⓐ(주권)를 위임할 수 있다고 생각한다고 볼 수 없다.

오답 해설

① 6문단에서 루소는 주권은 입법권에만 한정되고 주권자인 인민은 정부를 선정하여 법률 집행 권한을 위임해야 한다고 했으므로, 루소가 입법권을 가진 인민이 ⓐ를 갖고 있다고 생각한다는 이해는 적절하다.

② 4문단에서 홉스는 권력을 위임받은 통치자를 주권자로 본다고 하였다. 이를 통해 홉스는 절대적인 권력인 ⓐ가 통치자에게 귀속된다는 입장임을 알 수 있다.

④ 4문단에서 루소는 모든 인민이 자발적으로 합의하여 사회 계약을 맺었으므로 인민이 주권자가 된다고 주장했다고 했으므로, 루소는 사회 계약을 맺은 모든 사람이 ⓐ를 갖고 있다고 주장함을 알 수 있다.

⑤ 7문단에서 홉스와 로크는 주권자의 수에 따라 정부의 형태를 구분한다고 하였다. 따라서 홉스와 로크가 ⓐ를 가진 사람의 수에 따라 정부의 형태를 구분한다는 이해는 적절하다.

04 인과 관계 추론   답 ④

정답 해설

6문단에 언급되어 있듯 루소는 법률 집행 권한을 주권자가 정부를 선정하여 위임해야 한다고 하였고, 5문단에서는 정부가 한계를 넘어 법을 집행할 경우 인민이 저항할 수 있다고 하였다. 이는 루소의 사회 계약에서 입법권은 주권자에게 속하는 절대 권력이지만 집행권은 주권자가 정부라는 대리인에게 위임한 파생물이므로, 결국 집행권이 입법권에 수직

적으로 종속되어 있음을 의미한다.

오답 해설

① 7문단을 통해 알 수 있듯, 루소는 정부의 형태를 법률의 집행권을 주권자 모두에게 위임하는 민주정, 소수에게 위임하는 귀족정, 한 사람에게 위임하는 군주정으로 나누었을 뿐 집행권이 소수에게 위임되어 있다고 하지 않았다.

② 5문단에서 루소는 정부가 한계를 넘어 법을 집행할 경우 인민이 저항할 수 있다고 생각한다고 하였으므로 집행권에 대한 인민의 저항권을 인정한다는 것을 알 수 있다.

③ 6문단에 언급된, 집행권은 특수한 상황에 적용되는 특수한 행위라는 것은 집행권을 정부에 위임해야 하는 이유는 될 수 있지만, 이를 입법권과 집행권 사이에 수직적 성격이 강한 이유로 볼 수는 없다.

⑤ 6문단에서 루소는 입법권은 주권자인 인민 전체에게 속하는 것으로, 집행권은 주권자가 위임한 정부에 속하는 것으로 보고 있다고 언급하고 있으므로, 입법권이 행정권과 구분되어 있는 것은 맞지만 이를 통해 입법권이 행정권을 집행할 수 있다고 보기는 어렵다.

불타는 문제
05 상관 관계 추론   답 ⑤

정답 해설

5문단에서 주권은 개인의 인신과 소유물의 보호 및 공동선의 추구라는 국가 설립의 목적 내에서만 작동되어야 한다는 루소의 견해를 언급하고 있다. 그리고 〈보기〉에서 홉스는 자연 상태에서는 개인의 안정적인 자기 보전과 이익 추구가 불가능하므로 국가를 설립하기로 하고 개인의 자연권을 자발적으로 양도하기로 한 것을 사회 계약으로 본다고 하였고, 로크는 자연 상태에서 자연인은 타인에 의한 권리 침해의 위험에 끊임없이 노출되어 있어서 개인의 생명, 자유, 자산을 보전하기 힘들게 되므로 자발적 동의를 통해 공통의 권력에 양도하기로 하는 사회 계약을 맺음으로써 국가 권력이 탄생했다고 생각한다고 하였다. 이를 통해 루소, 홉스, 로크 모두 개인의 이익을 보호하기 위해 국가가 설립됐다고 생각했음을 알 수 있다.

오답 해설

① 2문단에서 이성이 어리석은 동물적 존재인 인간을 지성

적인 존재가 되게 한다는 루소의 견해를 언급하고 있다. 그리고 〈보기〉에서는 자연 상태에서는 개인의 안정적인 자기 보전과 이익 추구가 불가능하다는 홉스의 견해와, 자연 상태에서 자연인은 타인에 의한 권리 침해의 위험에 끊임없이 노출되어 있어서 개인의 생명, 자유, 자산을 보전하기 힘들게 되었다는 로크의 견해를 언급하고 있다.

② 1문단에서 루소는 개인의 이익을 추구하는 특수 의지를 포기하고 공동의 이익을 추구하는 일반 의지를 따름으로써 성립하는 사회 계약의 바탕이 바로 자유라고 하였다. 〈보기〉에서 홉스는 개인의 자연권을 자발적으로 양도하기로 한 것이 사회 계약이라고 보고 있고, 로크 또한 자연인이 자발적 동의를 통해 사회 계약을 맺었다고 언급하고 있다.

③ 5문단에서는 절대 권력인 주권은 일반적인 협약의 한계를 넘지 말아야 한다는, 루소의 사회 계약이 갖는 주권의 한계에 대해 언급하고 있다. 그리고 〈보기〉에서 홉스는 아무리 군주라고 해도 개인의 생명에 위해를 가하는 명령을 내릴 수 없고, 주권자의 권력은 개인의 안전과 사회의 평화를 위해서 행사될 수밖에 없다고 주장했다고 했으며, 로크도 입법부는 개인의 재산권을 보호하는 국가 설립 목적에 맞게 입법권을 행사해야 하고 행정부도 이에 따라 자신들에게 위임된 집행권과 연합권을 행사해야 한다고 주장했음을 언급하고 있다.

④ 6문단에서 루소는 주권이 '양도 불가성'과 '분할 불능성'을 갖고 있다고 하였다. 그리고 〈보기〉에서 홉스는 권력을 양도받은 주권자는 자신과 분리할 수도, 나누어 가질 수도 없는 절대 권력을 가진다고 보았다고 하였다. 반면 로크는 국가 권력이 입법권, 집행권, 연합권으로 분할된다고 하였다. 여기서 국가 권력은 개인이 스스로의 자연법 집행권을 양도한 권리로, 루소와 홉스가 말하는 주권에 해당한다. 따라서 국가 권력, 즉 주권의 분할을 주장한 로크와 달리 홉스와 루소는 주권의 양도 불가능성과 분할 불가능성을 주장한다고 볼 수 있다.

불 끄는 **TIP**

불나는 유형 | 유사 이론 간의 공통점과 차이점 파악 부족형

유사한 성격을 가진 이론들을 제시하고 그 사이에 존재하는 공통점과 차이점을 파악하는 문제는 수능의 단골 출제 유형 중 하나예요. 이 문제의 경우 사회 계약론을 주장한 세 명의 이론을 제시하고 각 이론들이 지닌 공통점과 차이점을 묻고 있는데, 권력 분립을 주장한 루소와 로크가 왠지

통할 것 같고, 군주정을 지지한 홉스가 많이 다를 것 같다고 판단하고 접근하면 낭패를 볼 수 있습니다. 자신의 신념과 일치하는 정보는 받아들이고 신념과 일치하지 않는 정보는 무시하는 확증 편향에 빠지기 쉽기 때문이죠.

해결 TIP

각 이론을 막연한 느낌으로 섣부르게 분류하지 말고 선지에서 언급한 내용과 관련된 각 이론의 세부 주장을 개별적으로 확인해서 판단해야 합니다. 여기에서 중요한 것은 본문과 선지에 제시된 어휘 중에는 동일하게 반복되는 것이 있고 이를 풀어서 제시한 부분이 있다는 점이지요. 속독을 하다 보면 이를 놓칠 수 있으므로, 평소 빠르게 정독하는 훈련을 해 두어야 하나의 어휘나 어구가 동일하게 쓰이지 않더라도 글의 내용을 연결하여 이해할 수 있습니다.

본문 40~43쪽

01 ② **02** ⑤ **03** ④ **04** ④

스피드 지문 복습 정답

노양진, 「정언 명제와 정언 삼단 논증」, 『논리적 사고의 길』

주제

정언 명제와 정언 삼단 논증의 개념과 특징

문단별 중심 내용

1문단 정언 명제의 개념
2문단 정언 명제의 구성 요소
3문단 정언 명제에서 명제 양의 결정 방식
4문단 정언 명제의 네 가지 표준 형식
5문단 일상 명제를 정언 명제의 표준 형식으로 전환한 예
6문단 삼단 논증과 정언 삼단 논증의 개념
7문단 정언 삼단 논증의 구성 요소
8문단 정언 삼단 논증의 형식 결정 요소와 형식과 타당성의 관계
9문단 정언 삼단 논증의 형식 결정 요소 중 하나인 식의 특징

● 지문 구조도

정언 명제		
개념	주어와 술어를 각각 집합으로 간주하고 두 집합 사이의 포함 관계를 긍정하거나 부정하는 명제	
구성 요소	양화사, 주어, 술어, 계사로 구성됨.	
	양화사	명제의 양(전칭, 특칭)을 결정함. – 모든: 명제의 전칭 결정 – 어떤: 명제의 특칭 결정
	계사	명제의 질(긍정, 부정)을 결정함. – 이다: 명제의 긍정 결정 – 아니다: 명제의 부정 결정
표준 형식	• 양화사＋주어＋술어＋계사로 이루어짐. • 양과 질의 조합에 의해 전칭 긍정(A), 전칭 부정(E), 특칭 긍정(I), 특칭 부정(O)으로 나뉨.	

정언 삼단 논증		
개념	두 개의 전제와 하나의 결론이 모두 정언 명제로 이루어진 논증	
구성 요소	• 대개념(결론의 술어), 소개념(결론의 주어), 매개념(대개념과 소개념을 매개하여 결론을 성립시키는 개념)으로 구성됨. • 대개념을 포함한 전제를 '대전제', 소개념을 포함하고 있는 전제를 '소전제'라고 함.	
표준 형식	식과 격이 한데 묶여 형식을 결정함.	
	식	– 대전제, 소전제, 결론의 명제 유형을 밝혀 순서대로 적은 것 – 정언 명제의 네 형식(A, E, I, O) 중 임의의 세 개를 이용하여 전체 64개의 식이 가능함.

● 배경지식

정언 삼단 논증과 정언 명제의 관계

삼단 논증은 가장 기본적인 연역 논증으로, 두 개의 전제와 하나의 결론을 갖는다. 즉, 두 개의 전제에서 하나의 결론이 도출된다. 그런데 삼단 논증 중 가장 대표적인 것이 정언 삼단 논증이다. '정언'은 어떤 명제나 주장을 '만일', '혹은' 등의 조건 없이 확정하여 말하는 것을 의미한다. 그러므로 정언 명제는 판단의 대상 또는 사건의 속성을 갖고 있는지를 단언적으로 말하는 명제이다. 정언 삼단 논증의 경우 세 개의 정언 명제와 세 개의 명사를 갖는데, 세 개의 정언 명제 중 둘은 전제이고 하나는 결론이다. 정언 삼단 논증에서 전제와 결론에는 각기 다른 단어가 세 개 등장하고, 이 단어들은 각각 다른 명제에 두 번씩만 사용된다. 예를 들면 다음과 같다.

명제(3개)	명사(3개)	삼단 논법
사람은 죽는다.	대명사, 중명사	대전제
임금은 사람이다.	소명사, 중명사	소전제
그러므로 임금은 죽는다.	소명사, 대명사	결론

01 핵심 정보 파악　　　　답 ②

정답 해설

2문단에서 양화사에는 '모든'과 '어떤'이라는 두 가지가 있으며 이것이 각각 명제의 '전칭'과 '특칭'을 결정한다고 하였다.

그러므로 특징을 나타내는 '어떤'은 주어 집합에 속한 것 중 하나 이상인 것이 아니라, 적어도 하나 이상이지만 전부는 아닌 것을 가리킨다.

오답 해설

① 4문단에서 정언 명제는 양과 질이라는 두 측면의 조합에 의해 전칭 긍정, 전칭 부정 등의 표준 형식으로 나뉜다고 하였다. 2문단에서 양화사가 '전칭'과 '특징'을 결정한다고 했고, 3문단에서 정언 명제에서 명제의 양은 양화사에 의해 결정된다고 했으므로 나머지 한 측면인 질은 '긍정'이거나 '부정'이라고 볼 수 있다.

③ 1문단에서 정언 명제는 주어와 술어를 각각 하나의 집합으로 간주하며 그 두 집합 사이의 포함 관계를 긍정하거나 부정하는 명제라고 언급하고 있으므로, 정언 명제가 주어 집합과 술어 집합 간의 포함 관계와 배제 관계를 나타낸다는 이해는 적절하다.

④ 2문단에서 정언 명제는 양화사, 주어, 술어, 계사의 네 요소로 구성되는데 양화사에는 '모든'과 '어떤', 계사에는 '이다', '아니다'의 두 가지가 있다고 했다. 따라서 정언 명제인 "어떤 녹색 앵무새는 흰색이 아닌 새이다."에서 양화사 '어떤', 주어 '녹색 앵무새는', 계사 '이다'를 제외하면 술어는 '흰색이 아닌 새'라는 것을 알 수 있다.

⑤ 4문단의 "우리말에서 전칭 부정 명제는 특징 명제와 마찬가지로 '어떤'이라는 양화사를 동반할 수도 있다는 점이다."를 통해 "모든 S는 P가 아니다."라는 명제와 마찬가지로 "어떤 S도 P가 아니다."라는 명제는 전칭 부정을 나타내는 정언 명제임을 알 수 있다.

02 구체적 상황에의 적용 답 ⑤

정답 해설

ㄷ. "그 목걸이가 금으로 만들어져 있다면 그것은 싸지 않다."는 금으로 만들어진 모든 목걸이는 싸지 않다는 의미이므로, 5문단의 다섯 번째 예시를 참고하여 이를 표준 형식으로 변환하면 "모든 금으로 만들어진 목걸이도 싼 것이 아니다."로 변환할 수 있다. 그런데 4문단에서 우리말에서 전칭 부정 명제는 특징 명제와 마찬가지로 '어떤'이라는 양화사를 동반할 수도 있다고 하였으므로 '모든' 대신 '어떤'을 사용할 수 있다.

ㄹ. "저 강의실에는 컴퓨터가 한 대 있다."를 5문단의 네 번째 예시를 참고하여 표준 형식으로 변환하면 "저 강의실

과 동일한 모든 강의실은 컴퓨터가 한 대 있는 강의실이다."로 변환할 수 있다.

오답 해설

ㄱ. "이웃에 어린이가 산다."는 특정한 어린이가 이웃에 산다는 의미이므로, 5문단의 첫 번째와 두 번째 예시의 형식을 참고하면 "어떤 어린이는 이웃에 사는 어린이이다."로 변환할 수 있다.

ㄴ. "한 마리의 개도 보이지 않았다."는 개가 전혀 보이지 않았다는 의미이므로, 5문단의 첫 번째와 세 번째 예시의 형식을 참고하면 "모든 개는 보이지 않았던 동물이다."로 변환할 수 있다.

03 외적 준거에 따른 비판 답 ④

정답 해설

"시적 영감을 가진 모든 사람은 문학가다. 어떤 예술가는 시적 영감을 갖고 있다. 그러므로 모든 예술가는 문학가다."라는 삼단 논증의 각 명제를 정언 명제로 변환할 경우, 첫 번째 명제는 전제이면서 전칭 긍정이고, 두 번째 명제는 전제이면서 특징 긍정이며, 세 번째 명제는 결론이면서 전칭 긍정이다. 그러므로 이 논증은 두 전제가 모두 긍정이고 결론도 긍정이므로 〈보기 1〉에 제시된 규칙 ㄷ에 합치되고, 첫 번째 전제는 전칭, 두 번째 전제는 특징이므로 결론이 특징이어야 하는데 전칭이므로 규칙 ㄴ에 위반된다.

04 다른 상황에의 적용 답 ④

정답 해설

9문단에서 대전제, 소전제, 결론의 명제 유형을 밝혀 순서대로 적은 것을 식이라고 하였다. 또한 7문단을 통해 결론의 주어가 소개념, 술어가 대개념이며 대개념을 포함하고 있는 전제는 대전제, 소개념을 포함하고 있는 전제는 소전제임을 알 수 있다. 그러므로 ㄱ의 대전제는 "모든 교과서는 표준화된 책이다.", 소전제는 "어떤 참고서는 표준화된 책이다.", 결론은 "어떤 참고서는 교과서다."가 된다. 따라서 4문단에 제시된 정언 명제의 4가지 표준 형식의 기호에 따르면, ㄱ의 정언 삼단 논증의 식은 AII임을 알 수 있다. 그리고 ㄴ의 대전제는 "모든 영웅은 용감한 사람이다", 소전제는 "모든 겁쟁이는 용감한 사람이 아니다.", 결론은 "모든 겁쟁이는 영웅이 아니다."이므로 ㄴ의 정언 삼단 논증의 식은 AEE임을 알 수 있다.

① ㄱ에서 결론은 "어떤 참고서는 교과서다."이므로 술어 부분에 해당하는 '교과서'는 대개념이 된다. 그리고 ㄴ에서 결론은 "모든 겁쟁이는 영웅이 아니다."이므로 술어 부분에 해당하는 '영웅'이 대개념이 된다.

② ㄴ에서 결론은 "모든 겁쟁이는 영웅이 아니다."이므로 명제의 주어 부분에 해당하는 '겁쟁이'는 소개념이 된다. 그리고 ㄷ에서 결론은 "어떤 애완동물은 말을 하지 않는 동물이다."이므로 명제의 주어 부분에 해당하는 '애완동물'이 소개념이 된다.

③ 7문단에서 하나의 삼단 논증에서 대개념, 소개념, 매개념은 각각 두 번씩 사용된다고 하였다. ㄱ과 ㄷ에서 대개념과 소개념을 제외하고 두 번 사용된 것은 각각 '표준화된 책'과 '앵무새'이므로 '표준화된 책'과 '앵무새'가 매개념이 된다.

⑤ I는 특칭 긍정을 의미하는데, ㄷ에서는 명제 "어떤 앵무새는 말을 하지 않는 동물이다."와 "어떤 애완동물은 말을 하지 않는 동물이다."가 특칭 긍정에 해당된다. 그리고 ㄷ의 명제 "모든 앵무새는 애완동물이다."의 경우 전칭 긍정인 A에 해당하므로 ㄷ은 전칭 부정인 E와 특칭 부정인 O 정언 명제를 포함하고 있지 않다.

물 잠그는 **TIP**

물먹는 유형 | 다른 상황에의 적용 부주의형

지문의 일부 내용을 참고하여 적용하는 문제의 경우, 지문에 대한 사실적 이해와 더불어 명시적으로 드러나지 않은 내용에 대한 추론이 필요해요. 본문에서는 매개념의 예를 구체적으로 제시하고 있지 않지만, 7문단에서 정언 삼단 논증을 구성하는 세 개념이 하나의 삼단 논증에서 각각 두 번씩 적용된다고 했으므로 대개념과 소개념을 제외하고 두 번 쓰인 개념을 찾음으로써 매개념의 개념을 추론할 수 있어요. 그리고 2문단의 '이다', '아니다'가 '긍정'과 '부정'을 결정한다는 내용을 통해 ㄷ의 첫 번째 명제가 부정이 아니라 긍정임을 사실적으로 이해할 수 있지요.

해결 TIP

이러한 유형의 문제는 일반적으로 〈보기〉를 제시해 주는데, 〈보기〉의 내용이 지문의 어떤 부분과 관련이 있는지 파악하는 것이 중요해요. 지문과 연관된 부분을 찾기 위해서는 〈보기〉나 선택지에 사용된 용어를 살펴보고 그 용어가 지문의 어느 부분에 쓰였는지 확인해야 해요. 이런 방식으로 접근해야 이와 같은 유형의 문제를 좀 더 쉽게 풀 수 있어요.

겁먹지 마, 불수능

본문 44~47쪽

01 ⑤ **02** ② **03** ② **04** ⑤ **05** ①

스피드 지문 복습 정답

「논증의 표준화」

주제

논증문의 유형과 논증의 표 준 화

문단별 중심 내용

1문단 논증의 표 준 화 의 개념과 특징
2문단 수 렴 형 논 증 문 의 개념과 표준화 예시
3문단 하 위 논 증 의 특징과 결합형 하위 논증문의 표준화 예시
4문단 매 개 형 하 위 논 증 문 의 개념과 표준화 예시
5문단 다 중 결 론 논 증 문 의 개념과 표준화 예시
6문단 병 렬 형과 수 렴 형의 결 합 형 논 증 문 의 개념과 표준화 예시

● 지문 구조도

논증의 표준화
논증문을 표준 형식으로 재구성하는 것으로 논증문을 전제와 결론 순으로 나타냄.

↓

논증문의 표준화 예	
수렴형	둘 이상의 전제가 결론을 각각 지지해 주는 논증문 예 ❶, ❷(전제) → ❸(결론)
결합형 하위 논증	• 하위 논증: 어떤 논증 안에 있는 전제가 다른 논증 안에 있는 결론이 되는 논증 • 전제를 지지하기 위한 하위 논증이 큰 논증의 구성 요소로 결합된 형태 예 ❶(전제) → ❷(결론, 전제)+❸(전제) → ❹(결론)
매개형 하위 논증	전제가 하위 논증의 결론을 지지해 주고, 하위 논증의 결론이 전제가 되어 주 논증의 결론을 지지해 주는 논증문 예 ❶(전제) → ❷(결론, 전제) → ❸(결론)

다중 결론 논증문	하나의 전제가 두 개의 결론을 지지하는 논증 문으로, 단일 전제로부터 두 개의 결론이 노 출됨. 예 ❶(전제) → ❷, ❸(결론)
병렬형 + 수렴형 논증문	• 병렬형인 하위 논증과 수렴형인 주 논증이 결합된 형태 • 최종 결론에 대한 복수의 전제가 있는데 그 전제는 전제이거나 하위 논증의 결론이 됨. 예 ❶(전제) → ❸(결론), ❷(전제) → ❹(결론), ❸, ❹, ❺(전제) → ❻(결론)

● **배경지식**

논증

논증이란 어떤 하나의 명제가 다른 명제들로부터 도출되기 위하여 요구되는 명제들의 집합이다. 다시 말해 논증은 다른 진술을 뒷받침하거나 믿을 만한 논거를 제공하기 위해 주장되는 하나 혹은 몇 개의 전제들과 다른 하나의 결론으로 이루어진 진술들의 체계이다. 그런데 논증은 명제를 단순히 모아 놓은 것이 아니라 반드시 구조를 지닌다. 모든 논증들은 전제들이 실질적으로 결론을 뒷받침하는 논증일 수도 있고 전제들이 결론을 실질적으로 뒷받침하지 못하는 논증일 수도 있는데 전자를 훌륭한 논증, 후자를 훌륭하지 못한 논증이라고 한다.

01 세부 내용 파악 <답> ⑤

정답 해설

ㄴ. 2~6문단에 제시된 논증문의 예시를 통해 전제는 하나 이상의 문장으로 구성됨을 알 수 있다.

ㄷ. 2문단에 제시된 수렴형 논증문 "의학적 문제를 약물로만 ~ 종종 부작용이 있다."를 통해 결론이 전제보다 먼저 기술될 수도 있음을 알 수 있다.

ㄹ. 3문단에 제시된 하위 논증의 개념을 통해 하나의 논증에 쓰인 전제가 다른 논증에서 결론이 되기도 함을 알 수 있다.

오답 해설

ㄱ. 1문단에서 논증의 표준화를 통해 간접적으로 표현된 주장을 명시적으로 드러낼 수 있다고 언급하고 있으므로, 이를 통해 논증문의 주장은 명시적으로 드러나지 않을 수도 있음을 알 수 있다.

02 세부 내용 추론 <답> ②

정답 해설

논증문과 달리 [A]는 전제에서 사용된 '첫째, 둘째'라는 순서를 나타내는 말이, [B], [E]는 전제에서 사용된 '때문에'라는 이유를 나타내는 말이, [C]는 전제에서 사용된 '인생을 이끌어 가는 사람에 의해 주어진' 부분이 생략되었는데, 이 부분은 번호를 매겼거나, 전제와 결론을 분리하여 필요가 없어졌거나, 다른 전제에 사용된 부분이다. 그러므로 논증문에 사용된 전제의 내용 중 타당하지 않은 부분은 생략한다는 추론은 적절하지 않다.

오답 해설

① [A]~[E]에서 결론에 해당하는 문장은 문장 앞에 '따라서' 또는 '그러므로'와 같은 단어를 사용하고 있다.

③ [A]~[E]에서는 전제와 결론에 번호를 매기고 있으며, 1문단에서 논증의 표준화는 논증문을 전제와 결론 순으로 나타낸다고 언급하고 있는데 [A]~[E] 모두 이에 따라 결론과 관련된 전제를 결론 앞에 놓고 있음을 알 수 있다.

④ [A]~[E]에서 사용된 전제와 결론 모두 평서문을 사용하고 있다.

⑤ [B], [E]를 보면 표준화하기 이전의 논증문에서 전제와 결론이 '때문에'로 연결된 경우 표준화 과정에서 전제와 결론을 분리함을 알 수 있다.

03 상관 관계 추론 <답> ②

정답 해설

〈보기〉의 [가]는 전제 ❶, ❷, ❸이 결론 ❹를 지지하므로 하위 논증이 존재하지 않는다. 그에 반해 [C]는 ❶, ❷가 하위 논증에 해당한다.

오답 해설

① 〈보기〉의 [가]의 ❷ "내일부터가 주말이다."는 결론인 ❹ "그러므로 나는 강원도에 있을 것이다."를, [C]의 ❷ "모든 인생은 다른 목적을 갖고 있다."는 결론인 ❸ "그러므로 인생의 목적은 일반적으로 알려질 수 있는 것이 아니다."를 지지하고 있다.

③ 〈보기〉의 [나]의 ❶, ❷와 [C]의 ❶, ❷는 전제이므로 〈보기〉의 [나]와 [C]는 모두 전제가 2개이다.

④ 〈보기〉의 '논증문 1'과 [가]를 비교해 보면 〈보기〉의 '논

증문 1'에는 [가]의 전제 ❷, ❸이 생략되어 있음을 알 수 있다. 반면 [C]로 표준화하기 이전의 논증문에는 "그것은 인생을 이끌어 가는 사람에 의해 주어진 다른 목적을 가지고 있기 때문이다."에 전제 ❷가, "인생을 이끌어 가는 사람만이 인생에 목적을 줄 수 있다."에 전제 ❶이 제시되어 있다.

⑤ 〈보기〉의 '논증문 2'와 [나]를 비교해 보면 〈보기〉의 '논증문 2'에는 [나]의 결론 ❸이 생략되어 있음을 알 수 있다. 반면 [C]로 표준화하기 이전의 논증문에는 "인생의 목적은 일반적으로 알려질 수 있는 것이 아니다."에 결론 ❸이 제시되어 있다.

04 세부 내용 추론   답 ⑤

정답 해설

㉠의 "그 전제는 전제이거나 하위 논증의 결론이 된다."에서 두 번째 언급된 '전제'는 하위 논증이 존재하지 않는 전제를 의미하며, '하위 논증의 결론'은 하위 논증의 결론이면서 주 논증에서는 전제인 전제를 의미한다.

불타는 문제

05 구체적 상황에의 적용   답 ①

정답 해설

[A]는 전제 ❶과 ❷가 각각 결론 ❸을 뒷받침하고 있다. 왜냐하면 ❶과 ❷는 결론인 ❸에 제시된, 의학적 문제를 약물로만 치료할 수 없는 여러 가지 이유 중 두 개에 해당되기 때문이다. 따라서 이에 해당하는 구조도는 가이다. 그리고 [B]의 주 논증의 경우 ❷는 컴퓨터는 고의적인 규칙 위반을 할 수 없다는 것이고 ❸은 속임수는 고의적인 규칙 위반이 필요하다는 것이기 때문에, ❷와 ❸ 중 하나의 전제라도 없으면 결론 ❹를 이끌어 내기 힘들므로 전제 ❷와 ❸이 결합하여 결론 ❹를 뒷받침하고 있다고 볼 수 있다. 이에 해당하는 구조도는 마이다. [D]는 전제 ❶이 결론 ❷와 ❸을 지지한다. 따라서 이에 해당하는 구조도는 다이다.

불 끄는 TIP

불나는 유형 | 글의 사실적·추론적 이해 부족형

지문에 제시된 내용의 의미를 올바르게 파악하기 위해서는 지문의 내용을 사실적·추론적으로 이해하는 것이 필요해요. 〈보기 1〉에서 두 개의 전제가 각각 결론을 부분적으로

뒷받침한다는 의미는, 전제들 사이에 긴밀성이 부족하여 하나의 전제가 생략될 경우 전제가 생략되기 전보다 결론을 이끌어 내는 데는 부족함이 있지만 여전히 남은 전제가 결론을 뒷받침함을 의미해요. 그에 반해 두 개의 전제가 함께 결합하여 결론을 뒷받침한다는 것은 전제들의 관계가 긴밀하여 하나의 전제가 생략될 경우 타당한 결론을 이끌어 낼 수 없음을 의미해요.

해결 TIP

이 문제의 경우, 문제가 되고 있는 해당 부분을 지문에서 확인하고 그 구체적 내용을 비교·분석해서 차이점을 포착해야 해요. 그리고 〈보기〉의 구조도와 연결하기 위해서는 해당 내용의 도식화가 필요합니다. 이와 같은 문제를 어려움 없이 풀기 위해서는 평소에 지문을 읽으며 내용을 머릿속으로 또는 연필로 그려 가며 도식화하는 훈련을 하는 것이 좋습니다.

방심하지 마, 물수능

본문 48~51쪽

01 ④　**02** ③　**03** ③　**04** ③

스피드 지문 복습 정답

조영선, 「저작물의 조건과 창작성」, 『지적 재산권법』

주제

저작물이 저작권법의 보호를 받기 위한 조건과 창 작 성 을 인정하기 어려운 경우

문단별 중심 내용

1문단 저 작 물 의 개념과 표절·패러디·오마주의 차이점

2문단 저작물이 저 작 권 법 의 보호를 받기 위한 조건

3문단 창 작 성 의 유무를 판단하기 애매한 경우

4문단 기 능 적 저작물에서 창작성을 기대하기 어려운 이유

5문단 전 형 적 표현을 저작물로 취급하기 어려운 이유

● **지문 구조도**

저작물의 개념과 표절·패러디·오마주의 차이점	
저작물	사상이나 기술, 이론, 감정 등을 표현한 창작물
표절	저작물을 원작자의 허락 없이 모방하는 것
패러디	원작을 밝히고, 그것을 풍자적으로 표현하는 것
오마주	원작자의 업적을 존경하는 차원에서 특정 장면을 재현하는 것

저작물이 저작권법의 보호를 받기 위한 조건
• 인간의 사상이나 감정을 표현해야 함. • 창작성이 있어야 함. • 창작성의 유무를 판단하기 애매한 경우가 있음.

기능적 저작물에서 창작성을 기대하기 어려운 이유
• 기능적 저작물은 아이디어를 표현할 수 있는 수단이 제한됨(아이디어와 표현의 합체). • 저작권은 창작자뿐 아니라 사용자를 보호하기 위한 법률임.

전형적 표현을 저작물로 취급하기 어려운 이유
필수적 표현 → 창작성 부족 → 저작물로 보기 어려움.

● **배경지식**

표절

표절은 다른 사람이 창작한 저작물을 자신의 것처럼 공표하는 것을 말하는데, 저작권법에 명시된 법률 용어는 아니고, 윤리적 차원의 개념으로 볼 수 있다. 다른 사람의 저작물을 원작자의 허락 없이 이용한다는 점에서 저작권 침해와 비슷하다. 저작물을 표절하는 경우 저작권 침해로 저작권법에 따라 처벌을 받게 된다. 저작권이 보호하는 기간이 만료된 저작물을 표절한다면 저작권 침해는 아니므로 저작권법에 따른 처벌을 받지는 않지만 윤리적 차원에서 비난받는 경우가 많다.

01 서술 방식 파악　답 ④

정답 해설

설의법은 쉽게 판단할 수 있는 사실을 의문의 형식으로 표현하여 상대방이 스스로 판단하게 하는 방법이다. 이 글에는 설의적 표현이 사용되지 않았다.

오답 해설

b. 창작성이 관념적인 표현이기 때문에 그것을 판단하기 애매한 경우가 많다는 속성을 밝히고 그로 인해 발생하는 현실적 문제가 있다는 점을 3, 4문단에서 설명하였다.

c. 1문단에서 저작물이 저작권법의 보호를 받기 위해 필요한 조건이 무엇인지를 물은 후 2문단에서 질문에 대한 답을 제시하고 있다. 3문단에서 사진 저작물이 창작성을 인정받을 수 있을지를 묻고, 그에 대해 답을 하고 있다.

d. 5문단에서 전형적 표현을 건물에, 사용되는 벽돌에 비유하여 설명하고 있다.

02 세부 정보의 파악　답 ③

정답 해설

2문단에서 저작물의 창작성은 이전에는 없었던 완전하게 새로운 것이 아니고, 남의 것을 단순하게 모방하지 않아야 하며 작자 자신의 독자적인 사상이나 감정을 담고 있어야 한다고 하였다. 따라서 ③의 설명은 적절하지 않다.

저작권 침해 소송에서 C의 제기를 인정한 것은 C의 저작
물에 창작성이 있기 때문이다.

② , ⑤ A는 특정 구역과 주요 건축물을 본래 형상에 가깝게
단순화하여 지도에 표현하였는데, 이것은 아이디어를 표
현할 적절한 수단이 제한되어 있기 때문에 표현의 다양성
을 기대하기 어려운 경우에 해당한다. 한편 C는 A와 달
리 관광객이 관광 명소를 한눈에 볼 수 있도록 크기나 거
리를 의도적으로 다르게 표현한 지도를 제작하였기 때문
에 창작성이 인정된 것이다.

④ A가 대상을 취사선택하여 형상에 가깝게 단순화한 것은
A의 아이디어이고, 이것이 창작적으로 표현되지 않았기
때문에 저작권법의 보호를 받지 못한 것이다.

① 1, 2문단의 내용으로 볼 때 저작권법은 저작물을 창작한
저작자의 권익을 보호하기 위한 것이다. 그리고 4문단에
서 모든 저작물의 저작권을 인정할 경우 수요자에게 불편
이 발생할 수 있다고 언급하였으므로 저작권이 수요자의
권익 또한 보호하기 위한 것임을 알 수 있다.

② 4문단에서 언급한, 아이디어를 표현할 수 있는 적절한 수
단이 제한된 경우에 해당한다.

④ 패러디와 오마주는 원작을 모방한다는 점에서 공통점을
갖지만, 1문단에 따르면 패러디는 원작의 모방을 통해 풍
자를 하고, 오마주는 원작자의 업적에 존경을 표현한다는
점에서 차이가 있다.

⑤ 3문단에서 저작물의 내용이나 특징을 암시하는 독창적인
제목들의 경우에는 창작성을 부인하기보다는 개별적으로
평가하고 판단되어야 한다고 하였다.

03 비판적 판단   답 ③

정답 해설

음식점의 내부 공간을 충실하게 촬영하였다는 것은 누가 찍
어도 그와 같은 결과를 낼 수 있는 상황이므로 창작성을 지
닌 저작물로 인정받기 어렵다.

오답 해설

① , ⑤ 구도의 설정이라는 촬영자의 창작성이 발휘되었다.

② 조도의 조절이라는 촬영자의 창작성이 발휘되었다.

④ 시간의 선택이라는 촬영자의 창작성이 발휘되었다.

물먹는 문제

04 구체적 상황에의 적용   답 ③

정답 해설

B의 모방이 인정된 것은 A의 지도가 기능적 저작물이기 때
문이 아니라 A가 지도를 만들 때 사용한 방법이 아이디어와
표현이 합체된 경우이기 때문이다. (나)의 경우를 보더라도
지도라고 해서 무조건 창작성이 인정되지 않는 것은 아니다.

오답 해설

① 2문단에서 저작물의 창작성이 인정될 때 저작권법의 보
호를 받는다고 하였다. 따라서 법원이 C가 제기한 D의

물 잠그는 TIP

물먹는 유형 | 대상의 비교 불능형

〈보기〉의 (가)와 (나)는 유사하면서도 다른 상황인데 (가)는
저작권법의 보호를 받지 못한 반면 (나)는 저작권법의 보호
를 받고 있지요. (가), (나)의 차이점이 무엇인가요? 이렇게
비교 대상의 공통점과 차이점을 묻는 경우 이 글의 내용을
제대로 파악하고 있지 않으면 어려움을 겪게 됩니다.

해결 TIP

대상의 공통점이든 차이점이든 이 글 또는 〈보기〉에서 항상
그 정보를 주기 때문에 지문을 주의 깊게 읽어야 합니다.
특히 이 글에서 비교할 수 있는 둘 이상의 대상이 나올 때
는 출제될 확률이 매우 높으므로 반드시 지문에 표시하고,
그것들의 공통점과 차이점을 체크해 놓는 것이 유리합니다.

겁먹지 마, 불수능   본문 52~55쪽

01 ④   **02** ③   **03** ④   **04** ②   **05** ④

스피드 지문 복습 정답

**서윤호·오혜진·최정호, 「형사 소송의 절차」, 『10대를 위한
재미있는 형법 교과서』**

주제

형 사 소 송 의 절차

문단별 중심 내용

1문단 형사 소송의 과정 ① - 수사 절차: 수사의 목 적과
조건, 방법

2문단 형사 소송의 과정 ② – 공판 절차: 공 판 의 개념과 과정

3문단 형사 소송의 과정 ③ – 집행 절차: 형 벌 의 종류와 형사 보상

● **지문 구조도**

형사 소송의 과정
형사 소송법에 따라: 수사 → 공판 → 집행 절차

수사 절차 – 수사의 목적과 조건, 방법	
수사의 단서가 있을 때 수사권을 가진 경찰이나 검찰이 수사를 개시함.	
목적	범죄의 혐의 유무를 밝혀 공소를 제기하거나 유지하는 것
조건	신의칙에 반하는 함정 수사는 허용되지 않으며, 목적에 비례하는 정도의 수사여야 함.
방법	임의 수사를 원칙으로 하지만, 임의 수사로는 수사의 목적을 달성할 수 없을 때 강제 수사를 할 수 있음.

공판 절차 – 공판의 개념과 과정	
수사 과정에서 피의자의 범죄 혐의가 인정되면 검사는 공소를 제기하고 공판이 시작됨.	
개념	좁게는 재판을, 넓게는 재판의 전 과정을 가리킴.
과정	– 법원의 공판 기일 확정 → 재판 당사자들은 공판 준비를 함. → 공판 기일 인정 신문 → 모두 진술 → 검사와 변호인의 공방 → 피고인 신문 → 구형 → 최후 진술 → 선고 – 재판 당사자가 판결에 불복하면 상소할 수 있음.

집행 절차 – 형벌의 종류와 형사 보상	
• 공판 결과 유죄로 판결되면 형벌 또는 보안 처분이 집행됨.	
형벌	생명형, 자유형, 재산형, 명예형
보안 처분	형벌을 대체하거나 보충하는 것
• 법원의 유죄 판결이 잘못되었을 경우 형사 보상을 청구할 수 있음.	

● **배경지식**

3심제

우리나라의 경우 공판은 3심제를 택하고 있으며, 1심

법원의 판결에 불복하여 '항소'하면 2심 법원(고등 법원)에서 판결하며, 이 판결에 불복하여 '상고'하면 3심 법원(대법원)에서 최종 판결한다. 이때 대법원에서 법원의 판결이 잘못되었다고 인정하면 형사 처벌을 받는 사람은 국가로부터 형사 보상을 받을 수 있다. 만약 2심 재판에서 1심 재판이 잘못되었다고 판결하고 재판 당사자가 상고하지 않으면 그것으로 재판은 마무리되고, 역시 형사 보상을 받을 수 있다.

01 세부 정보 파악 · 답 ④

정답 해설

둘 이상의 형을 집행할 때 중한 형을 먼저 집행하는 것이지 중한 형만 집행하는 것이 아니다.

오답 해설

① 2문단에 따르면 검사와 피고인, 변호인 등이 재판 당사자이고, 판사 혹은 법원은 재판의 주재자이다.

② 검사는 수사, 공판, 집행 과정에 모두 참여한다.

③ 강제 수사는 피의자의 동의 없이도 가능하다. 다만 법률에 근거해야 하고, 영장이 있어야 한다.

⑤ 위법한 수사로 인한 피해에 대해서는 담당 경찰이나 검사가 아닌 국가를 상대로 배상을 청구한다.

02 세부 정보 파악 · 답 ③

정답 해설

2문단의 첫번째 문장에서 알 수 있듯이 수사의 단서가 발생하면 수사권을 가진 경찰이나 검찰이 수사를 개시하고, 이로써 형사 소송은 시작된다.

오답 해설

① 피의자의 동의를 얻어 진행하는 임의 수사에는 영장이 필요하지 않다. 영장은 강제 수사에 필요하다.

② 수사의 목적은 공소의 제기와 유지 여부를 결정하는 것이므로 공소의 유지를 위해서도 수사가 필요하다.

④ 수사는 피의자의 범죄 사실을 증명하는 증거를 수집하여 범죄 혐의를 인정하는 단계이다. 피의자의 혐의는 공판 절차에서 증명한다.

⑤ 현행범은 현장에서 범죄를 저지른 범인이므로 수사의 단

서가 된다.

03 문맥적 의미 파악　　　　답 ④

정답 해설

공판 과정에서의 증거 조사는 판사가 검사나 변호사가 제출한 증거물을 검증하는 것이다.

오답 해설

① ㉠은 앞서 진술한 수사의 목적을 가리킨다.
② ㉡은 비례성의 원칙이라고 하는데, 수사의 목적에 비례하는 정도의 수사가 진행되어야 하고, 수사의 목적을 달성함으로써 얻는 공익과 그로 인해 개인의 기본권이 침해되는 정도가 비례해야 한다는 것이다.
③ 경찰이나 검찰이 수사를 통해 범죄 혐의가 있을 것이라고 판단하는 것을 가리킨다.
⑤ 합리적 의심이 없다는 것은 검사가 판사에게 피고인의 범죄 혐의를 의심이 없을 정도로 증명하였음을 의미한다.

04 정보의 추론　　　　답 ②

정답 해설

3문단에서 보듯이 공소를 제기한 검사는 피고인의 혐의 사실을 증거로 증명해야 하며, 판사는 검사의 증명에 합리적인 의심이 없을 때 유죄 판결을 내린다. 따라서 피의자가 범죄를 저지른 것이 명확하더라도 검사가 공판 과정에서 그것을 입증하지 못하면 판사는 피고인에게 무죄를 선고한다.

오답 해설

① 4문단에 공판 결과 유죄로 판결되면 형벌 또는 보안 처분을 받는다고 했다. 따라서 보안 처분을 받게 되는 미성년자 역시 형사 소송의 과정을 거친다.
③ 검사가 피고인의 유죄를 입증하면 판사는 검사의 구형을 참고하여 법률과 양심에 따라 형벌의 양을 선고하는 것이지, 검사의 구형에 맞추어 선고하는 것은 아니다.
④ 3문단에서 피고인도 증거의 지위를 갖는다고 하였다. 그러나 형사 소송법은 증거 재판주의를 채택하고 있고, 검사가 피고인의 범죄 혐의를 입증해야만 유죄가 인정된다. 즉 피고인이 증거의 지위를 갖기는 하지만 검사의 입증 결과가 아니므로 여타의 증거가 없으면 유죄로 판단하지 않는다.

⑤ 형사 보상은 법원의 유죄 판결이 잘못되었을 때 국가가 그 손해를 보상해 주는 것이다. 상소는 피의자가 재판의 결과를 인정하지 못할 때 청구하는 것이므로 법원의 판결이 잘못되었다고 말할 수 없고 형사 보상도 요구할 수 없다.

불타는 문제

05 구체적 상황에의 적용　　　　답 ④

정답 해설

선고는 판사가, 구형은 검사가 하는데, 판사는 검사의 구형을 참고하되 법률과 양심에 따라 판결하고 선고한다. 〈보기〉의 내용으로는 A의 형벌에 대해 검사가 어떻게 구형하였는지는 알 수 없다.

오답 해설

① A는 자신이 지폐를 위조하도록 B가 부추겼다고 주장할 수도 있다. 따라서 A는 수사 방식에 이의를 제기하여 상소를 할 수 있다.
② 2문단에서 범죄 신고는 수사의 단서라고 하였다. 지폐 위조에 대한 B의 제보는 범죄 신고에 해당한다.
③ 만약 법원에서 경찰이 함정 수사를 했다고 판단하였다면 검사의 기소를 기각했거나 A의 무죄를 선고했을 것이다.
⑤ 경찰이 A의 집을 압수 수색한 것은 임의 수사로는 A와 A가 만든 위조지폐를 증거물로 확보하기 어렵다고 판단했기 때문이라고 이해할 수 있다.

불 끄는 TIP

불나는 유형 | 구체적 상황에의 적용 불능형

〈보기〉는 지문에서 설명한 형사 소송의 과정, 즉 수사 절차, 공판 절차, 집행 절차에 대한 내용이 구체적인 상황으로 제시된 것입니다. 이처럼 지문의 내용을 바탕으로 〈보기〉를 이해해야 하는 문제의 경우, 사실적 이해 능력뿐만 아니라 명시적으로 드러나지 않은 내용에 대한 추론적 이해 능력도 필요합니다.

해결 TIP

국어 문제 해결의 지름길은 주어진 글의 정보를 정확하게 파악하는 것입니다. 빨리 가려 하지 말고 정확하게 가는 것이 중요합니다. 〈보기〉의 내용이 지문의 어떤 부분과 관련이 있는지 차근차근 짚어 가며 정답을 찾는 연습을 하는 것이 중요합니다.

방심하지 마, 물수능

본문 56~59쪽

01 ②　**02** ①　**03** ②　**04** ③

스피드 지문 복습 정답

정세훈, 「가짜 뉴스 대응 방안」, 『가짜 뉴스의 대응 방안 및 쟁점』

주제

가짜 뉴스에 대한 대 응 방 안의 특징

문단별 중심 내용

1문단 사회적 문제로 대두된 가 짜 뉴 스

2문단 내 용 적 측면과 형 식 적 측면으로 나누어 파악한 가짜 뉴스의 개념

3문단 가짜 뉴스에 대한 대 응 책의 종류

4문단 법 적 규 제의 장점과 단점

5문단 자 율 규 제의 세 가지 대응 방식

6문단 팩 트 체 크의 역할

7문단 미 디 어 리 터 러 시 교 육의 특징과 한계 및 보완 방안

● 지문 구조도

가짜 뉴스의 개념	
내용적 측면	– 사실과 다른 정보를 전달함. – 일부러 거짓 정보를 유통시키고자 하는 의도가 담김.
형식적 측면	실제 뉴스와 유사한 뉴스의 구조와 양식을 갖춤. → 겉모습만으로 뉴스의 진위 여부를 구별하기 어려움.

법적 규제, 자율 규제, 팩트 체크, 미디어 리터러시 교육

법적 규제의 장점과 단점	
장점	단점
짧은 시간 내에 가시적인 효과를 기대할 수 있음.	논란의 소지가 있고 의도하지 않은 부작용이 발생할 수 있음.

자율 규제의 세 가지 대응 방식		
대응 방식 1	대응 방식 2	대응 방식 3
가짜 뉴스 생산으로 인한 경제적 이익 제한	알고리즘 개선을 통한 가짜 뉴스의 정보망 유입 차단	전문가와의 협력을 통한 검증된 정보 제공

팩트 체크의 역할
• 저널리즘의 한 종류인 팩트 체크를 통해 뉴스 이용자에게 정보의 사실 여부를 확인 시켜 줌. 　→ 이용자 스스로가 정보의 가치를 판단하도록 도움. • 뉴스에 대한 사실성 판정 필요, 사실 검증을 위한 정보의 수집과 확인 과정에서 중립성을 확보해야 함.

미디어 리터러시 교육의 특징과 한계 및 보완 방안	
특징	– 뉴스 소비 과정에 대한 대응 전략임. – 미디어 콘텐츠의 메시지를 분석·평가·비판하는 능력에 초점을 맞춤.
한계	주로 학생들을 대상으로 하여 일반 시민 전체가 혜택을 받기 어려움.
보완 방안	언론 등 관련 기관에서 교육 자료나 가짜 뉴스 대응 매뉴얼 등을 배포함.

● 배경지식

가짜 뉴스의 정의

아직까지 가짜 뉴스에 대한 명확한 정의는 없다. 그러나 현재 가짜 뉴스는 저널리즘 영역에만 국한된 것이 아니라 정치·사회 전반에 걸쳐 유통되는 정확하지 않은 정보를 포괄하는 개념으로 자리잡고 있다. 물론 가짜 뉴스의 개념에 대한 단일한 정의는 도출되지 않았지만, '허위성, 의도성, 기사 형식'이라는 세 가지 측면은 가짜 뉴스를 구별하는 중요한 키워드이다. 다시 말해 가짜 뉴스란 허위의 사실 관계를 고의적·의도적으로 유포하기 위하여 기사 형식을 차용하여 작성한 것을 말한다.

01 세부 정보, 핵심 정보 파악

답 ②

정답 해설

5문단에서 전문 뉴스 검증 기관을 통해 논란의 여지가 있는 뉴스의 경우 정확성에 의심이 간다는 경고문을 띄움으로써 뉴스 피드 노출 빈도를 낮출 수 있다고 언급하고 있을 뿐, 뉴스 피드 노출 빈도를 낮추면 뉴스의 정확성을 높일 수 있

다고 언급하고 있지는 않다.

① 6문단에서 팩트 체크가 가짜 뉴스에 대한 대응책으로 주목받는 이유는 저널리즘의 근본적인 기능과 관련이 있다고 언급하고 있다.

③ 2문단에서 가짜 뉴스는 사실과 다른 정보를 전달하기 때문에 오정보이지만 모든 잘못된 정보를 가짜 뉴스로 볼수는 없다고 언급하고 있다.

④ 7문단에서 미디어 리터러시 교육이 주로 학생들을 대상으로 하기 때문에 일반 시민 전체가 그 혜택을 받기는 쉽지 않다고 언급하고 있다.

⑤ 5문단에서 가짜 뉴스에 대한 자율 규제의 세 번째 대응 방식으로 인터넷 서비스 사업자와 전문가들과의 협력을 언급하고 있다.

02 관점에 따른 추론 답 ①

〈보기〉는 법적 규제가 언론의 자유를 침해할 수 있으므로 법적 규제에 사용된 용어의 의미와 범위를 명확히 해야 한다고 언급하고 있다. 그러므로 법적 규제를 만들기 전에 "가짜 뉴스를 규정하는 기준은 구체적으로 무엇인가?"에 대해 생각해 보아야 할 것이다.

03 세부 정보, 핵심 정보 파악 답 ②

2문단에서 가짜 뉴스는 기자의 바이라인이나 언론사 제호 등을 삽입해 겉모습만으로는 진위 여부를 구별하기 어렵게 만들어 놓았다고 언급하고 있다. ㉠은 잘못된 정보를 전달하지만 언론사에서 보도하는 뉴스이므로 ㉠에도 기자의 바이라인이나 언론사 제호 등이 삽입될 수 있다. 그러므로 가짜 뉴스는 ㉠과 달리 겉모습만으로는 진위 여부를 구별하기 어렵다는 설명은 적절하지 않다.

① 1문단에서 가짜 뉴스는 과거로부터 존재해 왔던 현상이고, 풍자·루머·오보 등 여러 유사 개념들과 혼용되었다고 언급하고 있으므로 가짜 뉴스와 ㉠은 혼용되어 사용되기도 했다는 설명은 적절하다.

③ 2문단에서 가짜 뉴스와 달리 오보에는 일부러 거짓 정보를 유통시키고자 하는 의도가 담겨 있지 않다고 언급하였다. 다시 말하면 가짜 뉴스의 경우 일부러 거짓 정보를 유통시키고자 하는 의도가 담겨 있다는 의미이므로, 가짜 뉴스는 ㉠과 달리 다른 사람을 기만하고자 하는 의도가 존재한다는 설명은 적절하다.

④ 5문단을 통해 자율 규제는 법적 규제와는 달리 인터넷 서비스 사업자들이 책임감을 가지고 적극 대응하는 방식임을 알 수 있으므로 ㉡의 경우, 인터넷 서비스 사업자의 책임감이 가짜 뉴스의 확산에 영향을 미친다는 설명은 적절하다.

⑤ 5문단을 통해 인터넷 서비스 사업자들의 첫 번째 대응 방식이 가짜 뉴스 생산으로 인한 경제적 이익을 제한하는 것임을 알 수 있다. 따라서 ㉡의 경우, 광고 수익 축소가 가짜 뉴스를 줄인다는 논리를 가진 대응 방안이 있다는 설명은 적절하다.

물먹는 문제
04 반응의 적절성 평가 답 ③

6문단을 통해 팩트 체크는 사실 검증을 위한 정보 수집과 확인 과정에서 중립성을 확보해야 함을 알 수 있다. 그리고 〈보기〉를 통해 자신이 옳다고 생각했던 정보에 대한 팩트 체크는 선택의 자유를 회복하고자 하는 동기를 강화하며 그 결과 팩트 체크로 정정된 정보를 신뢰하기보다는 자신의 기존 신념과 일치하는 거짓 정보에 대해 더욱 호의적인 태도를 보인다는 것을 알 수 있다. 그러므로 정보 이용자가 정보에 대한 선택의 자유를 회복하면 정보 이용자는 팩트 체크로 인해 검증된 정보를 신뢰할 수 있겠다는 반응은 적절하지 않다.

① 5문단에서는 알고리즘을 적절히 조정하면 가짜 뉴스 같은 거짓 정보가 정보망으로 들어오는 것을 막을 수 있다고 언급한 데 반해, 〈보기〉에서는 '필터버블'이 이용자에게 특정 정보만을 편식하게 한다고 언급하고 있다. 이것은 자칫 필터버블이 이용자에게 진짜 뉴스를 제외하고 가짜 뉴스만을 제공할 수도 있음을 의미한다. 그러므로 정보를 필터링하는 방법에 따라 가짜 뉴스가 확산될 수도 있고 가짜 뉴스의 확산을 막을 수도 있겠다는 반응은 적절하다.

② 5문단을 통해 인터넷 서비스 사업자들은 이용자의 관심 사항과 성향에 따라 이들에게 맞는 정보를 선별적으로 제공하는 알고리즘을 사용한다는 것을 알 수 있다. 그리고 〈보기〉를 통해 이용자가 특정 정보만을 편식하게 되는 현상인 '필터버블'은 알고리즘을 통해 정보를 필터링하여 생기는 것임을 알 수 있다. 또한 정보 이용자는 팩트 체크로 정정된 정보를 신뢰하기보다는 자신의 기존 신념과 일치하는 거짓 정보에 대해 더욱 호의적인 태도를 보일 수 있다는 것을 알 수 있다. 이를 종합해 볼 때 정보 이용자에게 정보를 선별적으로 제공하는 알고리즘은 정보 이용자의 기존 신념이나 편견을 강화할 수 있겠다는 반응은 적절하다.

④ 7문단을 통해 미디어 리터러시는 미디어 콘텐츠의 메시지를 분석·평가·비판하는 능력임을 알 수 있다. 그리고 〈보기〉를 통해 자신이 옳다고 생각했던 정보에 대한 팩트 체크가 심리적 저항을 유발하지만 분석적 사고를 촉진하면 자신의 견해와 가짜 뉴스가 일치하더라도 가짜 뉴스를 거부하는 경향이 높아진다는 것을 알 수 있다. 그러므로 정보 이용자의 미디어 리터러시를 극대화하면 정보 이용자는 심리적 저항을 극복하고 진짜 뉴스를 받아들일 수 있겠다는 반응은 적절하다.

⑤ 6문단을 통해 팩트 체크는 뉴스의 사실성을 판정해야 하며 사실 검증을 위한 정보 수집과 확인 과정에서 중립성을 확보해야 함을 알 수 있다. 그리고 〈보기〉를 통해 정보 이용자는 팩트 체크로 정정된 정보를 신뢰하기보다는 자신의 기존 신념과 일치하는 거짓 정보에 대해 더욱 호의적인 태도를 보임을 알 수 있다. 그러므로 중립성과 사실성이 확보된 뉴스라도 정보 이용자의 기존 신념에 따라 정보 이용자가 그 뉴스를 신뢰하지 않을 수 있겠다는 반응은 적절하다.

물 잠그는 TIP

물먹는 유형 | 글에 대한 종합적인 평가 능력 부족형

4번은 이 글의 내용과 〈보기〉의 내용 중 중복되거나 서로 연관된 내용을 바탕으로 추가적인 내용까지 종합하여 평가하는 문제이기 때문에 판단이 어려울 수 있어요. ③에서 사용된 '선택의 자유를 회복'한다는 말은 팩트 체크와 상관없이 자신의 기존 신념을 따른다는 것을 의미하므로 팩트 체크로 검증된 정보를 신뢰한다는 것과는 거리가 멀겠죠.

해결 TIP

따로 떨어져 있는 정보를 종합하여 이해하고 평가하는 능력은 독서 능력 중 가장 고차원적인 능력이에요. 정보를 종합적으로 추론하고 평가하기 위해서는 중복된 내용이나 유사한 내용을 매개로 추가적인 정보를 판단하는 노력이 필요해요.

겁먹지 마, 불수능

본문 60~63쪽

01 ① **02** ③ **03** ⑤ **04** ④ **05** ⑤

스피드 지문 복습 정답

주광순, 「상호 문화주의」, 『다문화 시대의 상호 문화 철학』

주제

상호 문화주의 특징

문단별 중심 내용

1문단 다문화주의와 상호 문화주의의 차이점

2문단 다문화주의와 상호 문화주의의 정체성의 차이

3문단 문화 간 상호 영향 및 변화를 주장하는 상호 문화주의

4문단 상호 문화주의의 잠정적 정체성과 새로운 문화 창조 가능성

5문단 정체성과 경계를 긍정하는 상호 문화주의

6문단 변화의 상호성을 강조하는 상호 문화주의

7문단 시간의 필요성을 강조하는 상호 문화주의

●지문 구조도

다문화주의와 상호 문화주의의 차이점	
다문화주의	상호 문화주의
- 이해, 관용, 인정 → 문화 간 병존 주장 - 옛 '구슬 모델'에서 벗어나지 못함. - 문화 집단끼리 평화적으로 공존하지만 문화끼리 서로의 내부적 모순을 방관함.	- 이해, 대화, 소통 → 문화 상호 간 변화 주장 - 옛 '구슬 모델'에서 벗어나고자 함. - 문화 간의 정체성은 인정하지만 정체성이 그대로 남아 있다는 점은 부인함.

●배경지식

'단일 문화주의, 초문화주의, 다문화주의'

단일 문화주의는 하나의 문화만을 주장하고 동일한 혈

통과 문화를 지향한다. 단일 문화주의는 문화는 일정한 지역 내에서 단일한 정체성을 지닌 채 지속되어 오고 있는 것으로 파악한다. 폐쇄적인 민족주의가 단일 문화주의에 속한다고 할 수 있다. 그에 반해 초문화주의는 문화들의 경계가 이미 무너진 것으로 여긴다. 초문화주의는 현재의 문화가 그물처럼 연결되어 서로 섞여 있고 내부적으로는 잡종적 성격을 지녀서 옛날처럼 민족 문화라고 할 만한 것이 없어졌으며 통신 수단의 발달과 자본주의 때문에 초문화성은 받아들일 수밖에 없다고 주장한다. 다문화주의는 한 사회 내에 병렬하는 다른 문화집단을 인정하고 그들의 독자적인 권리를 추구한다. 그러므로 다문화주의는 다수자에 대하여 소수자가 가지고 있는 특수성을 인정할 것을 요구한다.

01 세부 정보, 핵심 정보 파악   답 ①

정답 해설

3문단에서 상호 문화주의와 유럽 중심주의의 차이점이 언급되어 있을 뿐 상호 문화주의와 유럽 중심주의의 의의에 대해서는 언급되어 있지 않다.

오답 해설

② 4문단에서 한 문화의 우수성은 이미 이루어진 성취에 의해서 측정될 수도 있지만 타 문화와 어울려 살 수 있는 능력 그리고 타 문화로부터 배울 수 있는 능력에 의해서도 측정될 수 있다고 언급하고 있으므로 문화가 가진 우수성을 측정할 수 있는 기준을 확인할 수 있다.

③ 4문단에서 단일 문화주의와 다문화주의는 다소 고정된 정체성을, 초문화주의는 잡종적 정체성을, 상호 문화주의는 잠정적 정체성을 말한다고 언급하고 있으므로 단일 문화주의와 초문화주의가 가진 정체성의 성격을 확인할 수 있다.

④ 7문단에서 문화적 교류가 일방적인 가르침이 되지 않으려면 타자와 대화하고 이해할 시간이 필요하다고 언급하고 있으므로 문화적 교류가 일방적인 가르침이 되지 않기 위한 조건을 확인할 수 있다.

⑤ 2문단에서 초문화주의자들은 다문화주의와 상호 문화주의 모두 옛 '구슬 모델'에서 벗어나지 못한다고 비판한다고 언급하고 있으므로 초문화주의자들이 다문화주의와 상호 문화주의를 비판한 내용을 확인할 수 있다.

02 세부 정보, 핵심 정보의 파악   답 ③

정답 해설

7문단에서 문화적 교류가 일방적인 가르침이 되지 않으려면 타자와 대화하고 이해할 시간이 필요하다고 언급하고 있을 뿐 타자와의 충분한 대화가 서구 사상을 보편적인 기준이 되도록 만든다고 언급한 것이 아니다.

오답 해설

① 1문단에서 다문화주의는 이해, 관용, 인정을 통한 문화 간의 병존을 주장한다고 언급하고 있으므로 다문화주의는 다른 문화를 관용과 인정의 대상으로 여긴다고 이해한 것은 적절하다.

② 1문단에서 다문화주의는 이해, 관용, 인정을 통한 문화 간의 병존을 주장하고 상호 문화주의는 문화 상호간의 이해와 대화, 소통, 그로 인한 상호 변화를 주장한다는 점에서 차이가 있다고 언급하고 있다. 그러므로 다문화주의와 상호 문화주의는 공통적으로 다른 문화에 대한 이해를 주장한다고 이해한 것은 적절하다.

④ 7문단에서 서구적 정치 철학이 가부장제를 비판하거나 민주주의를 전파한 것이 잘못이 아니라고 언급하고 있고, 추가적으로 서구 사상은 올바른 점이 있긴 하다고 언급하고 있다. 따라서 서구 사상이 다른 문화에 민주주의를 전파한 것은 서구 사상의 긍정적인 측면이라고 이해한 것은 적절하다.

⑤ 6문단에서 상호 문화성은 편견 없는 공동의 배움의 과정에서 각자가 다른 것을 가르치고 다른 것에 의해 가르쳐질 수 있다고 언급하고 있으므로 상호 문화성에는 문화 간에 존재하는 힘의 우열에 상관없이 공동의 배움의 과정이 존재한다고 이해한 것은 적절하다.

03 세부 내용의 추론   답 ⑤

정답 해설

2문단에서 다문화주의는 옛 '구슬 모델'에서 제대로 벗어나지 못했기 때문에 어떤 문화가 내부적으로 문제가 많다고 할지라도 외부에서는 그 내부적인 모순을 지켜볼 수밖에 없다고 언급하고 있고, 상호 문화주의는 다문화주의와는 달리 정체성이 구슬이나 섬처럼 그대로 남아 있다는 점은 부인한다고 언급하고 있다. 또한 4문단에서는 다문화주의가 다소 고정된 정체성을 말하고 있다고 언급하고 있다. 이를 종합적으로 고려해 볼 때 ㉮는 다른 문화와 상호 작용 없이 경계를 지키는 문화를 의미한다고 할 수 있다.

① 2문단에서 다문화주의는 어떤 문화가 내부적으로 문제가 많다고 할지라도 외부에서는 그 내부적인 모순을 지켜볼 수밖에 없다고 언급하고 있다. 이는 다문화주의의 특징을 가정을 통해 언급한 것이므로 ㉮를 내부적인 모순을 많이 갖고 있는 문화로 볼 근거는 없다.

② 2문단에서 다문화주의는 정체성이 구슬이나 섬처럼 그대로 남아 있다고 언급하고 있다. 이를 통해 구슬은 섬과 유사하게 다른 것과 동떨어져 있고 자신의 것을 그대로 지킨다는 의미를 갖는다고 추론할 수 있으므로 ㉮를 다른 문화와 평화적으로 공존하는 문화로 볼 수 없다.

③ 4문단을 통해 타 문화로부터 배울 수 있는 능력은 상호 문화주의와 관련지을 수 있다. 그런데 2문단을 통해 상호 문화주의는 옛 '구슬 모델'을 벗어나고자 했다고 언급하고 있으므로 ㉮를 타 문화로부터 배울 수 있는 능력을 지닌 문화로 볼 수 없다.

④ 2문단을 통해 구슬은 섬과 유사하게 다른 것과 동떨어져 있고 자신의 것을 그대로 지킨다는 의미를 갖다고 볼 수 있다. 그러므로 ㉮를 다른 문화를 자신의 문화와 동등하게 여기는 문화로 볼 수 없다.

04 내용들 간의 의미 관계 파악   답 ④

3문단에서 다문화주의는 각각의 문화가 자기 정체성 안에 머물러 있어도 된다고 주장하고 상호 문화주의는 각 문화가 서로 영향을 받고 지속적으로 변화하고 정체성이 계속해서 형성되어 간다고 주장한다. 그리고 상호 문화주의는 초문화주의가 주장하는 문화 간의 경계 철폐를 지지하지 않는다고 언급하고 있다. 그러므로 〈보기〉의 ㉠은 다문화주의, ㉡은 상호 문화주의, ㉢은 초문화주의임을 알 수 있다. 1문단에서 다문화주의는 이해, 관용, 인정을 통한 문화 간의 병존을 주장하고 상호 문화주의는 문화 상호 간의 이해와 대화, 소통, 그로 인한 상호 변화를 주장한다는 점에서 차이가 있다고 언급하고 있으므로 ㉡은 ㉠과 달리 문화의 상호 변화를 강조한다는 설명은 적절하다.

① 1문단에서 다문화주의나 상호 문화주의는 서구 문화나

철학의 특권을 거부한다고 언급하고 있으므로 ㉠은 ㉡과 달리 서구 문화나 철학의 특권을 거부한다는 설명은 적절하지 않다.

② 4문단을 통해 다름을 배척과 억압으로 보는 것은 단일 문화주의임을 알 수 있으므로 ㉠은 ㉡과 달리 문화의 다름을 배척과 억압으로 본다는 설명은 적절하지 않다.

③ 4문단에서 다문화주의는 문화들이 자기 정체성을 지닌 채로 공존하는 것을 말함으로써 문화의 정체성을 정태적으로 파악하는 것과는 달리 상호 문화주의는 그것들이 상호 영향을 주고받음을 강조해서 동태적 문화 정체성을 말한다고 언급하고 있으므로 다문화주의와 상호 문화주의 모두 문화 간의 정체성을 인정한다. 그러므로 ㉡은 ㉠과 달리 문화 간의 정체성을 인정한다는 설명은 적절하지 않다.

⑤ 4문단을 통해 초문화주의는 뒤섞임에 초점을 둔 잡종적 정체성을, 상호 문화주의는 동태성에 초점을 둔 잠정적 정체성을 특징으로 한다는 것을 알 수 있으므로 ㉡은 ㉢과 달리 문화의 정체성을 정태적으로 파악한다는 설명은 적절하지 않다.

불타는 문제

05 구체적 상황에의 적용   답 ⑤

〈보기〉의 (다)에서 '베트남어와 베트남 문화 혹은 인도네시아어와 인도네시아 문화를 배'운다는 것의 의미를 문화의 관점으로 볼 때, 우리 문화가 타 문화로부터 배울 기회를 갖는다는 의미로 이해할 수 있고 이와 관련된 관점은 상호 문화주의이다. 그런데 잡종적 정체성은 초문화주의의 특성이므로 ⑤는 적절하지 않다.

① 〈보기〉의 (가)에서 '타자의 외면성을 배제'한다는 의미를 "모든 개체가 하나의 중심인 전체만을 바라보도록 한다."라는 부분과 관련지어 문화의 관점에서 이해했을 때, 제국주의는 타 문화의 특성(정체성)을 인정하지 않고 자기 문화만을 강요한다는 의미로 이해할 수 있다.

② 〈보기〉의 (가)에서 '개체들이 다른 개체들을 만나 새로운 연대를 구성'한다는 의미를 문화의 관점에서 이해했을 때, 문화와 문화가 만나 새로운 문화를 형성한다는 의미로 이해할 수 있으므로 단일 문화주의에서 벗어나 혼종성을 긍정한다고 이해할 수 있다.

③ 〈보기〉의 (나)에서 '세계를 획일적으로 통합하려고' 한다는 의미를 문화의 관점에서 이해했을 때, 강자인 신자유주의적 자본주의 문화가 다른 문화의 정체성을 고려하지 않고 자기 문화를 중심으로 획일적으로 문화들의 경계를 무너뜨리고 통합하려고 한다는 의미로 이해할 수 있다.

④ 5문단에서 강자가 약자를 자기 속에 편입하려는 위협에 처해 있을 때 그 약자의 목표란 자신의 영역에 대한 정체성을 지키는 것이라고 하였다. 따라서 (나)에서 '하부 단위로 속절없이 편입'된다는 것은 자신의 영역에 대한 정체성을 지키지 못한다는 것을 의미한다는 이해는 적절하다.

불 끄는 TIP

불나는 유형 | 상관 관계 추론 및 적용 부주의형

이 글의 내용에서 〈보기〉의 내용과 유사한 부분을 찾아 추론하지 않아 생기는 실수입니다. ⑤에 제시된 잡종적 정체성은 초문화주의를 의미하고 초문화주의 특성에는 문화 간의 경계 철폐가 있음을 정리하지 않아 실수한 것이지요.

해결 TIP

추론하기는 동일하거나 유사한 어휘 또는 상황을 바탕으로 나머지 부분을 연결하여 분석하는 능력을 필요로 해요. 그러므로 제시된 내용이 어떤 상황인지, 사용된 어휘의 의미는 무엇인지 분석하고 이를 바탕으로 기존의 내용 중 분석한 내용과 유사하거나 동일한 부분은 무엇인지 찾아보는 연습을 하면 실수를 줄일 수 있어요.

DAY 7 | 사회·경제

방심하지 마, 물수능
본문 64~67쪽

01 ④ **02** ③ **03** ⑤ **04** ①

스피드 지문 복습 정답

성백남·정갑영, 「최저 임금제와 노동 시장의 관계」, 『미시 경제학』

주제

최저 임금제로 인한 노동 시장의 변화

문단별 중심 내용

1문단 노동력 상품의 특징
2문단 정부가 최저 임금제를 시행하는 이유
3문단 최저 임금제와 실업의 관계
4문단 최저 임금제 적용 부문에서 비적용 부문으로의 노동 이동
5문단 최저 임금제 비적용 부문에서 적용 부문으로의 노동 이동

● 지문 구조도

노동력 상품의 특징
• 노동력의 저장은 불가능함.   • 임금이 노동력의 수급을 조절하는 기능이 약함.   • 생산성의 차이로 임금 격차가 존재함.

정부가 최저 임금제를 시행하는 이유
노동 시장에서 노동의 수요 곡선과 공급 곡선이 교차하는 지점에서 균형 임금이 결정됨.   ↓   균형 임금이 생활 임금보다 낮은 경우가 있음.   ↓   정부는 균형 임금보다 높은 수준에서 최저 임금제를 시행하여 노동 시장의 임금을 직접 규제함.

최저 임금제와 실업의 관계
• 정부의 최저 임금제 도입 → 기업의 고용량↓, 노동자의 노동 공급↑ → 실업률↑   • 최저 임금제로 인한 전체 근로 소득의 증감은 노동 수

정답 및 해설 **33**

요의 임금 탄력도와 관련이 있음.

최저 임금제 적용 부문과 비적용 부문 간 노동 이동

- 최저 임금제를 법률로 시행하여도 현실에서는 최저 임금제를 준수하지 않는 기업이 존재함. → 적용 부문과 비적용 부문 발생
- 적용 부문에서 비적용 부문으로 노동 이동 → 실업률↓, 비적용 부문 임금↓ → 노동의 비효율적 배분 발생
- 비적용 부문에서 적용 부문으로 노동 이동 → 적용 부문의 실업률, 비적용 부문의 임금↑

●**배경지식**

탄력도

경제학에서는 수요의 탄력도, 공급의 탄력도, 가격의 탄력도, 고용의 탄력도 등 탄력도라는 표현이 자주 등장한다. 각각의 개념이 다르고, 영향을 미치는 요소들도 다르지만, 탄력도가 높다는 것은 다른 요소의 영향을 많이 받는다는 뜻이다. 반대로 탄력도가 낮다는 것은 다른 요소의 영향을 적게 받는다는 뜻이다. 예를 들어 어떤 상품의 가격의 탄력도가 높다는 것은 그 제품의 가격이 상승했을 때 소비자들이 그 상품을 사용하지 않고 가격이 저렴한 다른 상품으로 대체한다는 것을 의미한다. 반대로 쌀과 같이 대체할 만한 상품이 별로 없는 것은 가격의 탄력도가 매우 낮다고 볼 수 있다.

01 지문의 내용 전개 방식   답 ④

정답 해설

최저 임금제를 시행하여 발생하는 일들 즉, 기업의 고용량 감소, 실업률 증가, 적용 부문과 비적용 부문 간의 노동 이동 등 노동 시장에 나타나는 변화를 설명하고 있다.

오답 해설

① 최저 임금제가 나타나게 된 역사적인 측면은 언급하지 않았다.

② 1문단에서 노동력 상품이 다른 상품과 다른 점을 설명하였으나 상품으로서의 가치나 가치를 갖는 이유는 언급하지 않았다.

③ 이 글은 정부가 최저 임금제를 시행하는 이유, 최저 임금제의 영향 등을 설명하고 있다. 정부의 시장 개입으로 발생하는 여러 부정적 영향들을 제시하고 있지는 않다.

⑤ 최저 임금제 때문에 변화하는 여러 현상을 설명하고 있을 뿐 최저 임금제에 내재한 경제학적 원리를 분석하고 있지는 않다.

02 세부 정보, 핵심 정보 파악   답 ③

정답 해설

4문단에서 최저 임금제 실시로 노동이 비효율적으로 배분되는 결과가 발생한다고 하였다.

오답 해설

① 1문단에서 일반 상품은 가격이 시장의 수요와 공급을 조절하지만, 노동력 상품의 임금은 노동력의 수급을 조절하는 기능이 약하다고 하였다.

② 최저 임금제는 시장 균형 가격보다 높은 수준에서 가격을 정해 놓고 그 가격보다 가격이 하락하는 것을 규제하는 최저 가격제에 해당한다.

④ 3문단에서 전체 근로 소득은 노동 수요의 임금 탄력도에 따라 증가할 수도, 감소할 수도 있다고 설명하였다.

⑤ 3문단에서 최저 임금이 상승하면 기업의 고용량은 $L-L_1$ 만큼 감소하지만 실제 실업은 L_2-L_1만큼 증가한다고 설명하였다.

03 세부 내용 추론   답 ⑤

정답 해설

최저 임금제가 시행되면 완전 경쟁의 노동 시장에서 수요와 공급에 의해 결정되는 균형 임금보다 높은 수준에서 최저 임금을 정하기 때문에 기업의 고용량이 감소하여 실업률이 높아질 수 있다.

오답 해설

① 최저 임금이 균형 임금보다 높아지면 노동자의 소득은 증가한다.

② 최저 임금제를 시행하여 노동자의 소득이 증가하면 소득 불평등을 완화할 수 있다.

③, ④ 기업의 노동력 착취란 노동에 대한 정당한 대가를 지불하지 않는 것을 의미한다. 최저 임금제는 기업이 노동자에게 노동에 대한 정당한 대가를 지급하도록 규제하는 제도이므로 수준 이하의 노동 조건이나 노동력 착취를 없애는 데 기여한다고 할 수 있다.

04 다른 상황에의 적용

답 ①

정답 해설

최저 임금제의 비적용 노동 시장에서 임금이 상승하면 고용량은 줄어들므로 실업이 발생하는데, 여기서 발생한 실직자가 곧바로 적용 노동 시장으로 이동하는 것은 아니다. 일반적으로 최저 임금제의 미적용 부문은 미숙련 노동 시장이기 때문에 이곳에서 실직한 노동자들이 최저 임금제의 적용 노동 시장으로 이동할 가능성은 많지 않으며, 따라서 적용 노동 시장의 실업률이 낮아지지는 않는다.

오답 해설

② 균형 임금일 때의 고용량보다 W_2에서의 고용량이 늘어났다는 것은 최저 임금제의 적용 부문에서 실업한 노동자들이 비적용 노동 시장으로 이동했기 때문이다.

③ 비적용 부문에서는 임금이 W에서 W_2로 낮아졌다.

④ 4문단에서 최저 임금제가 시행되면 적용 부문에서 실업이 발생하고, 근로자들이 노동 이동을 통해 비적용 부문으로 이동하므로 실업이 발생할 가능성이 줄어든다고 했다.

⑤ 5문단에서 최저 임금제 비적용 부문의 노동자가 적용 부문으로 이동하면 비적용 부문의 임금 수준은 상승하므로 S_1은 왼쪽으로 이동한다.

물 잠그는 TIP

물먹는 유형 | 경제 그래프 이해 불능형

사회 지문의 경제 영역에서는 그래프 문제가 자주 나오는데, 이 문제는 크게 글의 내용을 그래프로 보여 주는 유형, 글의 내용과는 다른 또는 반대의 상황을 보여 주는 유형으로 나눌 수 있습니다. 하지만 질문은 달라도 결국은 이 글의 내용에서 설명한 내용을 얼마나 정확하게 이해했는지를 묻는 문제입니다. 따라서 주어진 글을 찬찬히, 정확하게 읽는 태도가 중요합니다.

해결 TIP

첫 번째 단계는 이 글을 정확하게 이해하는 것이고, 두 번째는 그래프의 내용이 글을 부연 설명해 주는 것인지, 다른 상황인지, 반대의 상황인지를 판단해야 합니다. 평소 공부를 할 때 글의 내용을 그래프로 그려 보는 것도 공부에 도움이 됩니다. 어려운 내용일 것이라고 지레 겁먹지 말고 이 글의 내용들을 정리해 보세요.

본문 68~71쪽

01 ⑤ **02** ④ **03** ② **04** ④ **05** ④

스피드 지문 복습 정답

정운찬·김홍범, 「통화 금융 정책의 수단」, 『화폐와 금융 시장』

주제

경제 정책의 달성을 위한 통화 금융 정책의 수단

문단별 중심 내용

1문단 통화 금융 정책의 개념과 종류
2문단 지급 준비율 정책의 개념과 예
3문단 공개 시장 운영의 개념과 장점
4문단 재할인율 정책의 개념과 공시 효과
5문단 대출 한도제와 선별적인 규제

● **지문 구조도**

통화 금융 정책의 개념과 종류
경제 정책의 달성을 위해 중앙은행은 통화 금융 정책을 실시함.

일반적·간접적 수단	공개 시장 운영, 지급 준비율 정책, 재할인율 정책
선별적·직접적 수단	– 예금 은행 자금 운용 직접 규제 – 통화 공급 경로 선별 규제

지급 준비율 정책의 개념과 예

개념	중앙은행이 예금 은행의 법정 지급 준비율을 변경하여 통화량을 조절하는 것
효과	– 법정 지급 준비율이 상승하면 시중의 통화량이 감소함. – 금융 시장에 큰 영향을 주는 매우 강력한 수단임.

공개 시장 운영의 개념과 장점

개념	– 중앙은행이 공개 시장에서 금융 기관과 유가 증권을 거래하여 통화량과 금리를 조절하는 것 – 중앙은행이 유가 증권을 매도 → 시중의 통화량↓, 국채 가격↓ → 이자율↑
장점	시장 친화적이며, 정책 당국의 필요에 따라 수시로, 신속하게 시행할 수 있음.

재할인율 정책의 개념과 공시 효과	
재할인율	공시 효과
예금 은행이 기업의 어음을 할인하여 매입하고, 중앙은행은 예금 은행이 제시한 기업의 어음을 다시 할인하여 매입할 때 적용하는 할인율	정책의 변경이 사람들의 예상을 변화시켜 새로운 경제 활동을 유발하는 것

- 재할인율이 상승하면 통화량이 감소함.
- 재할인율은 공시 효과를 가질 만큼 국가 경제에 강력한 영향을 미침.

대출 한도제와 선별적인 규제
- 대출 한도제는 중앙은행이 예금 은행의 대출 한도를 지정하는 직접 규제 방식이자, 시장 전체의 통화량을 규제하는 일반적 수단임. - 통화 당국은 국가의 전략 산업이나 경제의 특정 부문에 자금을 우대하여 공급하는 것처럼 선별적인 규제를 할 수 있음.

● 배경지식

통화량

통화는 쉽게 말해 돈을 말한다. 그런데 한국은행이 발행하고, 조폐 공사에서 찍어 낸 돈은 통화일까? 결론부터 말하자면 한국은행에서 보유하고 있는 돈은 통화라 하지 않는다. 돈이지만 돈이 아닌 것이다. 학자마다 견해가 조금씩 다를 수는 있지만, 일반적으로 통화라고 할 때는 민간이 보유하고 있는 현금과 은행이 보유하고 있는 요구불 예금(예금자가 언제든지 찾아 쓸 수 있는 예금)을 가리킨다. 따라서 통화량은 민간 보유의 현금과 은행 보유의 요구불 예금을 합친 양을 의미한다.

01 지문의 내용 전개 방식　　　　답 ⑤

정답 해설

1문단에서 통화 금융 정책의 개념을 소개하고, 이어지는 글에서 그에 해당하는 여러 가지 수단을 서술하고 있다.

오답 해설

① 금융 정책 수단의 문제점에 대한 언급은 없다.
② 개별 경제의 문제 상황에 대한 언급은 없다.
③ 1문단에서 통화 금융 정책의 개념과 종류를 설명하고 있

다. 그러나 필요성은 언급하고 있지 않다.
④ 이 글에서는 통화 금융 정책의 각 수단과 그 개념을 예를 들어 설명하고 있으나 통화 금융 정책의 각 수단이 가진 장단점과 유용한 상황은 언급하고 있지 않다.

02 세부 내용 이해　　　　답 ④

정답 해설

5문단에 따르면 농업 협동조합은 경제의 특정 부문에 자금의 공급을 촉진하기 위해 설립된 특수 은행으로, 해당 부문에 금리, 기간, 금액 등을 우대하여 공급하므로 어민보다 농업인에게 낮은 이자율을 부과한다.

오답 해설

① 2문단에서 은행은 고객의 예금 인출 요구에 언제든지 응할 수 있어야 하므로 예금의 일부를 지급 준비금으로 은행에 보유하거나 중앙은행에 예치해야 한다고 하였다.
② 1문단에서 통화 총량을 조절, 규제하는 방식은 통화 금융 정책의 일반적인 수단이라고 하였다.
③ 5문단에 따르면 대출 한도제는 중앙은행이 대출의 한도를 직접 규제하는 것으로, 이를 실행하면 대출의 규모를 한정함으로써 통화량이 증가하는 것을 억제할 수 있다.
⑤ 3문단에 따르면 중앙은행이 국채를 시중 은행에 매도할 경우 시중 은행의 지급 준비 예치금을 감소시키는 방식으로 국채 매각 대금을 받기 때문에 시중 은행은 지급 준비금은 줄어든다.

03 구체적 상황에의 적용　　　　답 ②

정답 해설

㉠, ㉢은 중앙은행이 일정한 절차를 거쳐서 공시해야 하는 방식이고, 강력한 통화 금융 정책이기 때문에 수시로 시행하기는 어렵지만, ㉡은 금융 시장에서 시장 매커니즘에 따라 수행되는 것이기 때문에 수시로 조정할 수 있다.

오답 해설

① ㉠, ㉡, ㉢은 모두 중앙은행이 시중 은행과 직접 거래한다.
③ ㉠, ㉡, ㉢은 모두 간접적인 수단으로 은행의 지급 준비금을 조절하는 방식이다.

④ ㉠, ㉡, ㉢ 모두 정책의 시행으로 시중 금리에 영향을 미친다.

⑤ ㉠, ㉢은 중앙은행이 통화량을 조절하기 위해서 결정하고, 중앙은행이 공시하면 시장은 그에 따라 움직인다. 반면 ㉡은 중앙은행이 금융 시장과의 거래를 통해서 정책을 시행하기 때문에 쌍방향적이라 할 수 있다.

04 구체적 상황에의 적용　　답 ④

정답 해설

ⓐ는 인플레이션 상황, 즉 통화량이 팽창하여 화폐 가치가 떨어지고 물가가 계속적으로 올라 일반 대중의 실질적 소득이 감소하는 현상을 말하므로 중앙은행은 통화량을 감소하는 방안을 실시할 것이다. 국채의 가격은 금융 시장의 거래를 통해 결정되므로 중앙은행이 국채의 가격을 결정할 수 없다.

오답 해설

① 은행의 대출 한도를 낮추면 대출이 줄어들어 통화량이 감소한다.

② 법정 지급 준비율을 인상하면 은행은 기존보다 더 많은 지급 준비금을 보유해야 하므로 통화량은 감소한다.

③ 재할인율을 높이면 예금 은행이 중앙은행으로부터 대출받는 금액이 줄어들게 되어 통화량은 감소한다.

⑤ 3문단에 인플레이션 상황에서 중앙은행이 유가 증권을 매도하면 통화량이 감소하는 과정이 제시된다.

불타는 문제
05 다른 상황에의 적용　　답 ④

정답 해설

A의 거래 은행은 A가 예치한 금액의 일부를 지급 준비금으로 보유해야 하므로 그것을 제외한 금액만큼 투자할 수 있다.

오답 해설

① 3문단에서 중앙은행이 국채를 매도하면 국채의 가격이 떨어지고, 이자율이 상승한다고 하였다. 〈보기〉는 중앙은행이 국채를 매입한 상황이므로 국채의 가격은 상승하고, 이자율은 하락한다고 볼 수 있다.

② 〈보기〉는 중앙은행이 시중의 통화량을 늘리기 위해서 공개 시장 운영을 실시한 상황이다.

③ 공개 시장 운영은 시장 참여자들과의 거래를 통해 정책을 수행한다고 하였으므로 국채는 수요와 공급에 따라 결정된 가격으로 매매된다.

⑤ 〈보기〉는 중앙은행의 공개 시장 운영의 예를 보여 준 것이고, 공개 시장 운영은 중앙은행이 금융 기관과 거래하여 전체 통화량을 조절하는 통화 금융 정책의 간접적 수단이다.

불 끄는 TIP

불나는 유형 | 적용 불능형

상황 적용 유형은 글의 내용을 바탕으로 하여 제시된 상황에 맞게 이해하는 문제입니다. 글의 내용을 바탕으로 하여 문제를 풀려면 우선 글을 정확하게 이해해야 합니다. 이 글에는 중앙은행이 국채를 매도하는 상황이 설명되어 있는 반면 문제의 〈보기〉는 '매입'하는 상황이므로 지문의 내용을 반대로 적용해야 하기 때문에 어렵게 느낄 수 있습니다.

해결 TIP

문학이든 비문학이든 국어 영역의 기초는 사실적 이해입니다. 쉽게 말해 글을 정확하게 이해하는 것입니다. 글을 정확하게 이해했다면 반대의 상황에도 적용할 수 있겠지요?

스피드 지문 복습 정답

이부하, 「집회의 자유에 대한 헌법적 해석」, 『한양법학 제 34호』

주제

집회의 개념적 요소에 대한 이해와 다양한 집회의 유형과 특징

문단별 중심 내용

1문단 헌법에서 보장하는 집회의 개념적 요소
2문단 집회의 개념적 요소 중 '공동의 목적'의 범위에 대한 견해
3문단 우발적 집회와 긴급 집회의 요건과 특징
4문단 헌법상 '결사'와 집회의 구분을 위한 추가적인 요건

●지문 구조도

헌법에서 보장하는 집회의 개념적 요소	
다수인	일반적으로 최소 2인 이상을 의미하는 것
공동의 목적	다수인의 행위 의사로부터 도출할 수 있는 것
일시적 회합	헌법상 '결사'와 집회를 구분하는 추가적 요건

'공동의 목적'의 범위에 대한 견해	
협의설	집회 참여자들의 의견은 공적인 사안에 국한해야 한다는 입장
광의설	집회 참여자들의 의견은 공적인 사안일 필요는 없고, 사적인 사안일지라도 공동의 의견 형성과 의견 표현이 있으면 충분하다는 입장
최광의설	공동의 의견 형성 또는 의견 표현에 국한할 필요가 없고, 내적 유대에 의한 의견 접촉의 요소가 있으면 된다는 입장

일반적 집회 외의 다른 유형의 회합	
우발적 집회	주최자가 없어 신고가 불가능하므로 신고 의무가 면제됨.
긴급 집회	다수인이 급박하고 중대한 사안에 대해 집단적으로 의사를 표명하려 할 경우 집회 개최의 준비 없이 이루어지는 집회로 사후 신고 의무가 있음.

●배경지식

집회의 자유

집회의 자유란 다수인이 어떠한 공동 목적을 위하여 일시적으로 일정한 장소에 회합하는 자유를 말한다. 광의로는 시위의 자유를 포함한다. 권리 조항에서 보장되는 전통적인 자유권의 하나이다. 모든 국민은 집회의 자유를 가지며(헌법 제21조 1항), 일반적인 자유권과 같이 국가 안전 보장·질서 유지·공공복리를 위하여 필요한 경우에는 법률로써 제한할 수 있으며(제37조 2항). 집회의 자유를 제한하는 것으로는 「집회 및 시위에 관한 법률」이 있다. 이 법률은 집회 및 시위의 방해 금지, 금지되는 집회 및 시위, 옥외집회 및 시위의 신고 등을 규정하고 있다. 헌법은 원칙적으로 집회에 대한 허가를 인정하지 않고 있다(제21조 2항).

01 세부 정보, 핵심 정보 파악 답 ②

정답 해설

이 글은 헌법에서 보장하는 집회의 목적에 대해서는 언급하지 않고 있다. 다만 헌법에서 보장하는 집회는 '공동의 목적 추구'라는 요건이 충족되어야 하는데 그 범위에 대한 의견들이 있음을 설명하고 있을 뿐이다.

오답 해설

① 3문단에서 '72시간 전부터 48시간 전의 사전 신고'를 하는 것에 대한 언급이 있다.

③ 4문단에서 "집회가 공동의 목적을 가진 다수인의 회합이라면 헌법상 '결사'와 구별이 되지 않기 때문에 또 다른 요건이 필요한데, 이 추가적 요건이 일시적 회합이라는 요건이다."라고 설명하고 있다.

④ 1문단에서 집회의 개념적 요소를 '다수인, 공동의 목적, 일시적 공동의 회합'으로 제시하고 있다.

⑤ 3문단에서 우발적 집회는 '주최자가 없기 때문에 집회를 개최하기 전에 관할 경찰서장에게 신고할 의무'가 면제된다고 설명하고 있다.

02 구체적 사례에의 적용   답 ②

정답 해설

플래시 몹은 누군가가 전자 우편이나 휴대 전화로 일시와 장소를 공지하므로 주최자가 없다고 말할 수 없고 따라서 사전에 신고가 가능하다. 즉 플래시 몹은 우발적인 집회로 보기 어렵다.

오답 해설

① 1문단에서 일반적으로 다수인은 2인 이상을 의미하는 것으로 받아들여진다고 설명하였으므로 플래시 몹에 모인 사람을 집회의 개념적 요소로서의 다수로 볼 수 있다.

③ 1문단에서 '집회에서 공동 목적의 구체화가 요구되거나 공동 목적의 일치가 요구되지는 않는다.'라고 설명하였다.

④ 4문단에서 집회와 결사를 구분하는 요건으로 '일시적 회합'을 제시하고 있으므로 '플래시 몹'이 집회의 성격을 유지하려면 일시적 회합을 유지해야 한다.

⑤ 1문단에서 '각기 다른 목적을 가지고 일정한 장소에 집합해 있는 경우는 집회라고 할 수 없다.'라고 말하고 있다. 이를 통해 같은 목적을 가지고 일정한 장소에 집합하는 행위는 공동의 목적 추구 행위임을 알 수 있다.

물 잠그는 TIP

물먹는 유형 | 글에 제시된 정보가 무엇에 대한 것인지 이해가 부족한 유형

이 글이 무엇에 대한 내용인지를 파악했는지 질문을 통해 확인하는 문항으로 선지에 제시된 질문에 대한 답을 이 글에 근거하여 정리해야 합니다. ②는 이 글에 헌법과 집회의 목적에 관한 정보들이 제시되어 있기 때문에 학생들이 오해를 할 수 있게 만든 매력적인 오답이지요.

해결 TIP

글을 읽을 때 정보들을 중심으로 맥락을 이해하며 읽어야 해요. 정보를 파편적으로 정리하다 보면 내용을 잘못 이해하게 되는 경우가 생깁니다. 따라서 정보들을 정리할 때 파편적으로 정리한 후에 반드시 정보 간의 관계를 연결하여 정리해서 실수를 줄이세요.

03 세부 내용 이해   답 ④

정답 해설

'최광의설'은 '공동의 의사 형성 또는 의사 표현에 국한할 필

요가 없고, 내적 유대에 의한 의사 접촉의 요소가 있으면 된다는 입장'이므로 정신적 투쟁을 위한 수단이라는 목적에 국한해야 한다는 입장과는 거리가 멀다.

오답 해설

① [A]에서 '공동 목적 범위에 대하여는 협의설, 광의설, 최광의설 세 가지 견해가 있'다고 설명하고 있다.

② '협의설'과 '광의설'은 모두 공동의 의견 형성과 의견 표명이 포함되어야 한다는 것에는 동의하나, 그 공동의 의견이 공적인 사안에 국한해야 하는가의 여부에 따라 의견을 달리하는 것이다.

③ '광의설'은 공동의 의견이 사적인 사안이라도 충분하다는 입장이므로 공적인 사안에 국한해야 한다는 '협의설'과 차이가 있다.

⑤ '최광의설'은 '협의설'과 '광의설'과 달리 '공동의 의견 형성 또는 의견 표현에 국한할 필요가 없고, 내적 유대에 의한 의사 접촉의 요소가 있으면 된다는 입장'이다.

04 정보 간의 차이점 파악   답 ②

정답 해설

ⓛ은 집회 신고 의무가 면제된다. 그러나 ⓒ에 대해서는 "긴급 집회의 경우에는 사전 신고 의무는 면제되지만, 사후 신고 의무는 있기에 가능한 한 조속하게 신고해야 한다."라고 설명하고 있다. 즉 신고 의무가 있다.

오답 해설

① ㉠~㉢은 모두 '다수인이 공동의 목적 추구를 위해 일정한 장소에서 일시적으로 회합하는 행위'에 부합하므로 집회의 자유가 보장된다.

③ ⓛ은 주최자도 없이 예기치 않게 발생한 집회이므로 준비가 불가능하며, ⓒ도 집회 개최의 준비 없이 이루어지는 집회라고 설명하고 있다.

④ ⓒ은 '다수인이 급박하고 중대한 사안에 대해 집단적으로 의사를 표명하려 할 경우'에 개최되는 집회이다.

⑤ ⓛ은 주최자가 없지만 ⓒ은 주최자가 있다고 설명하였다.

01 ② **02** ① **03** ① **04** ② **05** ⑤

스피드 지문 복습 정답

승지홍, 「공정 선거를 위한 제도」, 『10대를 위한 선거 수업』

주제

선거의 공정성을 확보하기 위한 다양한 노력

문단별 중심 내용

1문단 선거에서 공정성의 중요성
2문단 선거구 획정 방식에 따른 결과의 차이
3문단 선거구 법정주의의 필요성
4문단 우리나라의 선거구 획정 기준
5문단 선거 공영제의 개념과 실행 기준
6문단 선거 공정성을 위한 제도

● 지문 구조도

선거에서 공정성의 중요성

• 선거에서 가장 중요한 요소 중 하나
• 대다수의 국가에서는 공정성을 확보하기 위한 제도를 갖추고 있음.
  → 선거구 획정을 어떻게 하느냐에 따라 결과가 매우 상이하게 도출됨.
  → 선거구 획정 과정에서 합의를 거치지 않으면 끝없는 논쟁이 벌어지게 됨.

선거의 공정성 확보를 위한 방안	
선거구 법정주의	게리멘더링의 폐해를 방지하기 위해서 선거구를 국회에서 법률로 정하는 것
선거 공영제	• 개념: 선거에 출마한 일정 요건을 갖춘 정당 또는 후보자에게 선거 비용의 일부를 되돌려 주는 것 • 실행 기준: 우리나라에서는 후보자가 당선되거나 유효 투표수의 15% 이상을 득표했을 때 전액을, 득표율이 10~15% 미만이면 절반을 돌려주고, 득표율이 10% 미만이면 돌려받지 못함.
정당 추천 위원제	선거 공고일부터 개표가 끝날 때까지 선거 관리 위원회에 상근하면서 선거 관리 업무를 처리할 수 있게 하는 제도
대리인 입회제	투표용지의 인쇄, 송부 과정에 정당 후보자 대리인이 입회하여 확인하는 제도

선거 방송 심의 제도	선거 방송 심의 위원회가 선거 방송의 공정성 여부를 조사하고 불공정하다고 인정되는 경우에는 시정과 제제 조치를 취할 수 있게 하는 제도

● 배경지식

게리멘더링(gerrymandering)의 유래

게리맨더링이라는 용어는 미국 메사추세츠 주시사였던 엘브리지 게리(E. Gerry)가 1812년의 선거에서 자기 당에게 유리하도록 선거구를 정했는데 그 부자연스러운 형태가 샐라맨더(salamander, 불속에 산다는 그리스 신화의 불도마뱀)와 비슷한 데서 유래하였다. 1812년 미국 매사추세츠 주지사 게리(E. Gerry)는 공화당에게 유리한 상원 의원 선거구 개정법을 통과시켰다. 이때 새로 획정된 선거구는 자연적인 형태나 문화·관습을 무시하고 이상야릇한 모양으로 이루어졌는데, 지역 신문 기자가 그것을 도마뱀(salamander)에 비유하였고 게리 주지사의 이름과 합성하여 게리맨더(Gerrymander)라는 말이 생겼다. 당시 공화당은 5만 164표를 얻어 29명의 당선자를 낸 데 비해, 야당은 5만 1766표를 얻고도 11명의 당선자밖에 내지 못했다고 한다.

01 세부 내용 파악

답 ②

정답 해설

5문단을 보면 우리나라에서 선거 공영제는 법률에 의해 시행되고 있고, 법률이 정하는 범위에서 선거 경비를 보전해 준다는 것을 알 수 있다.

오답 해설

① 3문단에서 "많은 국가에서는 이러한 게리멘더링의 폐해를 방지하기 위해서 선거구를 국회에서 법률로 정하는데 이를 선거구 법정주의라 한다."라고 설명하고 있다.

③ 4문단에서 "선거구를 획정할 때에는 자치 단체의 독립성, 지역의 특성, 산, 강, 바다의 면적과 지형, 교통, 도서 지역의 특수성을, 시, 군, 구 등의 행정 단위와 함께 고려"한다고 설명하고 있다.

④ 6문단에서 "투표용지의 인쇄, 송부 과정에 정당 후보자 대리인이 입회하여 확인하는 대리인 입회제"도 선거의 공정성 확보를 위한 방안으로 설명하고 있다.

⑤ 5문단에서 "대통령 선거와 국회 의원 선거의 비용은 국가의 예산으로, 지방 자치 단체의 지방 위원 및 그 장의 선거는 지방 자치 단체의 예산으로 보전한다."라고 설명하고 있다.

02 내용 전개 방식 파악 답 ①

정답 해설

선거구 법정주의, 선거 공영제, 정당 추천 위원제, 대리인 입회제, 선거 방송 심의 제도 등을 나열하고 있지만 각 제도의 활용 사례는 분석하고 있지 않다.

오답 해설

② 5문단에 대한민국 헌법 제116조의 내용을 인용하고 있다.

③ 5문단에 선거에서 '균등한 기회가 보장되어야' 하기 때문에 선거 공영제를 실시하여 법률에 따라 선거 비용을 보전해 준다고 설명하고 있다.

④ 2문단에서 엘브릿지 게리가 무리수를 두어 선거구 획정에 폐해가 발생했고 여기에서 게리멘더링이라는 말이 나왔다고 설명하고 있다.

⑤ 2문단에서 선거구 획정의 방식에 따라 선거 결과가 다르게 나올 수 있다는 점을 가상의 예를 통하여 설명하고 있다.

03 내용의 이유 추론 답 ①

정답 해설

선거인 수와 의석수의 비율이 균형을 이루지 않는다면 1표의 가치가 달라지게 된다. 가령 인구가 100명인 선거구와 1000명인 선거구에서 모두 각각 1명의 국회의원을 선출하게 한다면, 인구가 100명인 선거구의 1표의 가치는 1000명인 선거구의 1표 가치의 10배가 된다. 이를 방지하기 위해 선거인 수와 의석수의 비율이 균형을 이루게 해야 하는 것이다.

오답 해설

② 선거인 수와 의석수의 비율이 균형을 이루는 것과 자치 단체의 독립성의 연결 관계를 찾을 수 없다.

③ 선거인 수와 의석수의 비율이 균형을 이루지 못하는 것이 정책 수립에서 지역 차별의 요인이 될 수 없다.

④ 선거인 수와 의석수의 비율이 균형을 이루지 못했다 하더라도 1인 1표의 원칙이 무너지는 것은 아니다.

⑤ 선거구를 임의로 조정하지 못하게 하는 것은 선거구 법정주의이다.

불타는 문제

04 구체적 사례에 세부 내용 적용 답 ②

정답 해설

4문단에서 선거구를 획정할 때 교통, 도서 지역의 특수성을 고려해야 한다고 설명하고 있다.

오답 해설

① A 군은 현재의 인구가 28만 명이 초과되었으므로 선거구를 획정할 때 갑, 을로 나누어야 한다. B 군 역시 인구가 15만 명으로 단독으로 선거구를 편성할 수 있으므로 A 군과 B 군을 합치는 것은 불가능하다.

③ 단독으로 선거구를 획정하는 인구의 범위는 하한선이 14만 명이고 상한선이 28만 명이다. 따라서 이 영역에 드는 지역은 B 지역밖에 없다.

④ 선거구를 획정할 때 자치 단체의 독립성을 고려해야 하므로 하나의 군을 둘로 나누고 다시 각각 다른 군의 지역과 합쳐서 선거구를 획정할 수 없다.

⑤ 우리나라는 선거구 획정을 선거 전 정당 간의 합의를 통해 획정하는 것이 아니라 국회에서 법률로 정한다.

불 끄는 TIP

불나는 유형 | 실제 상황과 관련한 이해 부족형

이 글에 제시된 일반론적인 설명을 실제의 상황에 적용해 보는 문항으로 글의 내용에 대한 이해가 부족하면 해결할 수 없습니다. 이 글의 내용을 정리하는 과정에서 실패했거나 정리는 하였지만 이것이 무엇을 의미하는지 정확하게 이해하지 못하면 문제를 풀 때 실수하게 됩니다.

해결 TIP

글을 읽으며 세부 내용까지 정리를 하고 이것이 가지는 의미를 파악하여 실제의 상황을 생각하며 읽을 수 있다면 쉽게 답을 찾을 수 있어요. 정치나 경제 지문에서 이런 유형이 자주 출제되므로 특히 이 영역의 지문을 읽을 때 실제 상황을 생각하는 훈련을 꾸준히 해 봅시다.

05 구체적 사례에 세부 내용 적용 답 ⑤

[정답 해설]

D 후보는 득표율이 9%이다. 10% 미만이면 한 푼도 돌려받을 수 없다는 규정에 따라 선거 비용을 보전받을 수 없다.

[오답 해설]

① A 후보는 40%의 득표율을 보이고 있기 때문에 정당하게 사용한 선거 관련 모든 비용을 보전받게 된다.

② B 후보는 낙선하였지만 득표율이 28%이므로 정당하게 사용한 선거 비용은 모두 보전받게 된다.

③ C 후보는 14%의 득표율을 보이고 있기 때문에 규정에 따라 정당하게 사용한 선거 비용 중 50%만 보전을 받게 되므로 사용한 50억 원 중 25억 원만을 받게 된다.

④ 선거 비용의 보전은 선거에 출마한 일정 요건을 갖춘 정당 또는 후보자에게 선거 비용을 돌려주는 것이므로 만약 후보가 법률에서 정한 요건을 갖추지 못했다면 아무리 정당하게 선거 비용을 사용했다 하더라도 돌려받을 수 없다.

DAY 9 | 예술·음악

방심하지 마, 물수능　　　　본문 80~83쪽

01 ②　**02** ①　**03** ②　**04** ①

스피드 지문 복습 정답

김형일, 「악보와 악보의 해석」, 『코랄 커뮤니케이션』

주제

악보에 사용되는 기호 들에 대한 이해와 악보를 대하는 연주자 의 태도

문단별 중심 내용

1문단 악보 기록의 의의

2문단 악보의 개념 과 오선보에 사용되는 요소들

3문단 오선보에 사용되는 음악적 기호 와 표기 방법

4문단 악보를 대하는 연주자 의 태도

● 지문 구조도

악보 기록의 의의
• 기보법의 발달로 작곡자는 자신의 음악을 남길 수 있게 됨.   • 악보는 음악을 공간적, 시각적으로 기록할 수 있는 수단으로 기능하게 됨.

악보의 개념과 오선보에 사용되는 요소들
• 오선보에는 보표, 음자리표, 조표, 음표, 연주 기호와 같은 상징체계를 사용함.   • 보표: 음의 높이를 나타내기 위해 수평으로 그려진 5개의 횡선   • 음자리표: 보표 위에 음의 자리를 정하기 위해 보표의 첫머리에 붙이는 기호   • 조표: 악곡의 조성을 나타내기 위한 표, 올림표(♯)나 내림표(♭)를 악곡 첫머리의 음자리표와 박자표 사이에 적음.   • 박자표: 악곡 전체 또는 일부에 사용되는 박자를 표시함.   • 음표: 음의 길이의 비율을 나타내는 기호

악보를 읽는 연주자의 태도

- 연주자는 악보의 뒷면에 있는 작곡자의 의도를 읽을 수 있어야 함.
- 연주자는 판독된 음악을 어떻게 해석하고 표현해야 하는가 하는 '음악의 상'이 있어야 함.

● 배경지식

음이름

개개 음의 절대적인 높이를 가리키기 위해 음마다 붙이는 이름을 음이름이라고 한다. 서양 음악에서는 'C, D, E, F, G, A, B', 우리나라에서는 '다, 라, 마, 바, 사, 가, 나'의 일곱 문자와 올림표, 내림표 따위로 나타낸다. 각 음의 높이의 상대적인 관계를 나타내는 계이름인 '도, 레, 미, 파, 솔, 라, 시'와 구별된다.

01 서술상의 특징 파악 ②

정답 해설

이 글은 악보란 무엇이며 악보에 사용되는 요소들의 개념과 역할이 무엇인지 살핀 후, 악보를 실제로 연주하기 위한 연주자의 태도를 설명하며 내용을 전개하고 있다.

오답 해설

① 중심 화제인 악보의 실제 모습이나 그 악보를 연주한 사례를 제시하고 있지 않다.

③ 이 글에서 악보에 적용된 원리나 이론에 대한 언급은 찾아볼 수 없다.

④ 악보를 몇 가지 범주로 나누거나 비교하고 있지 않다.

⑤ 악보를 설명하며 악보와 유사한 속성의 다른 대상에 빗대는 유추의 방식을 사용하고 있지 않다.

02 구체적인 상황에의 적용 ①

정답 해설

제시된 악보는 사장조이고 이것의 병행 단조는 마단조이다. 3문단에서 장조와 그 병행 단조는 같은 조표를 갖는다고 했으므로 네 마디를 단조로 연주한다고 하더라도 조표를 다시 그릴 필요는 없다.

오답 해설

② 〈보기〉의 박자표에서 분모는 단위가 되는 음표, 분자는

한 마디 안에 포함되는 단위 음표의 수를 나타낸다. 따라서 4/4는 사분음표를 4개 포함한 박자로 연주하면 된다.

③ 3문단에서 "음표의 머리 오른쪽에 작은 점을 붙인 점음표는 본 음표에 그 본 음표 길이의 반을 더한 것이다."라고 설명하고 있다. 따라서 점 사분음표(♩.)의 점은 사분음표(♩) 길이의 반인 팔분음표(♪)를 의미한다.

④ 3문단에서 "조성의 음계가 필요로 하는 올림표(#)나 내림표(♭)를 악곡 첫머리의 음자리표와 박자표 사이에 적는다."라고 설명하고 있다. 제시된 악보에서 올림표(#)가 하나 붙어 있으므로 이 악보를 연주할 때는 한 자리의 음을 올려야 된다는 것을 알 수 있다.

⑤ 3문단에서 "낮은음자리표는 주로 남성 성부를 표시할 때 사용한다."라고 설명하고 있다. 〈보기〉의 높은음자리표의 첫 마디는 4박자를 모두 쉬는 것을 뜻하는 온쉼표가 있으므로 낮은음자리표의 남성 성부를 맡은 사람들만 노래를 부르게 됨을 알 수 있다.

03 세부 정보 파악 ②

정답 해설

3문단에서 "음자리표[clef]는 그 보표 위에 음의 자리를 정하기 위해 보표의 첫머리에 붙이는 기호다."라고 설명하고 있다. 조성을 나타내는 기호는 음자리표와 박자표 사이에 적는다.

오답 해설

① 3문단에서 "보표의 위나 아래에 있는 음을 그릴 때는 덧줄을 추가해 사용한다."라고 설명하고 있다.

③ 4문단에서 악보에 대해 "편집자의 의도가 덧붙여지기도 하지만 총체적으로는 불완전한 표현 체계일 수밖에 없다."라고 설명하고 있다.

④ 3문단에서 "음악의 흐름 속에서 음이 쉬는 부분을 나타내기 위해서는 쉼표가 쓰이는데, 온쉼표, 이분쉼표 등 음표와 똑같은 종류가 있다."라고 설명하고 있다.

⑤ 3문단에서 "악보의 첫머리에는 음악의 속도를 표시하기 위한 빠르기표와 음악의 전체적인 느낌을 표시하는 나타냄표를 표기"한다고 설명하고 있다.

04 설명 대상의 역할 추론 답 ①

정답 해설

4문단에서 "악보를 음악 작품 자체로 생각할 수 없다. 음악은 연주를 통해서만 실체화할 수 있고, 악보는 작곡자와 연주자 사이의 매개체에 지나지 않는다."라고 설명하고 있다. 따라서 악보만으로는 음악이라 인정받을 수 없다.

오답 해설

② 4문단에서 "악보는 작곡자가 표현하고자 하는 기본 정보를 여러 가지 음악적 기호로 나열한 것"이라고 설명하고 있으므로 이를 연주자가 읽으려면 음악적 기호에 대한 학습이 선행되어야 한다.

③ 1문단에서 "문자의 등장으로 인간의 표현 능력이 시간과 공간을 초월해 확장했듯이 악보 또한 음악을 시간적, 공간적으로 기록할 수 있는 수단으로서 기능하게 되었다."라는 설명을 통해 음악을 시간과 공간을 초월하여 확장하기 위한 방법으로 악보가 사용되었음을 알 수 있다.

④ 4문단에서 "연주자는 작곡자의 의도를 악보를 통해서 명확히 이해하고 판독해 유추하는 능력을 발휘해야 한다."라고 설명하고 있다.

⑤ 4문단에서 "연주를 하기에 앞서 머릿속으로 상상하는 '음악의 상'이 없는 연주자는 건조하고 단순한 물리적 소리를 내는 데 그치고 만다."라고 설명한 것을 통해 확인할 수 있다.

물 잠그는 TIP

물먹는 유형 | 설명 대상에 대한 정보 파악 부족형

지문에 나오는 중요 대상의 역할을 비교하거나 대조한 내용의 적절성을 묻는 문항입니다. 이러한 유형은 먼저 각각의 역할에 대한 내용 파악이 선행되어야 하는데 이 과정에서 선입견이나 잘못된 통념이 개입되어 실수가 생깁니다. ①은 일반적인 상식으로 그럴 듯하지만 지문에 근거했을 때 맞지 않는 진술이므로 매력적인 오답입니다.

해결 TIP

대상의 특징이나 역할 등을 묻거나 조금 더 심화하여 이들 정보들을 비교·대조하는 문항의 경우 꼼꼼하게 지문의 내용을 정리하는 것이 필요해요. 특히 비교나 대조를 위해 각 대상에 해당하는 내용을 다른 색으로 표시하며 읽으면 실수를 줄일 수 있어요.

겁먹지 마, 불수능 본문 84~87쪽

01 ④ **02** ⑤ **03** ① **04** ③ **05** ⑤

스피드 지문 복습 정답

판소리학회, 「음악으로서의 판소리」, 『판소리의 세계』

주제

판소리에 들어 있는 음·악·적 장치 및 특성에 대한 이해

문단별 중심 내용

1문단 판소리의 구·성·요·소와 특징
2문단 판소리에 사용되는 조의 종류와 특징
3문단 지·속하면서 변·모하는 판소리
4문단 판소리 장·단의 특징과 고수의 역할
5문단 판소리에서 고·수의 중요성

● 지문 구조도

판소리의 구성 요소와 특징
• 판소리는 창과 아니리, 너름새 등으로 구성됨.
• 판소리는 지식층과 서민의 문화를 모두 아우름.

판소리에 사용되는 조의 종류와 특징
• 평조는 '레·미·솔(본청)·라·도'로 되어 있는 것으로 양악의 장조에 가까운 낮은 음조임.
• 우조는 '솔·라·도(본청)·도·레·미'로 되어 있는 것으로 「심청가」 중의 '화초타령'이나 천자 앞에 심청이 나타나는 대목이 여기에 해당함.
• 계면조는 '미·솔·라(본청)·시·도·레'로 되어 있는 것으로 애절하고 슬픈 느낌을 줌.

판소리 음악의 지속과 변화의 생동성
• 누군가에 의해 이루어진 특징적인 음악적 변화 또는 특정인의 장기에 해당하는 소리를 '더늠'이라고 함.
• 판소리 창자가 스승으로부터 전승하여 한 마당 전부를 음악적으로 절묘하게 다듬어 놓은 소리를 '바디'라고 함.

판소리 장단의 특징과 고수의 역할
• 장단의 종류로 진양조장단, 중모리장단, 중중모리장단, 자진모리장단, 휘모리장단 등이 있음.

- 박의 수는 개념적으로 존재하는 것으로 노래의 의미와 분위기에 따라 더 치거나 생략함.
- 고수는 소리꾼의 말에 맞장구를 치거나 간단한 대사 주고받기, 추임새로 소리꾼 격려하기, 소리꾼을 이끌어 가는 지휘자 역할하기, 즉흥적인 말로 분위기 유도하기 등의 역할을 함.

01 글의 특징 파악 답 ④

정답 해설

이 글은 판소리의 조와 장단 등 음악적인 요소에 초점을 맞추어 설명하고 있다. 설명의 과정에서 음악적 요소와 관련된 개념들을 제시하며 이를 중심으로 글을 전개하고 있다.

02 세부 정보 파악 답 ⑤

정답 해설

3문단에서 "박녹주의 '제비 노정기'는 김정문 바디다."라고 하면 박녹주의 '제비 노정기'는 박녹주가 김정문에게서 계승했다는 뜻으로 설명하고 있다. 따라서 이를 참고할 때 '김연수 바디 「춘향가」'라고 하면 「춘향가」를 김연수에게서 계승했다'는 의미임을 파악할 수 있다.

오답 해설

① 2문단에서 "판소리는 그 구성음과 선율의 형태 및 분위기에 따라 평조·우조·계면조 등으로 나뉜다."라고 설명하고 있다.

② 1문단에서 "소리의 극적인 전개를 돕기 위하여 몸짓이나 손짓으로 하는 동작인 너름새"라고 설명하고 있다.

③ 3문단에서 "누군가에 의해 이루어진 특징적인 음악적 변화 또는 특정인의 장기에 해당하는 소리를 가리켜 '더늠'"이라고 설명하고 있다.

④ 2문단에서 "동·서의 구분은 섬진강의 동쪽과 서쪽이라는 뜻도 있으나 그보다는 송흥록 명창에서 비롯한 씩씩한 우조 창법을 동편제라 하고, 박유전에서 비롯한 애절한 느낌의 계면 창법을 서편제라 한다."라고 설명하고 있다.

03 구체적인 자료를 통한 이해 답 ①

정답 해설

〈보기〉는 구성음이 '미·솔·라(본청)·시·도·레'로 되어 있고, 시와 도는 꺾는 음으로 표시되어 있는 것으로 보아 계면조를

나타낸 것이다. 2문단에서 계면조는 애절하고 슬픈 느낌을 준다고 언급하고 있다.

오답 해설

② 〈보기〉는 계면조이고 본청이 '솔'에 있는 것은 평조로 서양 음악의 장조에 가까운 낮은 음조이다.

③ 「춘향가」 중의 '천자 뒤풀이'와 「심청가」 중의 '범피중류' 대목은 평조에 해당한다.

④ 「심청가」에서 천자 앞에 심청이 나타나는 대목은 구성음이 '솔·라·도(본청)·도·레·미'로 되어 있는 우조이다.

⑤ 남도 민요의 '육자배기'나 무가의 선율과 같은 것은 계면조에 해당하는데 애절하고 슬픈 단조와 같은 느낌을 준다.

04 설명 대상의 역할 파악 답 ③

정답 해설

마지막 문단에서 "판소리의 고수는 매번 반주 때마다 한 편의 새로운 판소리 고법을 창작한다고 할 수 있다."라고 설명하고 있는 것으로 보아 고수는 정해진 고법에 따라 연주하여 예술적 수준을 높이는 것은 아니라 할 수 있다.

오답 해설

① 4문단의 "고법의 성패는 소리꾼의 창법과 소리의 의미에 잘 조화하면서 흥을 이끌어 내는 정도에 달리게 된다."라는 설명을 통해 고수의 역할을 알 수 있다.

② 1문단에서 "판소리는 한 명의 소리꾼과 한 명의 고수가 음악적 이야기를 엮어 가며 연행하는 장르이다."라고 설명하고 있다.

④ 4문단에서 "고수는 소리꾼을 이끌어 가는 지휘자도 되어야 한다는 점이다. 그런가 하면 소리꾼의 변화나 상황에 대응하여 즉흥적인 말로 분위기를 유도하기도 한다."라고 설명하고 있다.

⑤ 4문단에서 "고수는 소리꾼의 소리 장단과 내용은 물론 음질이며 순간적 변화까지도 잘 알아야 한다."라고 설명하고 있다.

불타는 문제

05 구체적 사례에의 적용 답 ⑤

정답 해설

4문단에서 고수는 "소리꾼의 말에 맞장구를 치는가 하면, 간

단한 대사를 주고받기도 하고, 소리꾼을 격려하고 고무하기 위해 추임새를 넣기도 한다."라고 설명하고 있다. 따라서 [아니리] 부분에서도 소리꾼의 말에 고수가 맞장구를 치는 것은 자연스러운 일이다.

오답 해설

① [중모리] 부분에는 서민들의 언어가, [진양] 부분에는 지식층의 언어가 드러나 있다. 이를 통해 판소리에 지식층과 서민의 문화가 어우러져 있음을 확인할 수 있다.

② [진양] 부분은 부모와 이별하여 부모의 은혜를 갚지 못하는 상황에 대해 한탄하는 내용이다. 따라서 애절하고 슬픈 느낌의 계면 창법을 사용하는 서편제로 연주하는 것이 동편제보다는 낫다는 판단은 타당하다.

③ [진양]은 24박을 기본으로 하는 가장 느린 진양조장단을 사용하지만 북을 꼭 스물네 번 두들기는 것은 아니라고 설명하고 있다.

④ [중모리]는 중중모리장단보다 느리게 연주해야 하는 부분이다. 고수의 북치는 횟수는 '같은 박이라도 북을 치지 않고 그냥 넘어가기도'한다는 설명을 참고할 때 일정하지 않음을 알 수 있다.

불 끄는 TIP

불나는 유형 | 작품 감상 능력 부족형

지문에서 설명하고 있는 내용을 토대로 구체적인 작품을 감상할 수 있는지 확인하는 문항입니다. 지문의 내용을 이해하고 이를 작품에 적용하여 감상하는 두 단계의 과정을 모두 실행할 수 없다면 정답을 찾기가 어렵습니다. '아니리'에 대한 설명의 일부만을 이해한 학생은 선지 ⑤가 적절하지 않은 진술이라는 점을 파악하기 어려울 것입니다.

해결 TIP

지문을 읽으면서 〈보기〉를 파악하는 연습이 필요합니다. 즉 지문의 내용을 다 읽고 작품을 감상하기보다는 지문에 정보가 제시될 때마다 작품에 대입해 보는 것이지요. 특히 예술 지문은 대체로 작품을 감상하는 문항이 출제되므로 이런 훈련을 꾸준하게 하는 것이 좋겠습니다.

DAY 10 예술·미술

방심하지 마, 물수능
본문 88~91쪽

01 ⑤ **02** ③ **03** ⑤ **04** ①

스피드 지문 복습 정답

이민수, 「고대 그리스 미술」, 『사조와 장르』

주제

고대 그리스 미술의 시 기 별 작품의 특징

문단별 중심 내용

1문단 그리스 미 술 의 시작과 그리스 문명
2문단 양 식 의 변화에 따른 그리스 미술의 시기 구분
3문단 고대 그리스인들의 생활이 담긴 도 기 화
4문단 그리스 조 각 상 의 특징
5문단 헬 레 니 즘 시기 미술의 특징과 작품

● **지문 구조도**

그리스 미술의 시작과 그리스 문명

그리스 문명은 기원전 약 1000년 무렵부터 에게해 주변의 도시 국가들을 중심으로 발전한 문화와 예술임.

시기별 그리스 미술의 특징

• 기하학적 시기(기원전 1000년 말~700년)
   대표적인 예: 도기화
 – 초기에는 단순한 패턴 묘사였지만 시간이 흐를수록 점차 구체적이고 세밀한 묘사로 변해 감.
 – 소재와 내용이 일상사의 풍경에서 신과 영웅들의 무용담에 이르기까지 다양함.
  → 아르카익 시기에 흑화식에서 적화식으로 기법이 발전함.
• 아르카익 시기(기원전 620~480년)
   대표적인 예: 쿠로스, 코레
 – 납화법을 사용함.
 – 대리석보다 청동이 더 애용됨.
• 고전기(기원전 480년 말~323년)
   대표적인 예: 작품 「창을 들고 가는 사람」
 – 콘트라포스토 자세를 볼 수 있음.
• 헬레니즘 시기(기원전 323년 말~30년)

- 점차 자유분방하고 변화무쌍한 시도를 선보이게 됨.
- 보다 부드러운 콘트라포스토 자세를 취하면서 두상은 작아지고 풍만한 둔부를 포함한 하체는 더 길어져 '고전기' 조각과의 차이를 느낄 수 있음.

●배경지식

콘트라포스토(contrapposto)

'대비된다'는 뜻의 이탈리아어로 미술에서 '대칭적 조화'를 의미한다. 인물상을 만들 때 신체에 율동감과 곡선미를 주기 위한 S자형 자세를 말한다. 정면을 향해 꼿꼿하게 서 있는 기원전 6세기 말경의 그리스 아르카익 시기의 인물상과 다른 이 포즈는 기원전 5세기경 그리스 고전기의 조각상에서 처음 나타났다. 딱딱하고 엄숙하게 정면을 향해 서 있던 자세에서 탈피하면서 인물 조각의 표현이 자유로워졌다.

물먹는 문제

01 세부 정보 파악
답 ⑤

정답 해설

이 글은 고대 그리스 문명 중에서 미술에 초점을 맞춰 설명하고 있다. 세부적으로는 양식의 변화에 따른 그리스 미술의 시기 구분과 각 시기별 특징을 설명하고 있다.

오답 해설

① 이 글은 서양 미술사에서 기초가 되는 고대 그리스 미술에 초점을 맞추고 있지만 고대 그리스 미술의 위상은 다루고 있지 않다.

② 이 글은 고대 그리스 예술 작품에 대해 설명하고 있다. 재료에 대한 언급도 있으나 전체를 포괄하는 내용은 아니다.

③ 이 글은 고대 그리스 예술에 대해 다루고 있는 것은 맞으나 정치 상황의 영향 관계에 대해 언급하고 있지는 않다.

④ 이 글은 고대 그리스 문명과 그 문명이 시작된 곳을 언급하고 있지만 글 전체의 중심 내용과는 거리가 멀다.

물 잠그는 TIP

물먹는 유형 | 전체 내용 파악 부족형

'서양 미술사', '고대 그리스 예술', '고대 그리스 미술' 등의 표제어가 혼재되어 있는 지문이므로 설명의 초점이 어디에 있는지 파악하지 못하면 실수하게 되는 문항이에요. 표제와

부제는 전체의 내용을 관통하는 중심 내용을 담아내야 하기 때문에 글 전체의 흐름에 대해 파악을 하지 못한다면 실수하게 됩니다.

해결 TIP

표제어로 보이는 단어들 중에 어떤 것이 설명에서 핵심적인 것인지 파악하는 것이 필요합니다. 따라서 중요한 내용에 줄을 치면서 이들이 어떤 것에 대한 설명인지 확인하면 도움이 될 수 있어요.

02 내용 이해
답 ③

정답 해설

3문단에서 송곳으로 세부를 긁어 다소 딱딱한 느낌을 주는 것은 흑화식이라고 설명하고 있어, 적화식의 설명으로 적절하지 않다.

오답 해설

① 3문단에서 도기화의 소재와 내용이 결혼식과 장례식 같은 일상사의 풍경에서 신과 영웅들의 무용담에 이르기까지 다양했다고 설명하고 있다.

② 4문단에서 "파르테논 신전 장식의 경우와 마찬가지로 당시 그리스인들은 뜨거운 밀랍에 분말 색소를 녹여 돌 위에 칠하는 '납화법'을 사용해 원색의 화려한 채색으로 마무리했다."라고 설명하고 있다.

④ 1문단에서 '기원전 약 1000년 무렵부터 시작'되었고, '에게해 주변에 도시 국가들을 이루며 발전한 이들의 문화와 예술'을 그리스 문명이라 한다고 설명하고 있다.

⑤ 5문단에서 고대 그리스 조각상의 재료는 대리석보다 청동이 더 애용되었고, 이러한 청동 조각들은 대부분 후대인들에 의해 녹여져 전쟁 무기가 되었다고 설명하고 있다.

03 구체적 작품에의 적용
답 ⑤

정답 해설

「델포이의 전차 경주자」는 은도금된 머리띠와 구리로 표현한 입술과 눈썹, 오닉스를 박아 넣은 눈동자 등이 그대로 남아 있는 청동 조각상이라고 설명하고 있다. 따라서 대리석처럼 무게를 지탱하기 위한 지지대가 필요하지 않다.

오답 해설

① 코레는 그리스인들의 이상이 반영된 건장한 신체의 남자

누드 조각상인 쿠로스와는 달리 옷을 입은 채로 표현되었다.

② 쿠로스는 기원전 8세기경부터 제작되었고 코레는 기원전 7세기에 처음 등장했다. 둘의 등장 사이에 약 100년의 시간적 간격이 있다. 「도리스식 옷을 입고 있는 코레」는 코레상의 일종이다.

③ 「도리스식 옷을 입고 있는 코레」의 머리카락과 눈, 입술, 치마에는 희미하게 채색의 흔적이 남아있는데 이는 뜨거운 밀랍에 분말 색소를 녹여 돌 위에 칠하는 '납화법'을 사용했음을 보여 주는 것이다.

④ 「델포이의 전차 경주자」는 청동 조각상으로, 청동 조각은 주물로 만들어져 동작 표현이 자유롭고, 속이 비어 있어 가볍고 운반하기 용이했을 것이라고 설명하고 있다.

04 세부 정보 파악   답 ①

정답 해설

3문단에서 기하학적 시기의 도기화는 소재와 내용이 결혼식과 장례식 같은 일상사의 풍경에서 신과 영웅들의 무용담에 이르기까지 실로 다양했다고 설명하고 있다.

오답 해설

② 3문단에서 "기법 역시 날로 새로워져 기원전 6세기에 이르러서는 기존의 배경은 붉은 흙색으로 그냥 두고 형상에 유약을 발라 구워 검은색으로 표현하도록 한 '흑화식' 기법에서 형상 대신 배경을 검게 보이도록 하는 '적화식' 기법을 선보이게 되었다."라고 설명하고 있다. 기원전 6세기는 아르카익 시기로 기원전 480년까지이다.

③ 5문단에서 헬레니즘 시기의 작품은 "보다 부드러운 콘트라포스토 자세를 취하면서 두상은 작아지고 풍만한 둔부를 포함한 하체는 더 길어져, 그리스 '고전기' 조각과의 차이를 느낄 수 있다."라고 설명하고 있다.

④ 2문단에서 고전기가 '고대 그리스의 문화 예술 전 분야와 사회, 정치 모든 면에서 최고의 전성기'를 이루었다고 설명하고 있다.

⑤ 5문단에서 헬레니즘 시기에 '이상적이고 조화로운 형태를 추구해 온 그리스 미술이 점차 자유분방하고 변화무쌍한 시도를 선보이게 되었다'고 설명하고 있다.

스피드 지문 복습 정답

조선령, 「러시아 생산주의」, 『문화과학 제90호』

주제

러시아 생산주의의 특징과 작품 세계

문단별 중심 내용

1문단 생산주의라 불리는 예술 운동의 시작
2문단 생산주의자들의 사진을 활용한 포토몽타주
3문단 생산주의자들이 시도한 영화의 이론과 실제
4문단 스탈린 정권에서 부정된 생산주의 예술
5문단 스탈린 체제의 사회주의 리얼리즘과 나치즘을 옹호하던 미술 양식 간의 유사성

● 지문 구조도

생산주의라 불리는 예술 운동의 시작

러시아에서 사회주의 정권이 수립된 이후 아방가르드 예술가들이 펼친 예술 운동

↓

생산주의자들이 중요하게 생각한 매체 – 사진

과학적인 생산 방식, 대중성, 가독성, 사실주의적 능력 등으로 각광받음.
→ 포토몽타주: 사진을 오려서 얻은 부분들을 재조립하여 새로운 의미를 갖는 합성 이미지를 만드는 기법

생산주의자들이 중요하게 생각한 매체 – 영화

영상의 숏 역시 포토몽타주의 이미지 조각 같은 것으로 간주됨.
→ 혁명적 형식: 이미지들의 충돌과 병치

↓

생산주의 예술의 몰락

스탈린 체제하에서 사회주의 리얼리즘이 대두되면서 수명이 다함.
→ 사회주의 리얼리즘: 남성적 영웅주의에 근거한 매끄러운 고전주의적 재현 방식으로 구체화됨.

● 배경지식

포토몽타주(photomontage)

사진을 오려 그 부분을 재조립하여 새로운 의미를 갖는 합성 이미지를 만드는 기법이다. 포토몽타주에서는 조각난 사진들뿐만 아니라 사진에 글씨, 색깔, 그림을 덧붙이는 것도 가능하다. 포토몽타주는 사진을 보통 지칭하기 때문에 영화에서 필름을 편집할 때 사용하는 몽타주 수법과 비교해 '정적인 필름'이라고 불린다. 주로 다다이즘, 초현실주의, 구축주의, 팝 아트 등의 예술 사조에서 이 기법이 사용되었다.

01 세부 정보 파악   ④

정답 해설

4문단에서 영화감독 예이젠시테인의 몽타주 이론에 따르면 "영화에서 서사의 연속성은 매체의 고유한 본질이나 불변의 형식이 아니다."라고 소개하고 있다. 따라서 매체의 고유한 불변의 형식적 특징으로 이해한다는 선지의 서술은 지문의 내용과 일치하지 않는다.

오답 해설

① 1문단에서 "1917년 러시아에서 사회주의 정권이 수립된 이후 아방가르드 예술가들은 '생산주의'로 지칭되는 예술 운동을 펼치게 된다."라고 설명하고 있다.

② 1문단에서 "생산주의자들은 공장의 노동자와 예술가를 동일 선상에 놓고, '물질적 세계에 노동을 가하여 세계를 변화시키는' 역할을 예술가에게 부여했다."라고 설명하고 있다.

③ 2문단에서 포토몽타주는 기존의 사진, 텍스트 등을 뒤섞어서 매끄러운 재현으로 종합되지 않는 다층적 화면을 구성했다고 되어 있다. 또한 4문단에서는 스탈린 체제로 와서 생긴 변화가 생산주의 포토몽타주가 보여 주었던, 관객의 상상력이 개입할 수 있는 반성의 공간을 지워 버렸다고 설명하고 있다.

⑤ 2문단에서 "자연스럽게 회화나 조각 같은 장르보다 건축, 디자인, 사진 등의 실용적 매체에 더 큰 가치를 부여하게 되었으며, 개인 창작보다 집단 창작을 더 중요시하게 되었다."라고 설명하고 있다.

02 구체적인 작품에의 적용   ①

정답 해설

〈보기〉는 러시아 아방가르드 미술가 중에서 중요한 인물인 엘 리시츠키의 포토몽타주이다. 이 글의 3문단에서 생산주의 영화를 설명하며 "베르토프는 인간의 불완전한 눈이 아니라 카메라의 기계적 눈이 물질적 세계의 충돌을 있는 그대로 담을 수 있다고 생각했다."라고 언급하고 있다. 이를 통해 생산주의 예술가들은 인간의 불완전한 눈을 카메라의 기계적인 눈으로 대치하여 자신들의 의도를 작품에 드러내려 했다는 점을 알 수 있다. 따라서 인간의 눈에 포착된 세계의 충돌을 담겠다는 의도가 반영된 작품이라는 선지의 설명은 적절하지 않다.

오답 해설

② 생산주의 예술가들은 예술을 '더 이상 개인 작가의 창조물이 아니라 누구나 설계도대로 만들어 낼 수 있는 조립품 같은 것'으로 인식하고 있음을 파악할 수 있다.

③ 생산주의 예술가들에게 사진이 '과학적인 생산 방식, 쉽게 접근할 수 있는 대중성과 가독성, 현실을 '객관적으로' 기록하는 사실주의적 능력 등으로 인해 각광'받은 사실을 확인할 수 있다.

④ 포토몽타주에 대해 "사진을 오려서 얻은 부분들을 재조립하여 새로운 의미를 갖는 합성 이미지를 만드는 기법"이라고 설명하고 있다.

⑤ 생산주의 예술가들의 포토몽타주는 기하학적 형상, 기존의 사진, 텍스트를 뒤섞어서 매끄러운 재현으로 종합되지 않는 다층적 화면을 보여 준다고 설명하고 있다.

불타는 문제

03 내용의 유추 답 ②

정답 해설

1문단에서 생산주의 예술가들은 사진과 같은 실용적인 매체에 더 큰 가치를 부여하였다고 설명하고 있고, 2문단에서 그 이유로 과학적인 생산 방식, 쉽게 접근할 수 있는 대중성과 가독성, 현실을 객관적으로 기록하는 사실주의적 능력 등으로 제시하고 있다.

오답 해설

① '매끄러운 재현'은 생산주의를 부정한 스탈린 정권에서 추

구하는 통일된 화면을 통해 구체화된다.

③ 예이젠시테인의 이론에 따르면, 이미지들의 충돌에서 오는 폭발적 에너지로 움직이는 기관차 같은 것이어야 하는 것은 혁명적 영화이다.

④ 관객의 상상력이 개입할 수 있는 반성의 공간을 지워 버리는 역할을 한 것은 사회주의 리얼리즘의 원칙하에 창작된 사진이다.

⑤ 인간의 눈은 불완전한 것으로 설명하고 있으므로 인간의 눈의 완전성을 모방한 기계적 시선이라는 진술은 적절하지 않다.

불 끄는 TIP

불나는 유형 | 글의 맥락과 정보 간의 관계에 대한 이해 부족형

지문에서 설명하고 있는 내용의 이면에 들어 있는 전제나 이유를 유추하는 문제는 글의 맥락이나 다른 정보들과의 관계를 이해하지 못하면 실수할 수 있는 문제예요. 오답 선지들은 모두 지문에 나오는 정보들을 활용한 진술이기 때문에 ㉠의 함의와 정보들 간의 관계를 바르게 이해하지 못하면 답을 찾기가 어렵습니다.

해결 TIP

지문에서 내용을 유추하도록 요구하는 문제는 글의 흐름을 통해서 이해할 수 있다는 점을 기억해야 해요. 필자는 글의 맥락 속에서 어떤 정보를 제공하기 때문에 맥락에 대한 이해, 특히 정보 간의 관계를 이해하게 되면 어렵지 않게 정답에 도달할 수 있습니다. 지문을 읽을 때, 중요 정보에 표시하고 이들 정보 간의 관계를 메모하거나 연결 짓는 연습을 하며 실수를 줄이세요.

04 설명 대상의 역할 추론　　답 ③

정답 해설

㉡의 원칙하에 작업한 사진이 서방 언론을 겨냥한 선전 잡지에 실리면서, 통일된 화면을 보여 주는 매끄러운 재현이 주된 표현 방식이 되었다고 설명하고 있다.

오답 해설

① ㉡의 원칙하에 작업한 사진은 서로 충돌하는 이미지들의 포토몽타주가 아니라고 설명하고 있다.

② ㉡을 구현하기 위해 작업한 작품은 남성적 영웅주의에 근거한 매끄러운 고전주의적 재현 방식으로 구체화되었다고 설명하고 있다.

④ ㉡은 아방가르드의 조형 언어를 부르주아적이라고 비판하였다고 설명하고 있다.

⑤ ㉡은 개별성과 보편성의 통일로서의 특수성이라는 형상화 원리에서 벗어난, 보편성에 치우친 표현을 옹호한다.

05 어휘의 사전적 의미　　답 ②

정답 해설

'각광받다'의 사전적 의미는 '사회적 관심이나 흥미를 받다'이다. '확실히 그렇다고 여김을 받다'는 '인정받다'의 사전적 의미이다.

DAY 11 예술·건축

01 ② **02** ① **03** ③ **04** ②

스피드 지문 복습 정답

서윤영, 「종교 건축이 빛을 이용하는 방식」, 『집에 들어온 인문학』

주제

동서양의 종교 건 축 물 의 구조

문단별 중심 내용

1문단 종교 건축에서 햇 빛 을 이용하는 방식
2문단 불교의 성 과 속 을 잇는 건축 방식과 대웅전 설계의 특징
3문단 성스러운 분위기를 만드는 성 당 의 구조
4문단 성당에 스 테 인 드 글 라 스 가 사용된 유래

●지문 구조도

종교 건축에서 햇빛을 이용하는 방식
• 세계의 많은 종교는 보이지 않는 신을 빛으로 표현함. • 종교 건축에서는 신의 존재를 느끼게 만들기 위해 일출이나 일몰 때의 짧고 강렬한 빛을 이용함.

불교의 건축 방식의 특징
• 불교의 사찰에서는 성과 속을 이어 주는 여과 장치로 일주문, 금강역사, 사천왕문 등을 둠. • 여과 장치를 고되게 통과할수록 대웅전 본존불의 자비를 더욱 크게 느낄 수 있음. • 대웅전과 본존불을 정동쪽으로 향하게 하여 일출 시간의 짧고 강렬한 햇빛을 받아 종교적 감동을 느끼게 함.

성당의 건축 방식의 특징
• 저녁 무렵의 그림자를 길고 짙게 드리우기 위해 입구를 화려하게, 요철을 두드러지게 만듦. • 성당의 벽면을 악마나 괴수의 조각이나 그림으로 장식함. • 실내에 대형 십자가, 스테인드글라스 등의 장식들을 많이 사용함. 앞뒤로 긴 형태로 건물을 짓고 천장을 높게

함. 창을 높은 곳에 위치시킴. → 성스러운 분위기를 자아냄.

01 내용 전개 방식   답 ②

정답 해설

1문단에서 세계의 종교는 보이지 않는 신을 신성하게 표현하기 위해 빛을 이용한다고 소개한 후, 불교의 사찰과 기독교나 천주교의 성당에서 성스러움을 자아내기 위해 건축물을 어떻게 설계하는지에 관해 설명하고 있다.

오답 해설

① 성당의 스테인드글라스에는 중세의 문화적 상황이 영향을 주었음을 설명하고 있으나 의의에 대한 설명은 없다.
③ 사찰과 성당의 구조에는 공통점이 많지만 이 글에서는 그것을 문화적 관점에서 설명하고 있지는 않다.
④ 동양과 서양의 종교 건축물에서 공통적으로 빛을 이용하는 방식을 설명하고 있으며, 동양과 서양의 건축에 대해 대립하는 관계로 보고 있지 않다.
⑤ 동양과 서양의 종교 건축물 사이의 영향 관계에 대한 설명은 없다.

02 세부 정보 파악   답 ①

정답 해설

천주교 신부의 연단은 동쪽에 놓여 서쪽을 바라보게 위치하지만, 불교의 본존불은 서쪽에 놓여 동쪽을 바라보게 위치한다.

오답 해설

② 스테인드글라스는 중세의 열악한 유리 세공 기술에서 유래한다.
③ 속세인 사찰 밖에서 대웅전까지 도착하려면 일주문, 금강문, 사천왕문을 지나야 한다.
④ 불교는 일출을, 기독교와 천주교는 일몰의 짧은 시간을 이용하여 신자들의 종교적 감동을 자아낸다.
⑤ 대웅전을 동향으로 놓아야 일출 때의 짧은 시간에 아침 햇살을 정면으로 받아 환하게 빛나는 본존불을 신자들이 보게 되어 부처의 신성성이 부각된다.

03 추론적 이해   답 ③

정답 해설

사찰은 일출의 햇빛을 이용하여 신의 존재를 인식하게 한다. 성당은 구조적으로 어두운 실내, 높은 천장과 그 위에서 쏟아지는 빛, 빛을 받아 색색으로 빛나는 스테인드글라스를 통해 신의 존재를 인식하게 한다.

오답 해설

① 사찰은 금강역사, 사천왕의 모습과 온화한 부처의 모습을 대비하여, 성당은 악마나 괴수의 조각이나 그림, 스테인드글라스를 활용하여 신도로 하여금 종교적 안식을 느끼게 한다.

② 사찰은 일출 때의 햇빛을 사용하기 위해 대웅전이 정동쪽을 향하고 있고, 성당은 저녁 무렵의 햇빛을 사용하기 위해 서쪽을 향하고 있다. 사찰과 성당은 방향에 따른 햇빛을 사용하여 신성한 분위기를 연출한다.

④, ⑤ 사찰은 외부의 자연적인 지형을, 성당은 실내의 인위적인 장치를 사용하여 신앙심을 유발한다.

물 잠그는 TIP

물먹는 유형 | 정보 파악 미흡형

지문에서는 종교 건축이 햇빛을 어떻게 이용하는지를 설명하고 있는데, 불교는 일출의 짧고 강렬한 햇빛을 이용하는 반면 성당은 건물 내부에 생기는 빛의 명암, 즉 밝음과 어둠을 이용하여 성스러운 분위기를 만든다고 하였습니다. 단어의 의미와 제시문과의 연관성을 파악하지 못하면 실수하게 되겠지요?

해결 TIP

평소 국어사전을 이용하여 단어의 의미를 명확하게 이해하려는 노력이 필요합니다. 많은 학생들이 영어 공부를 할 때는 사전을 많이 활용하지만 국어 공부를 할 때는 사전을 거의 사용하지 않지요. 아마 한국어를 모국어로 사용하고 있기 때문일 거예요. 하지만 단어의 의미를 잘못 알거나 부정확하게 아는 경우가 많다는 것을 우리는 일상생활에서 자주 느낍니다. 따라서 국어 성적을 올리려면 국어사전을 활용해야 한다는 점을 꼭 기억하세요.

04 반응의 적절성 평가   답 ②

정답 해설

도성의 건축 구조에는 천원지방의 원리가 담겨 있으나, 사찰과 성당에는 이와 같은 원리는 없다.

오답 해설

① 사찰이 동쪽으로, 성당이 서쪽으로, 도성의 제왕이 남쪽으로 향해 있는 것은 태양을 이용하여 권위를 이끌어 내기 위한 장치이다.

③ 본존불은 동쪽을, 십자가는 서쪽을, 도성의 제왕은 남쪽을 향하고 있는데 모두 태양과 마주하는 위치이다.

④ 불교의 부처, 천주교의 하느님은 신으로 추앙받고, 제왕은 천자로 여겨지므로 모두 신성시된다.

⑤ 불교의 신자는 동쪽을 바라보는 부처를, 천주교의 신자는 서쪽을 향한 십자가를, 동양의 백성은 북쪽의 제왕을 바라보는 위치에 있다.

겁먹지 마, 불수능   본문 100~103쪽

01 ④ **02** ③ **03** ④ **04** ⑤ **05** ⑤

스피드 지문 복습 정답

이성미, 「판테온의 구조와 건축사적 가치」, 『내가 본 세계의 건축』

주제

로마 시대의 건축물 판테온의 구조와 가치

문단별 중심 내용

1문단 판테온의 건립 과정
2문단 판테온의 전체 구조
3문단 판테온의 내부 구조
4문단 판테온의 건축사적 의의 및 건축에 대한 로마인들의 지혜와 미적 감각

● **지문 구조도**

판테온의 건립 과정

• 판테온은 로마인이 신봉하던 다신교의 신전으로 축조되었음.
• 아그리파가 세운 판테온이 두 번의 화재를 겪은 후에 하드리아누스 황제가 현재의 모습으로 재건함.
• 609년부터 기독교의 교회로 사용되어 현재까지 원형을 유지할 수 있었음.

판테온의 전체 구조
• 판테온은 돔을 얹은 원형 건물과 기둥으로 된 입구 현관으로 구성됨.
• 입구 현관은 여러 개의 기둥이 페디먼트와 지붕을 이고 있으며, 내부와 외부를 이어 주는 전이 공간임.
• 돔이 올려 진 원형 건물에는 7개의 감실이 있고, 그 안에는 로마의 황제나 유명 예술가의 무덤이 안치됨.

판테온의 내부 구조
• 내부 공간의 지름과 돔의 높이가 일치하여 수평축과 수직축의 통합이라는 기하학적 조화를 이룸.
• 돔은 상부로 올라갈수록 얇아지는 구조이며, 돔의 안쪽 표면을 깎아 내어 무게를 줄이는 동시에 미감도 살림.
• 돔의 천장 중앙에 뚫어 놓은 구멍으로 빛이 들어옴.
• 입구에서 시작하여 로툰다로 이어지는 수평축은 돔의 구멍을 통해 수직축으로 바뀌고, 수평의 세속과 수직의 신성이 합치됨.

판테온의 건축사적 의의 및 건축에 대한 로마인들의 지혜와 미적 감각
• 판테온은 이집트나 그리스 건축과는 달리 내부 '공간'을 중요한 요소로 삼은 건축이라는 점에서 건축사에서 획기적인 전환점이 됨.
• 로마인들이 고안한 건축 공법과 콘크리트, 내부의 마감을 통해 로마인들의 지혜와 미적 감각을 알 수 있음.

● 배경지식

판테온에 담긴 우주관

판테온은 원통 건물 위에 돔을 얹은 구조로, 원통 건물의 지름과 돔의 천장 높이가 동일하기 때문에 원통 건물 내부에 돔의 지름 길이의 원을 넣을 수 있다. 또한 돔 천장의 구멍과 바닥면을 직선으로 연결하면 정삼각형이 된다. 이것은 우주와 천체를 상징한다. 또한 천장의 구멍을 '눈'이라는 뜻의 '오큘러스(oculus)'라 하는데, 이것을 중심으로 천장의 격자는 다섯 열의 동심원을 이루고, 각 열마다 28개의 격자가 있다. 이것은 천체가 다섯 개의 동심구로 된 천구로 겹쳐 있는 것과 음력의 한 달인 28일을 의미한다. 돔의 천장에는 청동 별이 장식되어 있어 판테온 내부에서는 우주를 느낄 수 있었다. 특히 판테온의 지붕에는 금박을 입혀 판테온은 당시 로마인들에게 태양과 같은 느낌을 주었을 것이다.

01 세부 정보 파악

답 ④

정답 해설

2문단에서 "입구 현관은 본래 열주랑으로 된 외부 마당의 일부분이었으나~전이 공간으로 바뀌었다."라고 했다. 즉 애초에 아그리파가 세운 판테온에서의 입구 현관은 본 건물의 외부에 존재하는 공간이었으나, 판테온이 재건되면서 건물과 이어진 공간으로 바뀐 것이다.

오답 해설

① 로마인들은 미적 감각을 표현하기 위해 대리석이나 석회로 내부 벽의 표면을 아름답게 마감하였다. 로마인이 사용한 콘크리트는 건물을 튼튼하게 축조하는 데 기여한 것이지, 미적 감각과는 관계가 없다.

② 판테온의 원형이 현재까지 보존될 수 있었던 것은 교회로 사용되고 있기 때문이지, 로마인들이 기독교로 개종했기 때문은 아니다.

③ 판테온은 118년부터 128년 사이에 하드리아누스 황제에 의해 재건되었다. 감실에 안치된 유명 예술가들의 무덤은 재건된 이후에 만들어졌다. 감실에 안치된 유명 예술가로 르네상스 시기의 화가 라파엘로를 예로 들었는데 르네상스는 14~16세기에 일어났다.

⑤ 원통 건물에서 기하학적 조화를 유도하는 것은 내부 공간의 지름과 높이가 일치하는 것이다. 수평축과 수직축의 통합으로 기하학적 조화를 이끌어 낸다.

02 내용의 비판적 이해

답 ③

정답 해설

㉠은 판테온이 이집트나 그리스의 건축과는 다르게 내부 공간에 가치를 두는 건축물임을 설명하고 있다. 2문단에서 원통의 외부는 3층, 내부는 2층이라고 했으나, 그 의미가 무엇인지는 설명되어 있지 않다.

오답 해설

① 원통의 내부 지름과 돔의 높이를 동일하게 하여 모든 공간이 같은 가치를 가진 장소가 되고 있다.

② 판테온은 벽에 창문이 없어 청동 문과 돔의 구멍으로만 빛이 들어올 수 있는 구조이다. 청동 문이 닫히면 돔의 구멍으로만 빛이 들어오게 되며, 신의 공간인 하늘로부터 내부로 들어온 빛은 신성한 분위기를 연출한다.

④ 3문단에서 원통의 내부 지름과 돔의 높이가 일치하여 수평축과 수직축이 통합된다고 하였다. 또한 "수평의 세속은 수직의 신성으로 전환된다. 즉 로마인들은 신에게 봉헌된 공간에서 스스로를 신성과 합치시켰던 것이다."라고 하였다.

⑤ 판테온의 로툰다에는 로마인들이 고안해 낸 공법, 즉 천장 구조의 무게를 지탱해야 하는 기둥의 수를 최대한 줄이며 시원한 공간을 만들 수 있는 다양한 방법이 사용되었다.

03 세부 내용 추론 답 ④

정답 해설

㉮는 돔의 무게를 줄이기 위한 것이고, ㉯와 ㉰는 거대한 돔을 받치기 위한 것이다. 이 방법들은 모두 천장 구조의 무게를 지탱해야 하는 기둥의 수를 줄이는 대신 사용된 방법이다. 콘크리트로 돔을 만든 것과 기둥 수의 관계는 확인할 수 없다.

04 문장의 구조 파악 답 ⑤

정답 해설

'굳히다'는 '굳다'의 사동사이다.

오답 해설

① '바뀌다'는 '바꾸다'의 피동사이다.

② '박히다'는 '박다'의 피동사이다.

③ '패다'는 '파다'의 피동사 '파이다'의 줄임형이다.

④ '닫히다'는 '닫다'의 피동사이다.

불타는 문제

05 반응의 적절성 평가 답 ⑤

정답 해설

판테온의 전이 공간은 직사각형의 입구 공간을 가리킨다. 본래는 아그리파가 만든 판테온의 외부 마당의 일부분이었으나 판테온이 새롭게 건축되면서 직사각형의 공간은 입구 현관이 되어 전이 공간으로 바뀌었다. 따라서 (가)와 (나)의 좌측에 표시된 여러 개의 기둥이 있는 곳이 바로 내부와 외부를 이어 주는 전이 공간이다.

오답 해설

① 2문단에서 8개의 열주식 기둥이 삼각형의 페디먼트를, 2열에 걸쳐 각 4개의 기둥이 지붕을 이고 있는 구조라고 하였다.

② (나)의 반원형 공간에는 총 7개의 감실이 있는데 로마의 황제나 유명 예술가의 무덤이 안치되어 있다.

③ 로툰다는 커다란 원통과 돔으로 구성되어 있다. 원통의 벽은 돔의 무게를 지탱하기 위해 지나치게 두꺼운 벽으로 되어 있는데, 이를 통해 로툰다 내부는 구획하는 벽이 존재하지 않음을 알 수 있다.

④ 원통 건물의 내부 지름과 바닥에서부터 돔의 꼭대기까지의 높이가 1:1이므로 반구형 돔을 확장하여 만든 원의 지름과 로툰다의 높이는 동일하다.

불 끄는 TIP

불나는 유형 | 〈보기〉 기피형

국어에서 〈보기〉로 제시되는 정보는 지문과 관련된 내용이거나 지문으로 〈보기〉를 파악하는 유형, 또는 〈보기〉로 지문의 내용을 이해하는 유형으로 구분되지만 결국은 지문의 내용을 얼마나 정확하게 이해했느냐가 관건입니다. 지문에서 입구 현관을 전이 공간이라 했는데, 그림의 어느 부분이 입구 현관인지를 올바르게 판단해야 합니다.

해결 TIP

예술 지문에서는 그림이나 사진이 출제되는 경우가 많으므로 지문의 내용과 그림을 연결하여 이해하는 연습이 필요합니다.

방심하지 마, 물수능

본문 104~107쪽

01 ② **02** ④ **03** ④ **04** ②

스피드 지문 복습 정답

한정식, 「사진에서의 빛의 이용」, 『사진 예술 개론』

주제

빛 의 방향에 따른 다양한 사진 촬영 기법

문단별 중심 내용

1문단 사진의 개념과 사진에서의 빛 의 중요성
2문단 정 면 광 을 이용하는 사진 촬영의 기법
3문단 측 면 광 과 후 면 광 을 이용하는 사진 촬영의 기법
4문단 하 향 광 과 상 향 광 을 이용하는 사진 촬영의 기법
5문단 빛을 적절히 이용할 줄 아는 능 력 의 중요성

● 지문 구조도

사진의 개념과 사진에서의 빛의 중요성

- 사진의 원어인 포토그래프는 포토[빛]와 그래프[그림]의 합성어임.
- 빛은 사진의 특질이자 사진을 다른 시각 예술과 구별시켜 주는 요소임.

정면광을 이용하는 사진 촬영의 기법

- 정면광으로 사진 찍는 방법은 피사체가 정면으로 빛을 받고 있는 상태에서 사진을 찍는 기법으로 가장 보편적인 채광 방법임.
- 색채와 모든 형태가 자연스럽게 재현되어 일상적 시각에 부담을 주지 않지만 사진이 평면적이 되어 입체감이 살지 않고 사진의 깊이가 떨어짐.
- 일상생활 사진, 풍경 사진, 다큐멘터리 사진에 활용됨.

측면광과 후면광을 이용하는 사진 촬영의 기법

사진 촬영 기법	특징
측면광 이용	– 질감 묘사, 분위기 묘사, 인물의 심리 표현에 효과적임. – 피사체를 배경과 분리시켜 부각할 수 있음. – 역광에 비해 이용하기 편리하고 상대적으로 부드러운 효과가 있음.
후면광 이용	– 자칫 빛이 렌즈에 닿아 화면이 뿌옇게 나오거나 고스트 이미지를 만들어 명쾌한 사진이 나오지 않을 수 있음. – 정면광보다 사물의 윤곽이 살아나 더 아름답게 보일 때가 많음.

하향광과 상향광을 이용하는 사진 촬영의 기법

- 일상에서 사용하는 빛은 태양광이기 때문에 하향광일 경우가 많음.
- 직하광은 짙은 그림자를 만들어 부자연스러운 느낌을 주기 때문에 이용하기가 쉽지 않음.
- 한낮을 피하면 직하광이 측면광이 되어 효과적인 사진을 찍을 수 있음.
- 상향광은 흔히 인공광이며 신비감을 주기도 하지만 부자연스러운 느낌을 주고 불쾌감과 공포감을 일으키기 때문에 괴기 영화 등 특별한 경우에 사용함.

빛을 적절히 이용할 줄 아는 능력의 중요성

- 빛의 방향에 따라 사진의 분위기와 효과가 달라짐.
- 빛에 관한 지식보다 빛을 적절히 이용할 줄 아는 능력이 중요함.

01 내용 전개 방식 파악

답 ②

정답 해설

2문단에서 빛의 방향을 중심으로 촬영의 테크닉을 살펴본다고 하였고, 이에 따라 정면광, 측면광, 후면광, 상향광, 하향광 등을 이용한 사진 촬영 기법을 소개하고 있다. 따라서 이 글은 사진 촬영의 다양한 기법들을 하나의 기준에 따라 분류하고 있음을 알 수 있다.

오답 해설

① 사진 촬영 기법에 대해 소개하고 있지만 그 변화 양상을 통시적 방식으로 서술하고 있지 않다.
③ 다양한 사진 촬영 기법을 제시할 뿐 사진에 대한 기존의

관점에 대해 반박하고 있지 않다.

④ 사진에 대한 정의가 제시되고 있으나 이를 바탕으로 현대 사회에서의 사진의 의의를 설명하고 있지 않다.

⑤ 빛의 방향에 따른 사진 촬영 기법을 제시하고 있지만 절충 방안을 모색하지는 않는다.

02 세부 정보, 핵심 정보 파악 　답 ④

정답 해설

2문단에서 창조적인 영상을 추구하는 작가들은 평범함과 무미건조함으로 인해 정면광을 선호하지 않는다고 한 것을 통해 창조적인 작품을 제작하려면 정면광을 피해야 함을 알 수 있다. 따라서 정면광과 측면광을 적절히 활용해야 한다는 진술은 적절하지 않다.

오답 해설

① 1문단에서 사진작가가 자신의 의도 곧 주제를 정확히 전달하기 위해서는 빛에 대해 잘 알고 이를 적절히 이용해야 한다고 한 데서 알 수 있다.

② 1문단에서 같은 피사체라도 빛의 종류, 방향, 밝기 등에 따라 완전히 다른 모습으로 바뀐다고 한 데서 알 수 있다.

③ 4문단에서 직하광이 내리쬐는 한낮 시간만 피하면 자연스럽게 측면광이 되므로 효과적인 사진을 찍을 수 있다고 한 데서 알 수 있다.

⑤ 4문단에서 인공으로 만든 상향광이 부자연스러운 느낌을 주고 공포감을 일으킨다고 한 것과 상향광은 자연계에서는 찾아보기 힘든 빛이라고 한 데서 짐작할 수 있다.

03 내용들 간의 의미 관계 파악 　답 ④

정답 해설

2문단에서 정면광은 색채를 비롯한 모든 형태가 자연스럽게 재현된다고 하였지만, 피사체가 빛을 정면으로 받기 때문에 사진이 평면적이 되어 입체감이 살지 않는다고 하였다. 또한 3문단에서 측면광이 질감 묘사에 효과적이라고 했으므로 측면광에 비해 정면광이 색채와 질감을 자연스럽게 재현하여 입체적인 느낌을 준다는 진술은 적절하지 않다.

오답 해설

① 2문단에서 정면광은 "정보 전달력이 뛰어나다는 이유로 다큐멘터리 사진에 활용된다."를 통해 확인할 수 있다.

② 3문단에서 측면광은 분위기 묘사나 인물의 심리적 표현에 효과적이라고 한 데서 확인할 수 있다.

③ 2문단에서 정면광은 평범하고 무미건조하며 사진의 깊이가 떨어진다는 내용을 확인할 수 있다.

⑤ 3문단의 측면광은 "정면광과 달리 주된 피사체를 배경과 분리시킬 수 있어 피사체를 부각할 수 있으며", "측면광은 창조적 사진에서 가장 많이 쓰이고 있다."를 통해 확인할 수 있다.

물먹는 문제

04 구체적 상황에의 적용 　답 ②

정답 해설

〈보기〉의 사진은 강에 있는 나룻배를 피사체로 한 사진으로서 나룻배 앞 강물에 드리워진 그림자와 뒤쪽 하늘의 석양을 고려할 때 촬영자가 피사체 뒤쪽의 광원을 향하여 찍은 사진, 곧 후면광(역광)을 이용하여 찍은 사진임을 알 수 있다. 따라서 후면광을 이용하여 찍을 때 나타나는 효과 곧 사물의 윤곽이 돋보여 아름답고 극적인 사진이 된다는 내용의 진술이 적절하다.

오답 해설

① 머리 위에서 빛이 내리쬐는 직하광을 이용하여 찍는 사진에 대한 설명이다.

③ 촬영자가 빛을 등지고 찍는 사진, 곧 정면광을 이용하여 찍는 사진에 대한 설명이다.

④ 자연계에서는 찾아보기 힘든 빛 곧 인공광에 의한 조명으로 만들어진 상향광을 이용하여 찍는 사진에 대한 설명이다.

⑤ 피사체의 좌우 측면에서 들어오는 빛 곧 측면광을 이용하여 찍는 사진에 대한 설명이다.

물 잠그는 TIP

물먹는 유형 | 글의 내용 적용 곤란형

주어진 자료를 관찰하여 자료의 내용을 파악하고 적용하는 문제예요. 지문에서는 광원의 방향에 대해 주로 언급하고 있으므로 〈보기〉의 사진을 보고 광원의 방향을 찾는 것이 제일 중요해요. 그리고 광원의 방향에 따른 특징을 파악하고 있어야 하는 것 또한 중요하지요.

해결 TIP

글의 화제나 주요 내용, 문제에 제시된 선택지의 내용을 통해 추가적으로 주어지는 정보를 어떤 관점에서 파악해야 하는지 정해야 해요. 이러한 과정을 통해 관점이 정해지면 그 관점에 따라 추가적인 정보를 분석하고, 그 정보를 언급하고 있는 부분을 글에서 찾아야 하지요.

겁먹지 마, 불수능

본문 108~111쪽

01 ④ **02** ⑤ **03** ④ **04** ③ **05** ④

스피드 지문 복습 정답

장일암, 「사진 조명의 원리」, 『랭포드의 사진 강의』

주제

사진 조명의 특성과 원리

문단별 중심 내용

1문단 사진에서 조명의 중요성과 조명 이해에 필요한 요소
2문단 조명 방법에 따라 달라지는 빛의 질
3문단 빛의 방향에 따라 달라지는 사진의 질감과 입체감
4문단 콘트라스트의 특성을 고려한 조명 방법
5문단 비균질성의 특성과 역제곱 법칙
6문단 빛이 지닌 색온도와 그 특성

●지문 구조도

조명의 중요성과 조명 이해에 필요한 요소

- 조명은 사진가의 독창성을 드러내는 척도가 됨.
- 조명을 이해하기 위해서는 빛의 질, 빛의 방향, 콘트라스트, 비균질성, 색온도 등을 먼저 이해해야 함.

조명 방법에 따라 달리지는 빛의 질

- 빛의 질을 판단하는 방법은 그림자를 살펴보는 것임.
- 빛의 질은 광원의 크기, 광원과 피사체 사이의 거리에 따라 달라짐.

딱딱한 빛	부드러운 빛
- 작고 직접적인 광원에서 나옴. - 예: 꼬마전구, 작은 플래시, 손전등, 성냥불, 태양이나 달의 직사광선 - 짙고 선명한 그림자가 만들어짐.	- 크고 산란된 광원에서 나옴. - 예: 서리유리나 흐린 하늘. 형광등 다발, 반사판, 트레이싱 페이퍼, 천장이나 벽 등을 활용함. - 희미하고 옅은 그림자가 만들어짐.

빛의 방향에 따라 달라지는 사진의 질감과 입체감

빛의 방향	질감과 입체감
위에서 아래로	자연스러움.
아래에서 위로	드라마틱하고 섬뜩한 느낌이나 무서운 분위기가 만들어짐.
정면에서 피사체로	그림자가 거의 없고 질감이 부족하여 입체감이 없음.
상부, 측면 조명	질감 강조, 입체감을 살려 줌.
백라이팅	굵은 가장자리 선을 만들고 피사체를 강하게 보이게 함.

콘트라스트의 특성을 고려한 조명 방법

- 콘트라스트는 피사체의 가장 밝은 부분과 가장 어두운 부분의 밝기 차이의 비율로 나타냄.
- 필름은 사람의 눈이 식별하는 것처럼 광범위한 밝기 차이를 담아낼 수 없음.
- 섀도 필링: 조명에서 발산되는 빛의 일부가 반사판에 반사되어 그늘 부분을 부드럽고 자연스럽게 만들어 주는 것

비균질성의 특성과 역제곱 법칙

- 역제곱 법칙: 조명도는 광원과 피사체의 거리의 제곱에 반비례하여 줄어듦.
- 비균질성 극복 방법
  ① 조명을 더 멀리 떼어 놓거나 산란 재료를 사용함.
  ② 피사체에서 반사율이 낮은 부분은 광원에서 가까이, 반사율이 높은 부분은 광원에서 멀리 놓음.

빛이 지닌 색온도와 그 특성

- 사진에 사용되는 백색광은 여러 색이 혼합된 것임.
- 색온도를 나타내는 켈빈도[K]가 높을수록 청색, 낮을수록 적색을 띰.

●배경지식

역제곱 법칙

역제곱 법칙은 특정 물리량이 그 원인으로부터의 거리의 제곱에 반비례하는 법칙을 의미한다. 아래 그림에서와 같이 특정 물리량에 해당되는 정보가 보존되면서, 그 원점(S)으로부터 3차원 공간으로 퍼져 나간다고 할 때, 거리가 r에서 2r이 되면 같은 정보가 통과하는 면적이 4배가 된다. 즉 단위 면적당 통과하는 정보의 세기는 1/4로 줄어든다. 거리가 3r이 되면 같은 정보가 통과하는 면적이 9배가 되고, 단위 면적당 통과하는 정보의 세기는 1/9로 줄어든다.

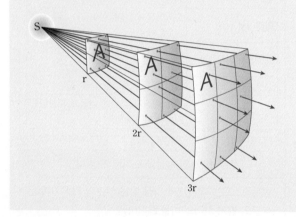

01 전체적 내용의 추론적 이해　　답 ④

정답 해설

사진을 찍을 때 정면에서 조명을 비추면 피사체의 그림자는 거의 없고 표면의 질감이 부족하여 입체감이 떨어진다. 그러므로 자기 그릇의 질감과 입체감을 살리는 사진을 찍기 위해서는 상부나 측면에서 조명을 비추어야 한다.

오답 해설

① 빛의 방향에 따라 사물의 질감과 형태는 달라지기 때문에 조명의 위치가 바뀌면 사진의 느낌도 달라진다.

② 빛이 지닌 색온도에 따라 켈빈도가 높을수록 빛은 청색을, 낮을수록 빛은 적색을 띤다. 따라서 어떤 조명을 사용하느냐에 따라 사진이 띠는 색이 달라진다는 것을 알 수 있다.

③ 2문단에서 어떤 딱딱한 광원도 그 앞에 트레이싱 페이퍼 같은 산란성 있는 재료를 대면 빛을 부드럽게 만들 수 있다고 하였다.

⑤ 손목시계에서 유리 부분은 반사가 잘 되는 부분이고 가죽끈 부분은 반사가 덜 되는 부분이므로 조명이 균형이 맞지 않는다. 이런 경우 조명 차를 극복하려면 반사율이 높은 유리 부분을 광원에서 멀리, 반사율이 낮은 가죽끈 부분을 광원에 가까이 놓고 사진을 찍으면 된다.

02 구체적 사례에의 적용　　답 ⑤

정답 해설

1제곱미터 넓이의 정사각형 방석을 촬영할 때, 1미터 떨어진 거리에서 조명을 설치하면 조명에서 가장 가까운 부분은 가장 먼 부분보다 4배 더 강한 빛을 받게 된다. 이때 조명을 더 멀리 떼어 놓거나 산란 재료를 조명 앞에 대면 균형이 맞지 않는 조명 차를 극복할 수 있다고 하였다.

오답 해설

① 4문단에서 필름은 사람의 눈이 식별하는 것처럼 광범위한 밝기 차이를 모두 담아낼 수 없고, 밝은 부분이나 어두운 부분의 디테일을 살릴 수 없다고 하였다. 이러한 현상은 딱딱한 측면 조명이나 상부 조명을 사용할 경우 더 심해진다고 하였다.

② 4문단에서 주 조명의 반대 방향에서 보조적인 조명을 사용하는 경우 또 다른 그림자를 만들어 피사체를 부자연스럽고 기이한 형태로 보이게 한다고 하였다.

③ 3문단에서 언급했듯, 인물의 가장자리 선을 굵게 만들고 피사체를 강하게 보이게 하는 것은 후면으로부터의 백라이팅이다.

④ 2문단에서 작고 직접적인 광원에서 나오는 빛이 선명한 그림자를 만들어 낸다고 하였다. 따라서 크고 간접적인 광원에서 나오는 빛을 사용해서 찍은 사진에서는 얼굴의 그림자가 부드럽게 나타날 것임을 알 수 있다.

불타는 문제

03 외적 근거에 따른 추론　　답 ④

정답 해설

빛이 공기 속의 분자와 많이 만나면 만날수록 빛이 산란되거나 흡수될 가능성이 커지고, 그 영향으로 햇빛의 밝기는 줄어들게 된다.

① 대낮에는 태양의 직사광선이 피사체의 머리 위에서 비친다. 그러므로 햇빛이 지나와야 할 대기의 두께는 대기층의 두께와 거의 유사하다.

② 지평선에 태양이 위치한 경우에 햇빛이 빌딩에 도달하기 위해 지나야 할 대기의 두께는 길어진다. 태양이 대기권과 닿은 지점에서 피사체까지의 거리를 높이, 지구 중심에서 태양이 대기권과 닿은 지점까지의 거리를 빗변, 지구 중심에서 피사체까지의 거리를 밑변으로 하는 삼각형을 그려 피타고라스의 정리를 대입하면 햇빛이 대기권과 처음 닿은 지점에서 피사체까지의 거리의 제곱은 $(6471)^2-(6371)^2$이며 이는 약 $1,133\,\mathrm{km}$이다.

③, ⑤ 빛의 비균질성을 줄이기 위한 방법으로 광원과 피사체의 거리를 멀리 두는 방법이 있다고 하였다. 그러므로 빌딩과 같이 큰 물체를 촬영할 때에는 낮보다는 아침이나 저녁처럼 광원과의 거리가 멀어졌을 때 촬영하면 빛의 비균질성을 줄일 수 있다.

불 끄는 TIP

불나는 유형 | 과학 지식과 예술의 융합형

'사진은 예술인데 쉽겠지.' 하고 우습게 보았다가 큰코다칠 수 있는 융합형 문제입니다. 과학 지식이 예술과 만났을 때 난도는 급상승하게 되죠. 특히 피타고라스의 정리에 따라 계산을 해야 하는 부분에서는 더 그럴 거예요.

해결 TIP

이럴 때 계산이 필요한 선택지의 확인은 가장 나중으로 미뤄 놓는 게 좋습니다. 계산을 하다가 시간을 낭비하는 것보다는 바로 풀 수 있는 다른 선택지를 확인해 보는 거죠. 그런 후에 답이 없으면 계산이 필요한 ②를 답으로 하는 방식으로 풀어 나가는 게 좋아요.

04 개념의 이해와 적용　　답 ③

5문단의 내용을 통해 하나의 피사체 안에서도 광원과의 거리가 차이가 나는 경우 조명도가 달라진다는 것을 알 수 있다.

①, ④ 피사체와 광원과의 거리가 두 배로 늘어나면 피사체에 대한 조명도는 거리의 제곱에 반비례히여 줄어든다.

② 광원과 피사체 사이의 거리를 줄거나 광원 자체의 밝기를

높이며 피사체가 받는 조명도가 높아진다.

⑤ 5문단에서 균형이 맞지 않는 조명 차를 극복하려면 조명을 더 멀리 떼어 놓기만 해도 된다고 설명하고 있다. 이를 통해 피사체가 광원과 이미 멀리 떨어져 있는 경우 여기서 다시 멀어지더라도 조명도가 감소하는 양이 급격하지 않음을 알 수 있다.

05 구체적 상황에의 적용　　답 ④

5문단에서 균형이 맞지 않는 조명 차를 극복하기 위해서는 조명을 더 멀리 떼어 놓아야 한다고 설명하고 있다.

① 2문단에서 작고 직접적인 광원에서 나오는 빛은 선명한 그림자를 만들어 낸다고 한 데서 추론할 수 있다.

② 2문단에서 트레이싱 페이퍼 같은 산란성 있는 재료를 대면 빛을 부드럽게 만들 수 있다고 한 데서 트레이싱 페이퍼의 역할을 추론할 수 있다.

③ 2문단에서 트레이싱 페이퍼를 대고 사진을 찍으면 빛이 부드러워진다고 했고, 부드러운 빛의 그림자는 옅고 희미하다고 하였다. 따라서 ⓐ처럼 찍은 사진이 ㉮의 경우보다 희미하고 옅은 그림자를 지니게 될 것임을 알 수 있다.

⑤ 야외에서 촬영하면서 ⓐ와 같이 빛을 부드럽게 만드는 효과를 얻으려면 4문단에서 밝힌 바대로 하늘의 구름이 햇빛의 일부를 반사하거나 태양광이 산란되기를 기다려야 한다. 그러려면 너무 짙은 먹구름보다는 옅은 구름이 끼었을 때를 기다려서 찍는 것이 좋다.

실전 감각을 기르는 세미 모의고사

[01-05] 예술·사진
본문 114~116쪽

「사진은 예술이다」

주제

사진의 예술성에 대한 베냐민의 관점

문단별 중심 내용

1문단 사진의 예술로서의 지위 획득과 베냐민의 입장
2문단 베냐민이 제시한 아우라의 소멸 의미
3문단 아우라가 붕괴된 예술 작품과 '전시 가치'의 개념
4문단 전시 가치를 지닌 예술 작품의 '개선 능력'
5문단 진리에 대한 베냐민의 입장과 베냐민의 통찰이 지닌 시사점

●지문 구조도

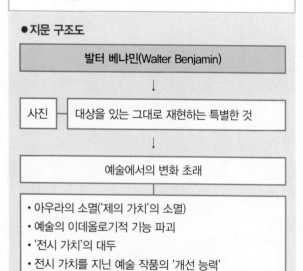

발터 베냐민(Walter Benjamin)

↓

| 사진 | 대상을 있는 그대로 재현하는 특별한 것 |

↓

예술에서의 변화 초래

• 아우라의 소멸('제의 가치'의 소멸)
• 예술의 이데올로기적 기능 파괴
• '전시 가치'의 대두
• 전시 가치를 지닌 예술 작품의 '개선 능력'

●배경지식

진리에 대한 베냐민의 관점

베냐민은 진리를 '알레고리' 개념과 관련하여 설명한다. 이때 알레고리는 인물, 행위, 배경 등이 일차적 의미(표면적 의미)와 이차적 의미(이면적 의미)를 모두 가지도록 고안된 것이다. 가령 동물 우화가 일차적으로는 동물 세계를 보여 주지만 그 이면에는 인간 세계에 대한 풍자를 담고 있는 것이 그것이다. 그는 알레고리를 상징 개념과 대비되는 것으로 본다. 이때 상징이란 뚜렷한 의미를 지닌 대상화이다. 가령 비둘기는 평화의 상징이며 한복은 한국의 상징이다. 이에 반해서 알레고리는 애초에 대상화할 수 없는 것을 대상화하고자 한다. 그렇기 때문에 매우 역설적이다. 베냐민이 보기에 진리란 상징화할 수 있는 것이 아니며 역설적인 방식으로 알레고리화할 수 있을 따름이다.

01 세부 정보의 이해   답 ②

정답 해설

베냐민은 사진은 예술 작품이며 그에 따라 예술 작품의 기준 자체가 바뀔 수밖에 없다고 주장했다. 이는 사진과 같은 복제 기술의 등장이 예술 작품을 판단하는 기준에 변화를 초래했음을 의미한다. 예술 작품을 판단하는 기준이 변화한다는 것은 예술의 개념에 변화가 있다는 것을 의미한다.

오답 해설

① 1문단에 따르면, 사진은 한때 예술로 인정받지 못했다고 했다. 그것은 예술 작품에 숨겨져 있는 의미나 작가의 의도를 찾는 것을 중시하는 사람들의 기준에 사진이 전혀 부합하지 않았기 때문이었다.

③ 2문단에서 아우라의 개념을 제시하고 있다. 아우라는 '일회적인 현상'의 개념을 갖고 있는 말로 지속적으로 유지되는 현상이 아니다.

④ 4문단에서 '개선 능력'에 주목한 베냐민의 관점이 예술 작

품을 예술가의 완벽한 산물로 보는 전통적인 예술관을 뒤흔들만한 것이었다고 밝히고 있다.

⑤ 5문단에서 베냐민의 통찰이 디지털 사진 합성이 당면한 근본 문제와 관련하여 시사점을 갖고 있음을 밝히고 있다.

02 관점의 이해와 적용 답 ②

정답 해설

베냐민은 '사진의 특별함'에 주목했다. 그는 사진이 주관을 배제하고 대상을 있는 그대로 재현한다고 보았다. 사진은 '개선 능력'을 지니고 있는 것으로 작가의 의도가 담겨 있지 않다. 즉, 이는 어떤 의도나 선입견의 영향도 받지 않고 현실의 모습을 있는 그대로 보여 주는 것을 의미한다. 이러한 내용을 참고할 때, 베냐민의 관점에서 ⊙은 어떤 의도도 개입되어 있지 않은 현실 그대로의 모습을 보여 주는 것임을 알 수 있다.

오답 해설

① 베냐민은 사진이 기계로 이루어지는 것이기 때문에 주관이 개입되지 않는다고 보았는데, 어떤 의도도 개입되지 않기 때문에 다양한 맥락에서 사용될 수 있는 변형 가능성을 지니고 있다고 보았다. 따라서 기계에 의해 만들어져 고정된 의미를 나타낸다는 것은 베냐민의 관점에 부합하지 않는다.

③ 베냐민은 사진에는 작가의 의도가 부재한다고 보았다. 작가가 형상화한 의미를 찾는다는 것은 작가의 의도가 작품에 개입되어 있다는 것이므로 베냐민의 관점에 부합하지 않는다.

④ 베냐민은 사진이 주관을 배제하고 대상을 있는 그대로 재현하기 때문에, 보고 싶은 대로 보는 인간의 눈이 미처 볼 수 없었던 세상의 모습을 보여 준다고 여겼다. 즉, 선입견으로 보지 못하는 것들을 보여 준다는 것이다. 이것은 선입견의 실상을 구체적으로 보여 준다는 것을 의미하지 않는다.

⑤ 베냐민은 사진이 현실의 모습을 있는 그대로 드러낸다는 데에 주목했다. 가공된 현실의 모습을 드러낸다는 것은 베냐민의 관점에 부합하지 않는다.

03 구체적 사례에의 적용 답 ④

정답 해설

베냐민은 사진에 작가의 어떤 의도도 개입되지 않는다고 보

앗으므로, 사진은 작가의 의도에 의해 어떤 것으로도 대체할 수 없는 고유한 가치를 지닌 유일한 예술 작품이 되지 못한다. 따라서 아제의 사진이 나타내는 공허함이 아제의 사진에서만 볼 수 있는 특성이라는 것과, 그것이 감상자들에게 독특한 경험을 제공한다고 말하는 것은 베냐민의 관점에 부합하지 않는다.

오답 해설

① 베냐민은 사진이 '개선 능력'을 지니고 있다고 보았다. 개선 능력은 변형 가능성을 의미한다. 아제의 작품은 대도시인 프랑스 파리의 사람 없는 빈 골목을 있는 그대로 보여 주므로 다양한 맥락에서 사용될 수 있는 변형 가능성을 지니고 있는 것이다.

② 베냐민은 사진의 특성으로 현실의 모습을 있는 그대로 보여 준다는 것에 주목했다. 이와 같은 관점에서 보면, 아제의 사진이 초현실적인 분위기를 띠는 것은 도시의 공허함을 있는 그대로 보여 주기 때문이라고 말할 수 있다.

③ 베냐민은 사진과 같은 복제 기술이 등장한 이후 예술 작품에서 아우라가 소멸되었다고 보았다.

⑤ 베냐민은 단편적인 파편은 변형 가능하며 그러한 점에서 무한한 상상의 조합이 가능하다고 보았다. 아제의 사진에 담긴 파리의 사람 없는 빈 골목은 대도시의 한 파편을 보여 주므로, 베냐민의 관점에서 이 파편은 무한한 상상의 조합을 가능하게 하는 요소이다.

04 구체적 내용의 이해 답 ④

정답 해설

'전시 가치'는 아우라가 붕괴된 예술 작품 안에 남겨져 있는, 오감을 충족시켜 주는 표면적인 것들을 의미한다. 베냐민은 또한 진리란 총체적인 모습으로 표현될 수 있는 것들이 아니라고 보았다. 전시 가치로 진리를 총체적으로 인식할 수 있다는 것은 베냐민의 입장에 부합하지 않는 것이다.

오답 해설

① 제의 가치를 지니지 못하는 예술 작품이 전시 가치를 지니게 된다. 이러한 사실에서 전시 가치가 제의 가치와 대립적 성격을 지니고 있음을 짐작할 수 있다.

② 전시 가치는 아우라가 소멸되어 제의 가치가 사라짐으로써 드러나는 것이다 제의 가치가 사라졌다는 것은 예술의 이데올로기적 기능이 파괴되었음을 의미한다.

③ 전시 가치는 오감을 충족시켜 주는 표면적인 것들이기 때문에 감상자의 여러 감각을 통해 인식이 가능한 것들이다.

⑤ 대량으로 복제되어 원본과 구별되지 않는 작품들은 아우라가 소멸된 것이다. 이렇게 아우라가 소멸된 작품들은 전시 가치를 드러낸다.

05 어휘의 적절성 판단 답 ⑤

정답 해설

'제작되다'는 재료를 가지고 기능과 내용을 가진 새로운 물건이나 예술 작품이 만들어지는 것을 의미한다. ⓔ는 '의도'가 만들어짐을 의미한다. 따라서 ⓔ를 '제작될'로 대체하는 것은 적절하지 않다.

오답 해설

① '부합하다'는 사물이나 현상이 서로 꼭 들어맞는 것을 의미하므로 ⓐ와 바꾸어 쓸 수 있다.

② '획득하다'는 '얻어 내거나 얻어 가지다.'를 의미한다.

③ '간주되다'는 상태, 모양, 성질 따위가 그와 같다고 여겨짐을 의미한다.

④ '명명하다'는 사람, 사물, 사건 따위의 대상에 이름을 지어 붙임을 의미한다. ⓓ는 베냐민이 '전시 가치'라는 이름을 붙인 것을 의미하므로 '명명했다'로 대체가 가능하다.

[6-11] **인문·철학** 본문 116~118쪽

「고대 철학의 집대성자, 순자」

주제

기존 철학에 대한 비판과 현실에 대한 고민으로부터 태동된 순자의 자연관과 인간관

문단별 중심 내용

1문단 전통적인 자연관과 인간관을 부정하고 새로운 관점을 제시한 순자

2문단 순자의 자연관의 주요 내용과 당대 사회에 미친 영향

3문단 인간 본성에 대한 순자의 입장

4문단 신분 질서에 대한 순자의 입장

5문단 사회 구성원의 분업적인 역할을 중시한 순자의 입장과 순자 사상의 성격

●지문 구조도

```
┌─────────────────────────┐
│ • 신비주의적 자연관          │
│ • 형이상학적 인간관          │
└─────────────────────────┘
            ↑ 비판
          ( 순자 )
            ↑
```

• 자연을 물리적이고 기계적인 대상으로 보고 적극적으로 이용하고 제압해야 한다고 봄. ⇒ 운명론적 사고를 극복하고 인본주의적 사고의 기틀 확립에 기여함.

• 이익을 좋아하는 인간의 본성을 예로써 적절하게 통제하고 조절해야 함. ⇒ 사회적 선을 실현할 수 있음.

• 사회 안정을 위해 신분 질서와 사회 구성원의 분업적 역할을 중시함.

●배경지식

성선설과 성악설의 궁극적 목적

인간을 도덕적인 존재로 보는 맹자의 견해와 욕망적인 존재로 보는 순자의 견해는 궁극적으로 대립적인 것이 아니다. 이들은 서로 정면을 향해 맞은편에서 출발하여 같은 목적지에서 만난다. 인간은 본래부터 도덕적인 존재이듯이 삶의 과정에서도 덕성을 잘 기르고 보존함으로써 이 훌륭한 가치를 세상에 실현해야 한다는 견해와 인간은 자연적 욕망의 노예로 태어나므로 예의·법도·교육이라는 강제적 수단을 통해 악한 본성을 차단하고 인위적으로 만들어진 좋은 가치를 실천해야 한다는 견해가 바로 그것이다. 그러므로 맹자와 순자가 지향하는 공동의 목표는 물질적·정신적으로 개인과 집단에 유익한 가치임을 알 수 있다.

06 세부 정보의 확인 답 ⑤

정답 해설

순자는 인간 사회를 유지시켜 주는 것이 상하의 신분 질서라고 보았으며, 그런 신분 질서를 유지하는 데 절대적으로 필요한 것이 예라고 보았다. 예를 바탕으로 신분 질서가 유지될 수 있다고 여긴 것이다. 그렇기 때문에 그는 예를 지키지 못하거나 잘 지키면 신분이 바뀔 수 있어야 한다고 생각했다. 즉 가변적이고 차등적인 질서를 인정한 것이다. 따라서 개개인의 신분이 견고하게 유지되어야 예가 사회 규범으로 제 기능을 수행할 수 있다고 말하는 것은 적절하지 않다.

① 5문단에서 순자가 인간 사회의 안정적 유지를 해치는 일체의 행위를 부도덕한 것으로 규정했음을 알 수 있다.

② 5문단에서 순자가 분업적 질서가 생산을 위한 가장 효율적인 구조라고 강조했음을 알 수 있다.

③ 3문단에서 순자가 사회 규범인 예로써 인간의 본성을 적절히 통제하고 인위적인 노력을 해야 사회적 선을 실현할 수 있다고 주장했음을 알 수 있다. 그리고 4문단에서 순자가 사회의 질서를 유지하는 데 예가 필요하다고 주장했음을 알 수 있다.

④ 3문단에서 순자가 인간이 자신의 본성대로 행동했을 때 사회적으로 어떤 결과를 야기하느냐를 기준으로 악을 규정했음을 알 수 있다.

07 서술 방식의 파악   답 ①

이 글에서는 인간의 윤리가 파괴되고 사회의 질서가 전면적으로 붕괴되어 가던 전국 시대 말기, 순자가 사회의 혼란을 극복하기 위해 고뇌하고 그것을 바탕으로 사상을 정립했음을 서술하고 있다. 그리고 그의 자연관과 인간관의 주요 내용을 설명하면서 이러한 그의 관점이 혼란스러운 사회 질서를 바로잡고 사회적 선을 실현하기 위한 구체적 방안으로서의 성격을 지니고 있음을 밝히고 있다. 즉, 순자가 활동했던 당대 사회 현실과의 관련성을 바탕으로 순자가 제시한 철학적 주장의 내용을 서술하고 있는 것이다.

② 순자가 기존의 신비주의적 자연관이나 인간 본성에 관한 맹자의 입장을 비판했다는 내용은 확인할 수 있다. 그러나 이를 통해 이들 주장과 순자가 제시한 주장 간의 공통점을 비교하고 있지는 않다.

③ 인간 본성이 어떤 것인지에 대한 순자의 견해가 제시되어 있다. 그러나 순자의 철학적 주장이 지닌 현대적 의의를 분석하고 있지는 않다.

④ 순자의 철학적 주장이 변화한 과정을 제시하고 있는 내용은 확인할 수 없다.

⑤ 신비주의적 자연관이 현실 문제의 해결에 도움이 되지 않음을 밝히고 있다. 그러나 신비주의적 자연관에 대한 대안으로서 순자의 주장이 지닌 단점을 규명하고 있지는 않다. 다만 순자의 자연관이 긍정적으로 미친 영향에 대해

서만 서술하고 있다.

08 구체적 상황에의 적용   답 ③

ㄱ. '구부러진 나무, 무딘 칼'은 '인간은 나면서부터 이익을 좋아한다.'라는 인간의 본성에 대응하며, 이를 바로잡는 방법인 '도지개를 대고 불에 쬐어', '숫돌로 갈아야' 등은 예로서 적절히 통제하고 인위적인 노력을 하는 것에 대응한다. 따라서 ㄱ은 순자의 견해에 부합한다.

ㄴ. '삼밭에서 자라나게 되면', '진흙탕 속' 등은 환경을 의미하는데 이것은 사회적 조건이나 환경에 대응한다. 즉, ㄴ은 욕망을 추구하는 동일한 행위가 사회적 조건이나 환경에 따라 악이 될 수도 있고 악이 아닌 것이 될 수도 있다는 순자의 견해에 부합한다.

ㄹ. '직분의 차별'은 사회적 직분의 차이를 의미하며, '주어진 권력이 가지런하면'과 '백성들이 차별 없이 가지런하면'은 신분 차별이 없음을 의미한다. ㄹ은 직분과 신분의 차이가 있어야 국가가 제대로 운영될 수 있음을 말한 것이다. 이와 같이 분업과 신분 질서를 중시하는 것은 순자의 견해에 부합한다.

ㄷ. 사람의 본성을 확충해야 세상을 잘 보존할 수 있다는 것인데, 이는 선한 본성을 널리 퍼뜨리고 채워야 사회적 선을 실현할 수 있음을 말한 것이다. 즉, 사람의 본성이 선함을 전제로 한 것이다. 이와 같이 인간의 본성을 선하다고 보는 것은 맹자의 입장에 부합한다.

09 핵심 개념의 이해   답 ③

순자는 자연을 물리적이고 기계적인 대상으로 보고 인간이 적극적으로 이용하고 제압해야 하는 대상으로 보았다. 그리고 이러한 관점에서 자연이 인간의 운명을 결정한다는 사고에서 벗어나야 한다고 주장했다. 이는 그가 자연의 움직임을 주관하는 절대적 존재를 상정하지 않았음을 나타내며 그 능력을 절대시하지 않았다는 점도 보여 준다.

① 순자의 인간 본위의 자연관은 기존의 신비주의적 자연관

을 부정한다. 즉, 인간의 행위에 대해 자연이 호응한다는 관점을 부인한다.

② 순자는 인간이 자연을 이용하고 제압하는 적극적인 노력을 해야 한다고 주장했다. 이 주장은 인간이 주체적인 능력을 지니고 있다는 사실을 전제로 한 것이다.

④ 순자는 자연을 물리적이고 기계적인 대상으로 보고 인간이 이용해야 한다고 주장했다.

⑤ 순자의 인간 본위의 자연관은 자연을 물리적이고 기계적인 대상으로 봄으로써 자연을 절대시하는 관점을 부정하고 새로운 관점을 제시하였다. 즉, 인간의 운명이 하늘에 의해 결정된다는 운명론적 사고를 극복할 수 있는 관점을 제시한 것이다.

10 비판의 적절성 평가　　답 ①

정답 해설

[A]에는 순자의 인간관이 제시되어 있다. 순자는 '인간은 나면서부터 이익을 좋아한다.'라고 인간의 본성을 파악하고 그러한 본성을 사회 규범인 예로써 적절히 통제하고 인위적인 노력을 함으로써 인간의 본성을 개조할 수 있다고 보았다. 이는 사회 규범인 예에 의존하여 인간의 본성을 개조하려는 것으로 인간 개개인의 자율성을 무시하고 타율에만 의존하여 인간의 본성을 개조하는 것이다. 타율에만 의존하면 인간 스스로 본성을 개조하려 하지 않기 때문에 근본적인 개선이 어려울 수 있다. 즉, 타율로 제시된 기준에 부합하는 행동을 하며 개선된 척만 할 수 있는 것이다.

오답 해설

② 순자는 인간의 본성을 적절하게 통제하고 조절하지 못한 책임을 개인에게 물어야 한다고 주장하지 않았다.

③ 순자는 인간의 이기적인 속성을 제어할 수 있는 규범으로 이미 예를 제시하였다.

④ 순자는 신비주의적 자연관을 비판한 관점을 근거로 삼아 인간의 본성에 관한 맹자의 입장을 비판하지 않았다.

⑤ 순자는 개개인의 본성을 개조하기 위해서는 인위적인 노력이 필요하다고 보았다.

11 사전적 의미의 파악　　답 ①

정답 해설

ⓐ는 '내용이나 성격, 의미 따위를 밝혀 정함.'을 의미한다.

'규칙이나 규정에 의하여 일정한 한도를 정하거나 정한 한도를 넘지 못하게 막음.'은 '규제(規制)'의 사전적 의미에 해당한다.

[12-15]　　사회·문화　　본문 118~120쪽

「신사회 운동」

주제

신사회 운동의 발생과 특징

문단별 중심 내용

1문단 사회 운동의 개념 및 사회 운동과 집단행동의 차이점
2문단 신사회 운동의 등장 배경과 특징
3문단 신사회 운동의 발생과 특징에 관한 하버마스의 입장
4문단 신사회 운동의 발생과 특징에 관한 잉글하트의 입장
5문단 신사회 운동의 특징과 전개 방향

●지문 구조도

노동 운동 중심의 사회 운동

↓

산업 사회 → 탈산업 사회

↓

신사회 운동
• 전통적 노동 운동이 보수화, 개량화되었다는 주장과 함께 대두됨.
• 개인의 다양하고 복잡한 이익이 표현됨.

하버마스
• '체계'가 '생활 세계'에 침범하는 '생활 세계의 식민화'에 대한 저항으로 신사회 운동을 이해함.

잉글하트
• 탈산업 사회에서 문화 자본이 사회적 동력이 됨.
• 탈물질적 가치가 중시되면서 신사회 운동이 발생함.

하버마스의 '의사소통의 합리성'

하버마스는 일상의 언어생활에서 인류의 해방을 향한 열쇠를 발견한다. 그는 합리성을 단순히 논리적 사고가 아닌, 사람들 사이의 대화와 토론에서 찾는다. '의사소통의 합리성'이라는 새로운 이성의 잣대를 세운 것이다. 그는 올바른 대화의 기준으로, 서로 무슨 뜻인지 이해할 수 있고 그 내용이 참이어야 하며, 상대방이 성실히 지킬 것을 믿을 수 있고 말하는 사람들의 관계가 평등하고 수평적이어야 함을 든다. 이렇게 이루어진 토론에서 우리는 서로가 합리적이라고 인정하는 최선의 결론을 얻을 수 있다. 이렇지 못한 대화는 폭력일 뿐이다. 그는 대화 속에서 이성의 새로운 역할을 찾는 독창적인 철학의 장을 열었다.

12 세부 정보의 이해 답 ③

정답 해설

5문단에서 신사회 운동의 특징으로 교육 수준이 높은 중간층이 주요 세력으로 신사회 운동을 이끌어 나가고 있다고 서술하고 있다.

오답 해설

① 1문단을 보면, 권위주의 사회에서 사회 운동이 민주주의 등장과 사회 변동의 원인이 되기도 했다는 것을 알 수 있다. 이것은 사회 운동이 민주주의 태동과 사회 변동의 결과로 시작된 것이 아님을 알려 준다.

② 1문단에서 사회 운동과 집단행동을 구별하고 있다. 사회 운동은 목적적·조직적 행동인 반면, 집단행동은 무차별적·혼돈적 행동이다.

④ 2문단에서 집단의 계급적 이익은 주로 물질적 이익에 관한 것이라고 서술하고 있다.

⑤ 4문단에서 탈산업 사회의 특징으로 유·무형의 재화를 생산하는 서비스 산업이 제조업보다 비중이 커지고 있다는 것을 제시하였다.

13 핵심 정보의 이해 답 ⑤

정답 해설

신사회 운동은 기존의 제도와 법률의 체계로는 탈물질적 욕구가 해결되지 않기 때문에 발생한다. 그렇기 때문에 신사회 운동의 사회적 행위자들은 정당을 결성해 의회로 진출하는 것과 같은 전통적이고 직접적인 정치적 행위보다는 기존의 가치와 정체성에 도전하는 행위를 통해 사회 변동을 일으키려고 한다.

오답 해설

① 2문단에 따르면, 신사회 운동은 1960년대 이르러 서구의 전통적 노동 운동이 보수화, 개량화되었다는 주장과 함께 대두되었다.

② 5문단에서 신사회 운동이 직접 민주주의의 토대를 확장하는 방향으로 나아가고 있다는 사실을 제시하고 있다.

③ 2문단을 보면, 신사회 운동 이전의 사회 운동은 노동 운동 중심으로 이루어졌다. 노동 운동에서는 집단의 계급적 이익을 주로 추구했다. 그러나 신사회 운동에서는 개인의 다양한 이익을 추구한다. 산업 사회에서 이루어졌던 사회 운동에 비해 개인을 강조하는 경향이 강한 것이다.

④ 5문단에서 신사회 운동이 기존의 제도와 법률 체계로는 보장을 받지 못하는 탈물질적인 가치들을 방어하고 활성화하고자 한다고 했다.

14 구체적 사례에의 적용 답 ③

정답 해설

하버마스는 신사회 운동이 합리적 목적성이 의사소통의 합리성을 침범하는 것에 대한 저항으로 일어난다고 보았다. 따라서 의사소통의 합리성이 합리적 목적성의 가치를 침해하는 것을 신사회 운동의 발생 요인으로 이해하는 것은 적절하지 않다.

오답 해설

① 신사회 운동은 개별 집단에 자율성과 자발성을 부여한다. 독일의 '시민 주도 운동'을 벌이는 각 지역의 조직들이 개별적으로 분절되어 있는 것은 이 때문이라고 할 수 있다.

② 신사회 운동에서는 평등한 네트워크와 의사소통을 중요시한다.

④ 신사회 운동에서는 특수한 집단이나 제도가 특권화되는 것을 방지하고자 한다. 독일의 '시민 주도 운동'을 주도하는 조직들은 비공식 조직이며 조직 내부의 민주주의를 중시한다. 비공식 조직은 공식 조직에 비해 특수한 권한을 가진 집단이 되기가 어렵다. 이 점을 고려하면, 비공

식 조직으로 활동하는 것은 특수한 집단으로 공식화되면
그에 따라 특권화되는 경향을 나타낼 수 있기 때문이라고
추론할 수 있다.

⑤ 조세를 낮추어 생활에 대한 만족도를 높이려 한다는 것은
개인적 이익이라 할 수 있는 정신적 욕구의 충족을 위해
사회 운동이 일어남을 보여 준다.

15 정보 간의 관계 이해 　　　　　답 ⑤

정답 해설

㉠은 신사회 운동이 탈산업 사회의 산물이라고 본다. ㉡도
탈산업 사회에서 나타난 변화로 신사회 운동이 발생한다고
본다. 즉 ㉠, ㉡ 모두 산업 사회에서 탈산업 사회로 변화함
에 따라 다양한 목적과 이익의 실현을 위한 신사회 운동이
발생했다고 인정하고 있는 것이다.

오답 해설

① ㉠은 체계가 생활 세계를 침범하는 것에 대해 말하고 있
다. 체계와 생활 세계가 통합되었다고 보지 않는다.

② ㉡은 사회의 동력이 탈산업 사회에서는 물적 자본에서 문
- 화 자본으로 이동했다고 보고 있다.

③ ㉠은 신사회 운동이 생활 세계의 식민화에 대한 저항으로
일어난다고 본다. 그러나 ㉡은 문화 자본의 등장과 관련
하여 탈물질적 가치를 추구하게 됨에 따라 신사회 운동이
일어난다고 본다. 문화 자본의 권력화에 대한 저항으로
신사회 운동이 강화되고 있다고 지적하지 않았다.

④ ㉠은 대중의 문화적 빈곤 상태를 생활 세계의 식민화 양
상으로 제시하였다. 이러한 상태는 신사회 운동을 불러일
으켰다. ㉠은 국가가 이 문제를 해결해야 한다고 주장하
지 않았다. ㉡도 국가가 문화 자본으로부터 대중이 소외
된 양상을 우선적으로 해결해야 한다고 주장하지 않았다.

세미 모의고사 2회　　　　　본문 121~127쪽

01 ③	02 ④	03 ⑤	04 ④	05 ②
06 ②	07 ③	08 ④	09 ③	10 ⑤
11 ③	12 ③	13 ③	14 ④	15 ④

[01-06]　　인문/사회·철학　　본문 121~123쪽

이성재, 「지식인이란 누구인가」, 『지식인』

주제

지식인에 대한 다양한 정의와 지식인에 대한 담론의 가치

문단별 중심 내용

1문단 지식인의 사전적 개념과 그 한계
2문단 만하임의 지식인에 대한 정의 – 자유 부동하는 인간
3문단 사르트르의 지식인에 대한 정의 – 보편화하는 인간
4문단 부르디외의 지식인에 대한 정의 – 자율적 인간
5문단 지식인에 대한 담론의 가치

●지문 구조도

지식인은 누구인가

↓ 행동 실천을 기준으로 한 판단

만하임	• 정의: 어떠한 집단에도 매이지 않고 자유롭게 떠도는 자유 부동하는 인간 • 기능: 사회의 모든 갈등에서 중재자(특정 집단에 속하지 않고 자유롭게 사고하는 사람)의 역할 • 계급: 무계급성 → 특정 집단에 속하지 않음.
사르트르	• 정의: 자신의 전문 연구 분야에서 얻은 진리를 사회 전체로 확장하는, 보편화하는 인간 • 기능: 이데올로기와의 투쟁을 통해 사회의 불평등 폭로 / 지배 계급에 의해 주어진 자본으로서의 지식을 성찰하여 민중 문화 고양 수단으로 사용 / 소외 계층 안에서 실용 지식 전문가 양성 / 진리의 보편성, 사상의 자유를 되찾아 인간의 미래 전망 / 인간이 궁극적으로 성취해야 할 목표 제시 / 모든 권력에 대항해 대중이 추구하는 역사적 목표 수호 • 계급: (어떤 계급에 속하든지) 자신이 속한

	계급의 특수주의를 벗어남.
부르디외	• 정의: 보편적 가치가 침해당하는 상황에서 이를 수호하기 위해 정치적 장에 개입하는, 자율적 인간 • 기능: 학문적 자율성을 유지하며 정치적 장에 개입하여 외부의 여러 세력으로부터 자율성을 지켜 내고 정치적 목소리를 냄. • 계급: 사회 전체에서는 지배 계층일 수 있으나 지배 계층 내에서는 피지배 계층임.

↓

지식인의 존재 이유와 지식인에 대한 성찰을 이끌어 내는 중요한 담론임.

● 배경지식

지식인과 인텔리겐치아

지식인과 인텔리겐치아는 같은 뜻으로 사용되기도 하지만, 두 단어는 기능적인 측면에서 차이가 있다. 인텔리겐치아는 본래 제정 러시아 때에 혁명적 성향을 가진 지식인을 이르던 말로, 사전적으로는 지적 노동에 종사하는 사회 계층 또는 지식이나 학문, 교양을 갖춘 사람을 의미한다. 독일의 사회학자 막스 베버는 지식인과 인텔리겐치아를 구분하면서 지식인은 관념 그 자체에 관심을 가지지만 인텔리겐치아는 관념을 도구로 보며 보다 실용적으로 사고하는 사람들이라고 말한다. 미국의 사회학자 앨빈 굴드너는 지식인은 비판적, 해석적인 것에 관심을 가지며 인텔리겐치아는 기술적인 지식에 관심을 가진다고 말한다. 기술적이고 관료화된 지식인인 인텔리겐치아는 진정한 지식인과 구별된다고 보는 것이다.

01 논지 전개 방식 파악 답 ③

정답 해설

이 글은 지식인에 대한 만하임, 사르트르, 부르디외의 서로 다른 정의를 밝히고 지식인에 대한 다양한 담론이 지니는 가치에 대해 서술하고 있다.

오답 해설

① 지식인에 대한 다양한 정의를 다루었을 뿐, 지식인의 개념을 하나로 정의하고 그 세부 유형을 소개하고 있지 않다.

② 지식인에 대한 만하임, 사르트르, 부르디외의 정의를 제

시한 것이지 상반된 두 이론을 제시하고 절충한 것은 아니다.

④ 지식인의 의미에 대한 여러 학자의 다양한 정의를 보여 주고 있으나, 그 타당성을 입증하는 사례는 제시하지 않았다.

⑤ 지식인에 대한 담론의 가치에 대해서는 서술하였지만, 지식인에 대한 논의가 등장한 배경을 설명하거나 지식인에 대한 논의의 변화 과정을 서술하고 있지는 않다.

02 세부 내용 파악 답 ④

정답 해설

5문단에서 지식인이 어떻게 행동해야 하는지에 대한 다양한 견해나 비판이 광범위하게 퍼져 있는 이유는 역사와 사회의 변혁 과정에 힘을 보태는 실천적 지식인에 대한 우리 사회의 기대와 관련이 있다고 하였다. 이로 볼 때 지식인이 현실적 기대나 요구로부터 벗어나 자유롭고 순수한 가치를 추구해야 한다는 것은 이 글의 내용에 부합하지 않는다.

오답 해설

① 1문단에서 지식인은 사전적으로 일정한 수준의 지식과 교양을 갖춘 사람을 가리키지만, 이러한 사전적 의미만으로는 지식인에 대해 제대로 이야기할 수 없다고 언급하고 있다.

② 1문단에서 어떤 행동을 실천해야 하는지를 논하고 그것을 기준으로 삼을 때 지식인에 대해 판단할 수 있다고 하였다. 이는 행동 양상을 통해 지식인 여부를 판단할 수 있다고 보는 것이다.

③ 5문단에서 지식인에 대한 다양한 견해와 비판이 우리 사회에 광범위하게 퍼져 있는 것은 지식인에 대한 우리 사회의 기대와 관련이 있다고 밝히고 있다.

⑤ 5문단에 우리 사회는 이성적 판단력과 실천력을 지닌 사람, 역사와 사회의 변혁 과정에 힘을 보태는 실천적 지식인을 기대한다고 언급되어 있다. 여기에는 이와 같은 사람을 지식인으로 보는 시각이 전제되어 있다.

03 세부 정보의 비교 이해 답 ⑤

정답 해설

ⓛ은 자신의 전문 연구 분야에서 얻은 진리를 보편화할 수 있는 사람이고, ⓒ은 보편적 가치가 침해당하는 상황에서 학

문적 자율성을 유지하면서 정치적 장에 개입하는 사람이다. 그러나 이들이 침해당한 학문적 자유를 회복하기 위해 정치적 활동을 하는 사람은 아니다.

오답 해설

① ㉠은 만하임이 말하는 지식인으로, 그는 지식인을 사회의 총체적인 면을 정확하게 파악할 수 있는 능력을 지니고 있으며 이를 위해 누구의 간섭에서도 벗어나 있는 자유로운 존재여야 한다고 보았다.

② ㉡은 사르트르가 말하는 지식인으로, 지배 계급에 의해 주어진 자본으로서의 지식을 성찰하여 민중 문화를 고양하는 수단으로 사용하는 존재이다.

③ ㉢은 부르디외가 말하는 지식인으로, 보편적 가치가 침해당하는 상황에서 이를 수호하기 위해 정치적 장에 개입하는 존재이다.

④ 지식인에 대해 만하임은 누구의 간섭에서도 벗어나 있는 존재라고 하였고, 부르디외는 외부의 여러 세력으로부터 자율성을 지켜 내고 정치적 목소리를 내는 존재라고 하였다.

04 세부 내용 파악 답 ④

정답 해설

사르트르는 지식인이 지배 계급에 의해 주어진 자본으로서의 지식을 성찰하여 이를 민중 문화를 고양하는 수단으로 사용해야 한다고 보았다.

오답 해설

① 만하임은 지식인을 특정 집단에 속하지 않는 사람이라고 하였다. 따라서 지식인이 계급적으로 우월한 위치를 점하게 된다고 보는 것은 만하임의 견해와 거리가 멀다.

② 만하임은 지식인의 역할을 중재라고 말하는데, 여기서 중재는 갈등을 봉합한다는 의미가 아니라 특정 집단에 속하지 않고 자유롭게 사고한다는 의미이다.

③ 사르트르는 지식인이 보편화를 할 수 있어야 한다고 말하는데, 여기서 보편성은 지식인이 속한 계급의 특수주의를 벗어나는 성향을 띤다고 했다. 즉 사르트르는 지식인이 자신이 속한 계급에서 벗어나 사고하고 행동한다고 본 것이지, 계급을 지니지 않는다고 본 것이 아니다.

⑤ 부르디외는 지식인이 지배 계층일 수 있으나 지배 계층 내에서는 피지배 계층에 속하므로, 외부로부터 자율성을 지

켜 내고 정치적 목소리를 낼 수 있어야 한다고 말했다. 이는 지식인이 지배 계층 내에 위치한 피지배 계층이므로 사회 모순을 극복할 수 있다고 보는 것이다. 그러나 부르디외는 지식인의 심리적 모순에 대해서는 언급하지 않았다.

05 어휘의 의미 파악 답 ②

정답 해설

'양성하다'는 '가르쳐서 유능한 사람을 길러 내다.'라는 의미이다. 따라서 ⓐ와 바꿔 쓰기에 적절하다.

오답 해설

① '성장하다'는 '사물의 규모나 세력 따위가 점점 커지다.'라는 의미이다.

③ '연마하다'는 '학문이나 기술 따위를 힘써 배우고 닦다.'라는 의미이다.

④ '함양하다'는 '능력이나 품성 따위를 길러 쌓거나 갖추다.'라는 의미이다.

⑤ '훈육하다'는 '품성이나 도덕 따위를 가르쳐 기르다.'라는 의미이다.

06 구체적 사례에의 적용 답 ②

정답 해설

지식인이 되풀이되어 일어나는 사회의 불평등을 폭로하고 역사적 목표의 수호자가 되어야 한다고 한 사람은 만하임이 아니라 사르트르이다. 또한 드레퓌스는 사건의 피해자로, 피카르 중령이나 에밀 졸라 등의 지식인이 행동하게 하는 계기를 제공했을 뿐이므로 그를 지식인으로 보기는 어렵다.

오답 해설

① 만하임은 지식인이란 어떠한 집단에도 매이지 않고 포괄적인 안목을 지녀야 한다고 하였는데, 드레퓌스에게 종신형 판결을 내린 사람들은 드레퓌스가 유대인이라는 이유로 사건에 대해 정확하게 파악하지 않고 잘못된 판결을 내렸다. 그러므로 만하임은 이들을 지식인이 아니라고 말할 것이다.

③ 사르트르는 지식인이란 자기 내부와 사회, 진실에 대한 탐구와 지배자의 이데올로기 사이에서 갈등하고 모순을 겪더라도 그것을 초극해야 한다고 하였다. 피카르는 자신의 조직과 진실 사이에서 갈등을 겪지만 진실을 밝혀내므

로 사르트르는 그를 모순을 극복해 낸 사람, 즉 지식인이라고 할 것이다.

④ 사르트르는 지식인은 자신과 무관한 일에 참견하여 억압당하는 자의 편에 선다고 하였는데, 에밀 졸라는 피카르의 편에 서서 진실을 밝히려고 하였으므로 사르트르는 그를 지식인이라고 할 것이다.

⑤ 부르디외는 지식인은 보편적 가치를 수호하기 위해 정치적 장에 개입해야 한다고 하였다. 에밀 졸라는 글을 통해 진실을 수호하고 무고한 사람을 구한다는 보편적 가치를 수호하고자 하였으므로 부르디외는 그를 지식인이라고 할 것이다.

[07~11] 사회·정치
본문 123~125쪽

이용호, 「집단적 안전 보장과 안전 보장 이사회」, 『전쟁과 평화의 법』

주제

집단적 안전 보장 체제에서 이루어지는 집단적 안전 보장 조치와 그 한계

문단별 중심 내용

1문단 안전 보장의 의미와 집단적 안전 보장 체제의 도입 계기
2문단 집단적 안전 보장의 의미와 발전
3문단 UN의 안전 보장 이사회에 의해 이루어지는 집단적 안전 보장에 관한 조치
4문단 집단적 안전 보장에 관한 조치 중 강제 조치
5문단 집단적 안전 보장에 관한 조치 중 권고 조치와 잠정 조치
6문단 집단적 안전 보장 체제의 한계

● 지문 구조도

집단적 안전 보장 체제	
도입	• 제1차 세계 대전 이후 연합국을 중심으로 결성된 국제 연맹에서 최초 도입 • 제2차 세계 대전 이후 국제 연합(UN)에서 국제 사회의 평화와 법질서 유지를 위해 강화
개념	국제 사회 또는 일정한 국가가 상호 간에 불가침을 약속하고, 특정 국가가 이 약속을 위반하여 무력을 행사할 경우 공동으로 위법적

	인 무력의 행사를 방지, 억지함으로써 평화의 유지와 회복을 도모하고 상호 간 안전을 보장하는 체제

집단적 안전 보장에 관한 조치	
요건	안전 보장 이사회의 '평화에 대한 위협', '평화의 파괴' 및 '침략 행위'의 존재 인정
강제 조치	• 법적 구속력이 있고 국내 관할 사항 불간섭 원칙을 적용받지 않음. • 군사적 강제 조치: UN 회원국의 육해공군에 의한 군사 행동 포함 • 비군사적 강제 조치: 경제와 교통 및 통신 관계의 전부나 일부 중단 및 외교 관계 단절
권고 조치	• 평화에 대한 위협이나 평화의 파괴 행위 등을 평화적으로 조정하기 위한 내용 권고 • 군사 조치 포함, 잠정 조치를 권고할 수 있음.
잠정 조치	• 침략 행위에 대한 사전 인정 없이 사태 악화 방지를 위해 실시되며, 병력의 철수 및 이동, 비무장 지대의 설정 등이 포함됨. • 법적 의무를 부과하지 않으나 권고 이상의 의미가 있음.
한계	• UN 자체의 군사력이 없음. • 안전 보장 이사회 상임 이사국의 거부권 남용 • 회원국의 희생과 부담이 수반되며, 국가 간 대립 격화 및 국제 긴장 확대의 우려 존재

● 배경지식

국가의 동맹

국가는 외부로부터의 위험에 대항하기 위해 다른 나라와 동맹을 맺는다. 국가 간의 동맹은 방위 조약, 중립 조약, 협상으로 나눌 수 있다. 방위 조약은 조약에 서명한 국가들 중 어느 한 국가가 동맹 외의 국가로부터 침략을 당했을 경우 다른 모든 서명국들이 침략당한 국가를 돕기로 약속하는 것이다. 중립 조약은 서명국들 중 한 국가가 동맹 외의 국가로부터 침략을 받더라도 서명국들은 중립을 지킬 것을 약속하는 것이다. 협상은 서명국들 중 한 국가가 동맹 외의 국가로부터 침략을 당했을 경우 서명국들은 공조를 위해 협의할 것을 약속하는 것이다. 이러한 동맹은 궁극적으로 동맹을 통해 자국의 이익과 안전을 도모하기 위한 것이다.

07 핵심 내용 파악 답 ③

정답 해설

1문단을 통해 제1차 세계 대전을 계기로 하여 집단적 안전 보장 체제가 도입되었음을 알 수 있다.

오답 해설

① 이 글은 안전 보장 이사회에 가입하기 위한 국가적 요건에 대해서는 언급하지 않았다.

② 이 글은 안전 보장 이사회가 상임 이사국을 어떠한 방식으로 결정하는지는 언급하지 않았다.

④ 이 글은 안전 보장 이사회의 강제 조치에 대한 국제 사회의 여론에 대해서는 언급하지 않았다.

⑤ 이 글은 집단적 안전 보장 체제의 한계에 대해서는 언급하였지만, 집단적 안전 보장 체제가 개별 국가의 주권과 충돌할 수밖에 없는 이유에 대해서는 언급하지 않았다.

08 세부 내용 추론 답 ④

정답 해설

〈보기〉에는 한 국가가 군비를 확장함에 따라 이에 위기감을 느낀 이웃 국가가 군비를 확장하고 동맹을 강화하면서 결국 세계 대전에 이르게 되는 상황이 제시되어 있다. 이를 참고할 때 국제 사회에서 집단적 안전 보장 체제를 도입한 이유는, 개별 국가가 군비를 확장하고 동맹을 강화하면 결과적으로는 국제 사회 전체가 과도한 군사적 경쟁을 하게 되어 국제 사회의 위험 요인이 가중되기 때문이다. 그래서 국제 사회의 전체 입장에서 국제 평화와 안전을 도모하는 집단적 안전 보장 체제가 도입된 것이다.

오답 해설

① 개별 국가는 동맹을 통해 결속된 집단에 대항할 수 있는 힘을 가지게 된다. 그렇기 때문에 반대 동맹도 생겨나고 군비도 확장되는 것이다.

② 전쟁의 위험으로부터 국민의 안전을 보장할 수 없는 수준의 군사력을 가진 국가들이 많은 것이 집단적 안전 보장 체제 도입의 이유는 아니다. 과도한 군비 경쟁과 동맹을 막기 위해 집단적 안전 보장 체제가 도입된 것이다.

③ 국제 사회에서는 여러 국가의 이해관계가 복잡하게 얽혀 있어 자국의 안전을 확신할 수 없기 때문에 집단적 안전 보장 체제가 도입되었다고 볼 수 있으나, 국제 사회의 이해관

계가 복잡하다는 것은 〈보기〉와의 관련성이 부족하다.

⑤ 집단적 안전 보장 체제는 강대국의 위력을 견제하기 위한 것이 아니라 과도한 군비 경쟁과 동맹을 막기 위한 것이다.

09 핵심 내용 파악 답 ③

정답 해설

6문단에서 현재는 UN의 회원국이 제공하여야 할 병력의 수와 종류를 미리 정해 두는 특별 협정이 강대국 간의 이견으로 인해 체결되어 있지 않아 집단적 안전 보장에 관한 조치에 한계가 있다고 하였다.

오답 해설

① 3문단에서 "UN은 안전 보장 이사회의 결정에 따라 강제 조치나 권고 조치, 잠정 조치 중 어느 하나의 조치를 취한다."라고 밝히고 있다.

② 5문단을 통해 집단적 안전 보장에 관한 조치 중 사태 악화를 방지하기 위한 조치가 잠정 조치임을 알 수 있다.

④ 4문단에서 "강제 조치에 관한 안전 보장 이사회의 결정은 법적 구속력이 있으므로 회원국은 이에 따라야 할 의무를 지닌다."라고 밝히고 있다.

⑤ 3문단에서 UN이 집단적 안전 보장에 관한 조치를 취할 경우에는 "안전 보장 이사회가 '평화에 대한 위협', '평화의 파괴' 및 '침략 행위'의 존재를 인정하여야 한다."라고 밝히고 있다.

10 구체적 상황에의 적용 답 ⑤

정답 해설

3문단에서 안전 보장 이사회는 사안별로 평화에 대한 위협 여부를 임의적으로 판단한다고 하였다. 그러므로 유사한 사안이더라도 이전과 똑같은 조치를 내려서는 안 되고 새롭게 조사하고 판단해야 한다.

오답 해설

① 4문단에 따르면, 비군사적 강제 조치는 경제와 철도, 항해, 항공, 우편, 전신 등 교통 및 통신 관계의 전부나 일부를 중단하고 외교 관계를 단절하는 것을 말한다. 경제적 교류를 제한하는 조치는 비군사적 강제 조치에 해당하며 회원국은 강제 조치에 따라야 할 의무를 지니므로 A 국가와 경제적 교류를 하지 않을 것이다.

② 6문단에서 안전 보장 이사회의 상임 이사국들이 거부권을 남용하여 만장일치의 동의를 얻을 수 없게 됨으로 인해 집단적 안전 보장 기능이 마비되는 경우에 대해 언급하였다. 이를 통해 UN의 제재 조치는 안전 보장 이사회 상임 이사국들의 만장일치의 동의가 있어야 가능하며, A 국가에 대한 제재 조치 또한 회원국의 만장일치의 동의를 얻은 것임을 알 수 있다.

③ 6문단에서 비군사적 강제 조치의 경우에도 이를 행하는 회원국의 희생이나 부담이 수반된다고 하였다. A 국가와 경제적 교류를 할 수 없게 되는 국가의 경우 경제적 손해를 감수해야만 하는 것이다.

④ 비군사적 강제 조치는 국가의 정치, 사회, 경제, 외교 등에 관해서 타국이 그 의사에 반하여 간섭하지 않는다는 국내 관할 사항 불간섭의 원칙을 적용받지 않는다. 따라서 경우에 따라 A 국가 내부의 경제 제도나 정책에 대해 간섭할 수 있다.

11 어휘의 사전적 의미 파악 답 ③

정답 해설

'규정하다'는 '규칙으로 정하다.'라는 뜻이다. '일을 확실하게 정하다.'는 '확정하다'의 뜻이다.

[12-15] 예술·미술 본문 125~127쪽

김현화, 「미니멀 아트」, 『현대 미술의 여정』

주제

미니멀 아트의 개념과 특징

문단별 중심 내용

1문단 미니멀리즘의 개념과 영향
2문단 미니멀 아트라는 명칭이 나오게 된 과정
3문단 미니멀 아트와 팝 아트의 공통점
4문단 미니멀 아트와 팝 아트의 차이점
5문단 미니멀 아트의 특징을 잘 보여 주는 저드의 작품

● **지문 구조도**

미니멀 아트
• 단순하고 간결한 형식을 추구하는 예술인 미니멀리즘

	에서 유래한 미술 양식
	• 주관적이고 본능적인 감성을 드러내는 표현을 극도로 억제하고 최소한의 기본 요소만으로 형태를 감축한 예술 작품을 가리킴. • ABC 아트, 즉물주의, 기본 구조로 불리다 비평가 리처드 볼하임에 의해 미니멀 아트로 지칭됨.

미니멀 아트와 팝 아트	
공통점	• 동시대의 사회적 현상, 체제, 생산 방식, 생산물을 총체적으로 반영하여 미술의 전통과 관습을 전복함. • 사물과 미술의 경계를 모호하게 하면서 장르의 혼용을 시도함. • 현대 산업 사회의 대량 생산 체제를 도입, 조수를 고용하고 기계를 사용하여 제작함. • 일상의 사물을 닮은 작품을 만들고 관객 역시 일상의 경험으로서 예술을 접하기를 원함.
차이점	• 팝 아트는 구상 형식, 미니멀 아트는 극단적으로 형태를 감축시켜 사물로 환원하는 추상 형식을 추구함. • 미니멀 아트는 산업 재료를 활용하였으며 조각 작품을 많이 창작함.

미니멀 아트의 대표 작가	
저드	• 회화와 조각의 경계를 넘나드는 3차원의 작품 「무제」를 창작함. • 하나하나의 단위 요소가 모여 이루는 추상적 통일성으로만 미술품의 존재 가치가 성립된다고 믿음.

● **배경지식**

미니멀리즘의 원리

미니멀리즘은 단순성의 원리와 확장성의 원리를 활용한다. '단순성의 원리'란 작품의 매개 요소를 최소화하는 것이다. 작품의 재료, 형태 등을 변형하지 않고 원재료에 가깝게 사용함으로써 감상자가 작품을 즉각적이고 감각적으로 인식할 수 있도록 한다. '확장성의 원리'란 작품 그 자체만을 감상하도록 하지 않고 그 작품이 놓인 시·공간적 특성을 통해 감상하도록 하는 것이다. 작품 주위의 배경과 작품을 연관시켜 감상자가 새롭고 폭넓은 경험을 할 수 있도록 한다.

12 핵심 내용 파악 답 ③

정답 해설

3문단에서 미니멀 아트가 미술의 전통과 관습을 전복했다고 언급했을 뿐, 미니멀 아트가 전통 미술에서 차용하고자 한 것과 극복하고자 한 것에 대해서는 설명하고 있지 않다.

오답 해설

① 1문단에서 "미니멀리즘이란 용어는~예술을 의미한다."를 통해 미니멀리즘의 어원과 개념을 설명하고 있다.

② 4문단에서 벽돌, 나무토막, 함석, 스테인리스, 아연 등 미니멀 아트에서 사용하는 다양한 재료를 열거하면서 사물의 본질을 외적 형식으로 탐구하고자 한 미니멀 아트의 특징을 제시하고 있다.

④ 3문단에서 미니멀 아트 작가로 저드와 플래빈을, 팝 아트 작가로 워홀과 존스를 언급하고 있다. 그러면서 현대 산업 사회의 대량 생산 체제를 도입한 작업 방식 등을 소개하며 미니멀 아트와 팝 아트의 공통점을 제시하고 있다.

⑤ 2문단에서 미니멀 아트가 ABC 아트, 즉물주의 등으로 다양하게 명명되었으나 리처드 볼하임이라는 비평가가 미니멀 아트로 지칭한 후 미니멀 아트로 부르게 되었다고 하면서, 미니멀 아트라는 명칭이 생겨난 유래를 밝히고 있다.

13 세부 내용 파악 답 ③

정답 해설

4문단에서 미니멀 아트는 추상 형식을 추구하고 극단적으로 형태를 감축시켜 사물로 환원했다고 하였다.

오답 해설

① 미니멀 아트는 팝 아트와 밀접한 관련이 있으나 미니멀 아트가 팝 아트의 영향을 받아 탄생한 것은 아니다.

② 미니멀 아트는 현대 산업 사회의 대량 생산 체제를 도입해서 조수를 고용하고 기계를 사용하여 작품을 제작했을 뿐, 기술 발전이 예술을 위협하고 있다고 여기지 않았다.

④ 미니멀 아트는 추상 형식을 추구하므로 예술을 대중이 이해하기 쉽도록 변화시켰다고 보기 어렵다.

⑤ 2문단에서 미니멀 아트는 조직적인 그룹을 결성하거나 공통적인 선언 또는 프로그램을 발표하면서 시작된 운동이 아니라고 하였다.

14 세부 내용 파악 답 ④

정답 해설

4문단에서 미니멀 아트 작가들은 조각 작품을 많이 창작하는데, 이는 사물의 본질을 외적 형식으로 탐구하고자 한 결과라고 할 수 있다고 하였다. 이는 다시 말해 미니멀 아트에서는 추상 형식을 추구하여 사물의 본질을 외적 형식으로 탐구하고자 하는데, 미니멀 아트 작가들은 이를 드러내기에 조각이 가장 적합하다고 보았음을 의미한다.

오답 해설

① 이 글에서 조각이 전통적 미술에서 도외시되었다는 내용을 찾을 수 없으며, 미니멀 아트 작가들이 조각이 전통적 미술에서는 도외시하였던 예술 분야였기 때문에 조각 작품을 많이 창작했다고 볼 근거도 없다.

② 조각이 추상 형식을 잘 보여 주기 때문에 조각 작품을 많이 창작한 것이지 조각의 제작이 쉬워져 이를 선택한 것이 아니다.

③ 미니멀 아트는 대상이 지닌 아름다움을 표현해 내고자 한 것이 아니라 최소한의 기본 요소만으로 형태를 감축하여 사물의 본질을 보여 주고자 한 것이다.

⑤ 미니멀 아트가 주관적이고 본능적인 감성을 드러내는 표현을 극도로 억제한 것은 맞지만, 대상의 특징을 객관적으로 묘사할 수 있어 조각 작품을 창작한 것은 아니다. 미니멀 아트는 대상을 추상 형식으로 보여 준다.

15 내용의 종합적 이해 답 ④

정답 해설

저드는 미니멀 아트 작가로 추상 형식을 추구한다. 반면에 워홀은 팝 아트 작가로 구상 형식을 추구한다. 저드가 일상 속에서 접하는 계단과 유사하게 만든 작품은 계단 그 자체는 아니다. 즉 저드는 추상 형식의 작품을 창작한 것이지 추상 형식을 구상 형식으로 나타낸 작품을 창작한 것이 아니다.

오답 해설

① 3문단에서 팝 아트는 일상의 사물을 닮은 작품을 만들고 관객 역시 일상의 경험으로서 예술을 접하기를 원했다고 하였다. 따라서 팝 아트 작가인 워홀 역시 「브릴로 박스」라는 일상 용품의 형태를 한 예술 작품을 만들어 관객이 예술을 일상적 경험과 관련지을 수 있도록 했다고 볼 수

있다.

② 4문단에서 미니멀 아트는 미술과 전혀 관련 없는 것으로 인식되어 온 산업 재료를 활용하여 작품을 만들었다고 하였다. 이로 볼 때 워홀이 산업 재료를 활용하여 반복성을 구현한 것은 미니멀 아트의 특징을 더해 팝 아트 작품을 창작한 것이라고 할 수 있다.

③ 5문단에서 저드의 작품은 관람객의 위치에 따라 회화와 조각을 넘나든다고 하였다. 이를 통해 미니멀 아트는 회화와 조각의 경계를 해체하고 모호하게 하여 장르의 경계를 허무는 시도를 했음을 알 수 있다.

⑤ 5문단에서 저드의 작품은 단위 요소들이 반복적으로 구성되며 전체성을 이룬다고 하였다. 〈보기〉에 언급된 것처럼 「무제」에서 계단과 유사한 형태의 작품을 만들어 계단 한 칸 한 칸을 인식하는 것이 아니라 계단 전체를 하나로 받아들이도록 유도한 것 역시 각각의 요소가 가지는 개별적 특성이 아니라 전체성에 주목하도록 한 것이다.

세미 모의고사 3회   본문 128~134쪽

01 ⑤	02 ①	03 ⑤	04 ⑤	05 ④
06 ④	07 ①	08 ④	09 ④	10 ②
11 ②	12 ②	13 ②	14 ⑤	15 ①

[01~05]   인문·철학   본문 128~130쪽

서양근대철학회, 「로크의 관념론」, 『서양 근대 철학』

주제

인간의 관념은 경험에서 비롯한다는 로크의 관념론

문단별 중심 내용

1문단 관념과 단순 관념에 대한 로크의 정의
2문단 단순 관념의 종류: 감각 관념, 내성 관념, 계기 관념
3문단 복합 관념에 대한 로크의 정의
4문단 새로운 관념이 만들어지는 방식 ①: 합성 작용
5문단 새로운 관념이 만들어지는 방식 ②: 추상 작용

●지문 구조도

- 관념: 지성 작용의 모든 대상이자 지식의 재료로서 관념은 경험에서 비롯됨.
- 단순 관념: 단일한 현상 또는 심적인 개념만을 갖는 것으로서 서로 다른 관념들로 나눌 수 없음.

단순 관념의 종류

- 감각 관념: 물리적 대상들이 지닌, 감각되는 성질들
- 내성 관념: 마음이 그 내부에서 이루어지는 작용들을 성찰함으로써 얻어짐.
- 계기 관념: 감각 관념과 내성 관념 어느 것으로도 귀속시킬 수 없음.

복합 관념

- 두 가지 이상의 단순 관념들로 이루어져 있음.

새로운 관념이 만들어지는 방식 ①: 합성 작용	새로운 관념이 만들어지는 방식 ②: 추상 작용
여러 관념들을 하나로 묶는 것으로 합성 작용의 결과로 실체의 관념	• 마음이 한 복합 관념에서 하나의 구성 요소를 골라내고 동류의 요소

이 생겨남.	들은 배제하여 단순 관념을 산출하는 것 • 한 복합 관념에서 출발하되 여러 가지 요소들을 제거해 나가면서 새로운 복합 관념을 산출하는 것

● 배경지식

로크의 사회 정치 철학

로크에 따르면, 태초에 만인은 평등하였으나 사람들이 자신의 자유를 속박할 정치 공동체를 직접 결성하였다. 자연 상태에서는 공정한 중재나 심판을 할 수 있는 심판관이 없었기 때문인데, 사람들은 자신이 가진 권리를 위탁함으로써 정치적 공동체를 형성한 것이다. 로크는 이처럼 자연 상태에서 정치 공동체로 이행하는 과정을 일종의 계약 행위라고 보는 사회 계약론을 주창했다. 로크의 이러한 사회 계약론은 궁극적으로 시민의 권리를 강조하는 입헌 민주주의를 위한 토대로서 가치가 있다.

01 핵심 정보의 파악　　　　　　답 ⑤

정답 해설

즐거움이나 기쁨, 고통과 불쾌함, 힘, 존재 등의 관념은 감각 관념과 내성 관념 어느 한 편에 귀속되기 어려운 계기 관념에 해당한다. 인간의 감정은 계기 관념에 해당한다고 볼 수 있으며 신체의 감각에 의해 마음으로 전달되는 관념은 감각 관념에 해당한다.

오답 해설

① 1문단에서 로크는 지성 작용의 모든 대상을 관념이라 부른다고 하였다.

② 5문단에서 로크는 우리의 마음은 추상 작용을 함으로 추상 관념을 산출해 내는 것이라고 하였다.

③ 1문단에서 관념에서 속하는 것으로 감각, 지각, 기억, 상상을 언급하고 이 관념들은 예외 없이 경험에서 비롯된다고 하였다.

④ 2문단에서 내성 관념은 마음이 그 내부에서 이루어지는 작용들을 성찰함으로써 얻을 수 있는 것들이라고 하였으므로 인간의 마음은 내부에서 이루어지는 작용들을 성찰할 수 있다.

정답 해설

감각의 대상들이 개별적인 관념들을 우리의 마음에 강요하고, 그것을 거부하거나 변경할 수 없다는 것은 우리가 감각의 대상들로부터 얻는 관념을 무조건적으로 수용할 수밖에 없다는 의미이다. 즉 완전히 수동적으로 받아들인다는 것이다.

오답 해설

② 우리의 관념의 상당수는 단순 관념들로 이루어진 복합 관념이라고 하였다. 마음이 단순 관념과 복합 관념을 분리하여 수용하는 것은 아니며 이것이 ㉠의 의미도 아니다.

③ 마음이 받아들이는 관념 중 감각 관념은 신체의 감각에 의해 마음으로 전달된다. 그러므로 마음은 감각을 받아들이는 신체적 작용과 무관하게 작용한다고 말할 수 없다. 또한 이것이 ㉠의 의미도 아니다.

④ 마음은 단순 관념들을 온전히 받아들인다는 의미이지 온전히 받아들일 수 있는 능력을 가지고 있지 않다는 의미가 아니다.

⑤ ㉠에서 마음이 지각의 결과와 사유의 결과가 충돌할 때 사유의 결과를 우선한다는 것은 알 수 없다.

03 핵심 개념에 대한 이해　　　　　　답 ⑤

정답 해설

여러 관념들을 하나로 묶는 합성 작용의 결과로 생기는 실체의 관념은 복합 관념에 해당한다. 이러한 실체의 관념은 단순 관념이 아니기 때문에 감각과 내성이라는 두 가지 통로를 거쳐 전달되는 단순 관념의 하나인 계기 관념이라고 말할 수 없다.

오답 해설

① 실체는 단순 관념들을 담고 있는 대상으로 상정된 것이라고 하였다.

② 실체는 실제로 존재하는 것이 아니라 상정된 것이라고 하였다.

③ 로크는 실체의 관념이란 우리가 구성해 내는 것이며, 이 방식 중 하나로 여러 관념들을 하나로 묶는 합성 작용을 언급하였다.

④ 실체의 관념은 존재한다고 여기는 성질들을 담은 미지의

담지자로서 상정하는 것이다. 우리가 직접적인 경험으로부터 도출해 내는 것이 아니라 우리가 구성해 내는 것이다.

04 구체적 상황에의 적용 답 ⑤

소녀가 나무를 용감함과 연결 지은 것은 이파리가 초록색이고 무성하다든지 나무 기둥이 갈색빛으로 굵다든지 하는 다양한 단순 관념들을 담고 있는 대상으로서 나무라는 실체를 상정하고 이 실체에 대한 다양한 관념들을 산출해 나간 과정이라고 할 수 있다. 복합 관념에서 한 구성 요소를 골라내고 동류의 요소들은 배제하여 얻을 수 있는 것은 단순 관념이지 복합 관념이 아니다.

① 물리적 대상들이 지닌, 감각되는 성질들을 감각 관념이라고 한다. 소녀가 확인한 이파리와 나무 기둥의 색깔은 시각을 통해 감각되는 성질들로, 신체의 감각을 통해 전달된 관념에 해당한다.

② 소나무가 늠름하다는 것은 즐거움이나 기쁨, 고통과 불쾌함, 힘, 존재 등과 같은 것이다. 이들은 계기 관념에 해당하는 것으로 심적인 개념만을 갖는 단순 관념이므로 다른 관념들로 나눌 수 없다.

③ 소녀가 나무를 보기 좋다고 여기는 것은 계기 관념으로 감각 관념과 내성 관념 가운데 어느 한쪽에도 귀속시키기 어려운 관념이다.

④ 소녀가 창밖의 나무가 영웅으로 변신을 하는 상상을 한 것은 소녀의 마음이 추상 작용을 한 것이다. 이는 마음이 새로운 추상 관념을 산출해 내는 것이므로 마음이 새로운 복합 관념을 만들어 낼 수 있음을 보여 주는 것이라고 할 수 있다.

05 비판적 내용의 도출 답 ④

본유주의자들은 인간의 지성에 어떤 본유적 원리들이 각인되어 있다고 말하지만 로크는 우리가 지닌 관념이나 지식은 경험에서 비롯하는 것이라고 말한다. 갓 태어난 아이가 실천적 원리나 사변적 원리를 알지는 못한다는 것으로 본유주의자들의 주장을 반박하고 경험에 입각한 관념론을 뒷받침할 수 있다.

① 본유주의자들은 인간이 지성에 대해 본유적으로 알고 있는 원리가 있다고 본다. 즉 경험, 학습 등이 없어도 이 원리를 안다는 것이다. 인간의 사변적 원리 이해 여부가 문제되는 것이 아니라 이를 경험 없이 알 수 있는가 없는가에 대한 로크와 본유주의자들의 의견이 다른 것이다.

② 로크는 본유적 원리라는 것이 근본적으로 불가능하다고 보기 때문에 본유적 원리의 과학적 존재를 증명하는 것은 의미가 없다.

③ 로크는 경험을 강조한다. 로크가 경험의 기회가 없어서 원리를 체득할 수 없다고 말하는 것은 적절하지 않다.

⑤ 실천을 하느냐 하지 않느냐에 대한 논쟁이 아니다. 인간이 경험하지 않고 어떤 원리를 알 수 있느냐 없느냐에 관한 논쟁이다.

박승룡, 「주식회사의 합병」, 『주식회사법』

주제

주식회사의 합병을 위해 필요한 절차와 과정

문단별 중심 내용

1문단 합병의 개념
2문단 합병의 두 가지 유형: 흡수 합병과 신설 합병
3문단 합병의 이유
4문단 합병을 위해 필요한 법적 절차
5문단 합병 계약서의 작성과 합병 계약의 체결
6문단 합병의 승인 결의 과정
7문단 합병의 효력 발생 시점과 합병 효력이 인정되지 않는 경우

●지문 구조도

합병의 개념
둘 이상의 회사가 경제적으로뿐만 아니라 법적으로도 하나의 회사로 통합되는 가장 견고한 기업 결합 방식

합병의 절차
• 존속 회사 또는 신설 회사가 주식회사인 경우 주식회사가 법원의 인가를 받아야 함.

- 은행과 보험 회사 등이 합병하려면 주무 관청의 인가를 받아야 함.
- 합병 계약서를 작성하여 합병 계약을 체결함.
- 주주 총회의 승인 결의를 반드시 필요로 함.
- 주주 총회 기일을 소집 통지서와 공고문에 기재하여 주주에게 알림.

합병의 효력 발생 시점과 합병의 무효화

- 합병 효력 발생 시점: 존속 회사의 본점 소재지에 변경 등기를 한 때, 신설 회사의 본점 소재지에 설립 등기를 한 때
- 합병의 무효화
  - 법으로 정해 놓은 합병 절차를 거치지 않은 경우
  - 합병 제한 규정을 위반하거나 합병 계약서의 기재 요건에 흠결이 있는 경우
  - 합병 결의에 하자가 있거나 합병 비율이 불공정한 경우

● 배경지식

기업 결합

기업 결합이란 둘 이상의 기업이 자본과 조직 등을 합하여 경제적으로 단일한 지배 체제를 형성하는 것을 말한다. 이러한 기업 결합은 시장의 지배를 강화하고 사업의 규모를 확대하기 위하여 이루어진다. 기업 간의 결합에는 수평적, 수직적, 다각적 기업 결합이 있는데, 수평적 기업 결합은 같은 업종 간에 이루어지는 것이고 수직적 기업 결합은 동일한 분야에 있으나 생산 활동 단계가 서로 다른 업종 간에 이루어지는 것이다. 다각적 기업 결합은 서로 관련이 적은 기업 간의 결합이다. 기업이 결합하는 방법에는 주식 취득, 임원 겸임, 합병 등 다양한 방법이 있지만, 기업 결합으로 주주의 피해나 구성원들의 실직 등 갈등 요소가 많기 때문에 이를 막기 위해 복잡한 법적 절차가 수반된다.

06 세부 내용의 파악 답 ④

정답 해설

회사를 합병하기 위해 필요한 최소한의 자본금이 얼마인지에 대해서는 언급하지 않았다.

오답 해설

① 7문단에서 "합병의 효력은 존속 회사의 본점 소재지에 변경 등기를 한 때 또는 신설 회사의 본점 소재지에 설립 등기를 한 때에 발생한다."라고 밝히고 있다.

② 3문단에서 "기업 결합에는 주식 취득, 영업 양도, 임원 겸임 등 다양한 유형이 있으며 그 대표적 유형이 바로 합병이다."라고 밝히고 있다.

③ 7문단에서 "법으로 정해 놓은 합병 절차를 거치지 않은 경우에는 합병의 효력이 인정되지 않는다. 합병 제한 규정을 위반하거나 합병 계약서의 기재 요건에 흠결이 있는 경우, 합병 결의에 하자가 있거나 합병 비율이 불공정한 경우 등은 합병이 무효화된다."라고 밝히고 있다.

⑤ 4문단에서 "금융 관계법에 따라 은행과 보험 회사 등은 합병을 하기 위해서 주무 관청의 인가를 받아야 한다."라고 밝히고 있다.

07 내용의 추론   답 ①

정답 해설

이사회의 합병 결의만으로는 합병이 이루어질 수 없고 주주 총회의 승인 결의가 있어야 한다는 것은 주주의 뜻을 존중하기 위한 것이다. 또한 합병에 반대하는 주주가 자기 주식을 회사에 매도할 수 있도록 한 것은 주주의 경제적 권리를 보장하기 위한 것이다.

오답 해설

② 주주 총회의 승인 결의는 합병에 요구되는 절차이다. 그러나 ⓒ은 이 결의가 있은 후 주주가 회사에 자신의 주식 매수를 청구할 수 있도록 하여 주주의 경제적 권리를 행사할 수 있도록 한 것이다. 따라서 ⓒ은 합병의 절차와는 거리가 멀다.

③ 이사회의 독단적 결정에 따른 합병을 막기 위해 주주 총회의 승인 결의를 요구하는 것은 맞다. 그러나 주주에게 회사에 주식의 매수를 청구할 수 있도록 한 것은 이사회의 독단적 결정에 의한 합병을 막기 위한 것은 아니다.

④ 주주가 합병을 하는 회사에 주식을 매수하도록 청구하게 한 것은 주주를 위한 것이지, 합병하는 회사를 위한 것이 아니다. 또한 이는 주주 총회의 승인 결의와도 관련이 없다.

⑤ ㉠과 ⓒ은 규모가 큰 회사가 규모가 작은 회사를 흡수하는 것을 제한하기 위한 것과는 관련이 없다.

08 세부 정보의 적용   답 ④

정답 해설

존속 회사의 본점 소재지에 변경 등기를 한 때 또는 신설 회사의 본점 소재지에 설립 등기를 한 때에 합병의 효력이 발생한다. 그러므로 주주 총회에서 합병 계약서를 승인한 직후 소멸 회사의 주식을 매도하고 새로운 주식을 발행할 수는 없다.

오답 해설

① 5문단에서 "합병 계약서에는 존속하는 회사나 신설되는 회사의 자본금과 준비금의 총액, 합병 당시에 발행하는 주식의 총수와 종류, 합병의 승인 결의를 할 주주 총회의 기일, 합병을 할 날짜 등의 사항을 기재한다."라고 밝히고 있다.

② 6문단에서 "합병 계약서의 승인을 위한 주주 총회 기일을 소집 통지서와 공고문에 기재하여 주주에게 알려야 한다."라고 밝히고 있다.

③ 5문단에서 "합병 계약서를 작성하여 합병 결의를 위한 주주 총회 기일의 2주 전부터 합병을 한 날 이후 6개월이 경과하는 날까지 본점에 이를 비치하여야 한다."라고 밝히고 있다.

⑤ 7문단에서 "합병의 효력은 존속 회사의 본점 소재지에 변경 등기를 한 때 또는 신설 회사의 본점 소재지에 설립 등기를 한 때에 발생한다."라고 밝히고 있다.

09 구체적 상황에의 적용   답 ④

정답 해설

독점 규제법에 따라 합병에 제한을 받으면 합병을 할 수 없다. 즉, 합병 금액을 다시 산정해도 합병은 불가능하다.

오답 해설

① 흡수 합병은 둘 이상의 회사 중에서 한 회사만 존속하고 나머지 회사는 소멸하는 것이다. A 사가 존속 회사, B 사가 소멸 회사가 되는 것이다.

② 흡수 합병을 하더라도 존속 회사가 소멸 회사의 권리와 의무를 포괄적으로 승계하고 소멸 회사 주주의 지위가 존속 회사로 이전된다.

③ 회사가 합병을 하는 근본적 이유는 시장을 독점하고 좀 더 많은 이윤을 확보하려는 경제적 목적 때문이다. A 사는 동종 업계의 B 사를 인수 합병함으로써 경제적 이윤을 늘리고자 한 것이다.

⑤ 합병은 회사라는 단체의 행위이기 때문에 이해 관계자에게 개별적인 무효 주장을 허용하지는 않는다고 하였다. 그러므로 주주 한 명의 주장은 받아들여지지 않을 가능성이 높다.

10 어휘의 문맥적 의미 파악   답 ②

정답 해설

ⓐ는 '승부나 우열을 겨루다.'의 의미로, ②의 '다투고'와 의미가 유사하다.

오답 해설

① '어떤 일을 남보다 먼저 하거나 잘하려고 경쟁적으로 서두르다.'의 의미이다.

③ '사태가 매우 급박한 상태가 되다.'의 의미이다.

④ '의견이나 이해의 대립으로 서로 따지며 싸우다.'의 의미이다.

⑤ '대단히 소중히 여기거나 아끼다.'의 의미이다.

[11~15]   예술·무용   본문 132~134쪽

정낙림, 「니체의 예술론과 무용」, 『놀이하는 인간의 철학』

주제

무용의 변화에 영향을 준 니체의 예술론

문단별 중심 내용

1문단 니체의 예술론의 내용과 그 영향
2문단 니체의 예술론에서 각별한 지위를 가지는 무용
3문단 발레에 반기를 든 덩컨의 무용과 이에 대한 니체 철학의 영향
4문단 독일의 표현주의 무용과 이에 대한 니체 철학의 영향
5문단 마리 비그만의 무용과 이에 대한 니체 철학의 영향

● **지문 구조도**

무용에 대한 니체의 생각
무용은 몸의 도취를 가장 잘 표현할 수 있는 수단이며 예술의 존재론적 의미를 가장 잘 보여 주는 예술임.

니체 철학의 영향을 받은 덩컨의 무용

- 의상이나 공간의 제약 없앰.
- 일상의 동작을 수용하고 춤추는 사람의 자유와 즉흥성을 강조함.

니체 철학의 영향을 받은 루돌프 폰 라반

- 인간의 모든 움직임을 분석하고 체계화한 '라바노테이션'을 탄생시키고 '움직임의 합창'이라는 무용 개념을 제시함.

니체 철학의 영향을 받은 마리 비그만

- 무용에 대한 철저한 분석을 강조하는 라반의 무용에 반대함.
- 움직임을 강조하고 비본질적 요소는 철저하게 배제함.
- 인간의 심층적 내면과 문명의 이면에 있는 야만적이고 원시적인 힘을 전달함.

● 배경지식

라바노테이션

루돌프 폰 라반이 고안한 무용 기록법을 라바노테이션이라고 한다. 무용가의 즉흥적 춤을 중시했던 일련의 무용가들과 달리 루돌프 폰 라반은 무용을 체계화하고자 하였는데, 그 산물로 만들어진 것이 라바노테이션이다. 움직이는 방향, 높낮이 등에 대한 정보를 기호를 활용하여 표시하는데, 방향은 제자리를 포함하여 9개의 방향 기호들로 나뉘고 높낮이는 3개로 나뉘어 27개의 방향 기호들을 기본으로 한다. 이 기호들은 세 개의 수직선 위에 표시되며 가운데의 선은 무용가의 신체 중심을 의미한다. 이러한 라바노테이션은 무용의 동작들을 정밀하게 기록하는 데에는 한계가 있었지만 무용을 체계적으로 분석하여 연구하고자 하는 시도로서는 그 가치를 인정받았다.

11 핵심 내용의 파악　　　답 ②

정답 해설

니체의 예술론이 예술과 삶, 세계의 밀착 관계를 강조한다고 설명하면서 니체의 예술론이 영향을 준 다양한 무용가들에 대해 설명하고 이에 따른 무용의 변화 양상을 보여 주고

있다. 즉, 니체의 예술론이 무용의 변화에 미친 영향에 대해 서술하고 있는 것이다.

오답 해설

① 니체의 예술론에 대해 설명하였으나 니체가 재정의한 예술 개념에 대한 설명은 확인할 수 없다. 또한 이 개념이 적용된 다양한 분야에 대해 설명하고 있지도 않다. 다만, 니체의 예술론이 적용된 무용 분야에 대해 설명하고 있다.

③ 니체의 예술론에 대한 서로 다른 평가를 제시하고 있지 않다. 또한 무용가들에 대한 설명은 니체의 예술론에 대한 서로 다른 평가를 뒷받침하기 위한 것이 아니다.

④ 니체가 근대 예술에 제기한 비판에 대한 내용은 확인할 수 있으나 이 비판에 대한 무용가들의 다양한 평가를 제시하고 있지는 않다.

⑤ 니체의 철학에서 무용이 가지는 위상에 대해서는 언급하였으나 예술 전반에서 무용이 어떻게 영역을 확장해 왔는지는 서술하고 있지 않다.

12 구절의 의미 파악　　　 ②

정답 해설

니체는 예술과 삶, 세계의 밀착 관계를 강조하고 예술 생산자와 수용자, 예술 생산자와 생산품 간의 분리에 기초한 근대 예술에 대해 대항하였다고 했다. 즉 예술가는 은둔자처럼 자신만의 작품 세계에만 매몰될 것이 아니라 예술의 수용자, 대중들과 가까이 소통해야 한다는 의미이다.

오답 해설

① 니체는 예술의 순수성을 고집하지 않는다. 니체는 예술가가 삶과 세계에 밀착되어야 한다고 생각한다.

③ 니체는 예술가가 예술 수용자와 분리되어서는 안 된다고 본다. 예술 생산자와 수용자, 예술 생산자와 생산품 간의 분리에 기초한 근대 예술에 대항한 것이다. 니체가 예술가의 대중 영합에 대해 비판한 것이 아니다.

④ 니체는 예술가가 자신의 작품 경향을 변화시켜야 한다고 말한 것이 아니라 예술가가 은둔자처럼 매몰되면 안 되며 작품을 그저 전시하기만 하고 소통하지 않으면 안 된다고 본 것이다.

⑤ 니체가 예술가의 감각 기술 연마를 강조한 것은 아니다.

13 구체적 사례에의 적용　답 ②

정답 해설

덩컨은 무용수가 자신의 본능에 충실한 춤을 추는 것을 목표로 하여 즉흥적인 감정이나 자유로움 등을 표출할 수 있어야 한다고 생각했다. 그러므로 덩컨은 무용수가 자신의 감정을 표출하지 못하고 작가의 의도를 그대로 재현해 낸 것을 긍정적으로 평가하지는 않았을 것이다.

오답 해설

① 니체는 무용이 몸의 도취를 가장 잘 표현할 수 있는 수단이자 예술의 존재론적 의미를 가장 잘 보여 주는 예술이라고 생각하였다. 「마녀의 춤」에서 무용수가 황홀경의 상태에서 춤을 추는 것은 몸의 도취를 잘 보여 주는 것이므로 니체는 이 춤이 예술의 존재론적 의미를 잘 보여 준다고 평가할 것이다.

③ 라반은 '움직임의 합창'이라는 무용 개념을 제시하였다. 일체를 무용으로 표현할 수 있다는 것인데, 무용수의 신체적 움직임 역시 우주의 춤에 참여하는 것으로서 인간의 심연을 보여 주는 '움직임의 합창'이라고 할 수 있다.

④ 비그만은 무용이 전적으로 움직임 중심으로 전개되어야 한다고 생각했다. 음악 등의 요소는 비본질적인 것으로서 배제하고자 한 것이다. 「마녀의 춤」에 나오는 북과 심벌즈의 두드림 역시 이러한 생각에 기반한다면 최소한의 수준에서 이루어져야 한다고 생각했을 것이다.

⑤ 비그만의 무용은 낯설고 불편한 동작으로 구성되지만 이를 통해 인간의 심층적 내면과 야만적이고 원시적인 힘을 드러낼 수 있다. 「마녀의 춤」에서 무용수가 몸을 비트는 동작 역시 이러한 비그만의 의도를 담고 있을 것이다.

14 세부 정보의 파악　답 ⑤

정답 해설

덩컨이 가졌던 문제의식은 발레로 대표되는 근대의 무용이 성적 매력을 표현하거나 부르주아지의 욕구를 충족하는 기호물이었으며 인간의 본능적 자유로움을 표출하지 못한다는 것이다. 무용에서 신체의 움직임에 대한 분석이 체계화되지 못한 것에 대해 문제의식을 가진 것이 아니다.

오답 해설

① 니체의 예술론은 근대 예술에 대한 대항으로 반운동의 성격을 띠는데, 이것이 아방가르드 운동의 토양이 되었다고 하였다. 근대 예술에 대항한 니체의 예술론이 아방가르드 운동의 철학적 근간이 되었다는 것이다.

② 발레가 부르주아지의 욕구를 충족하는 기호물이었다는 것은 대중적이지 않았다는 것, 즉, 일부 계층의 전유물이었다는 것을 의미한다.

③ 덩컨은 본능에 충실한 춤을 목표로 춤추는 사람의 자유와 즉흥성을 강조하였다. 즉, 춤이라는 것은 춤을 추는 사람의 본능과 자유로운 감정의 표현 형식이라는 것이다.

④ 덩컨이 가져온 변화란 무용이 인간의 영혼을 표현하는 예술, 자유로운 삶을 표현하는 것이라는 점을 각인시키면서 나타난 변화를 가리킨다.

15 어휘의 의미 파악　답 ①

정답 해설

'간주하다'는 '상태·모양·성질 따위가 그렇다고 여기다.'라는 의미이다. '내세우다'의 의미를 가진 것으로는 '표방하다'를 들 수 있다.

오답 해설

② '지칭하다'는 '어떤 대상을 가리켜 이르다.'의 의미로, '가리키다'와 바꾸어 쓸 수 있다.

③ '수용하다'는 '어떠한 것을 받아들이다.'의 의미로, '받아들이다'와 바꾸어 쓸 수 있다.

④ '조직되다'는 '짜여서 이루어지거나 얽혀서 만들어지다.'의 의미로, '짜이다'와 바꾸어 쓸 수 있다.

⑤ '포장하다'는 '겉으로만 그럴듯하게 꾸미다.'의 의미로, '꾸며 내다'와 바꾸어 쓸 수 있다.

MEMO